卢加强 著

中国田园牧歌

ZHONG GUO TIAN YUAN MU GE

中国文联出版社

图书在版编目（CIP）数据

中国田园牧歌 / 卢加强著. -- 北京：中国文联出版社，2023.2
　　ISBN 978-7-5190-4806-8

　　Ⅰ.①中… Ⅱ.①卢… Ⅲ.①乡村旅游－旅游文化－研究－中国 Ⅳ.①F592.68

中国版本图书馆 CIP 数据核字(2021)第 278747 号

著　　者	卢加强	
责任编辑	张凯默	
责任校对	鹿　丹	
装帧设计	小　马	
出版发行	中国文联出版社有限公司	
社　　址	北京市朝阳区农展馆南里 10 号　　邮编 100125	
电　　话	010-85923025（发行部）　010-85923091（总编室）	
经　　销	全国新华书店等	
印　　刷	北京市庆全新光印刷有限公司	
开　　本	880 毫米×1230 毫米　　1/32	
印　　张	16.25	
字　　数	298 千字	
版　　次	2023 年 2 月第 1 版第 1 次印刷	
定　　价	76.00 元	

版权所有 · 侵权必究
如有印装质量问题，请与本社发行部联系调换

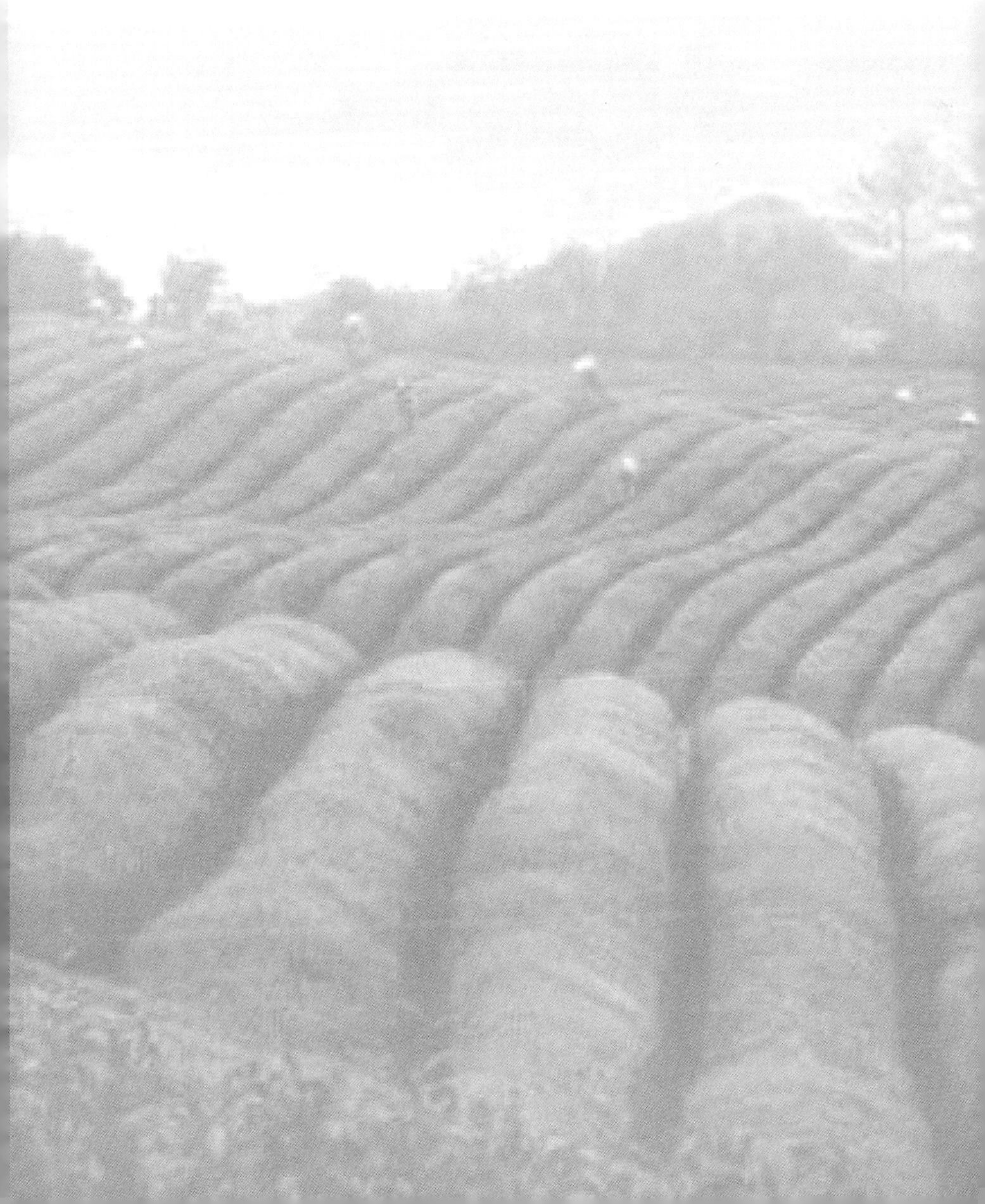

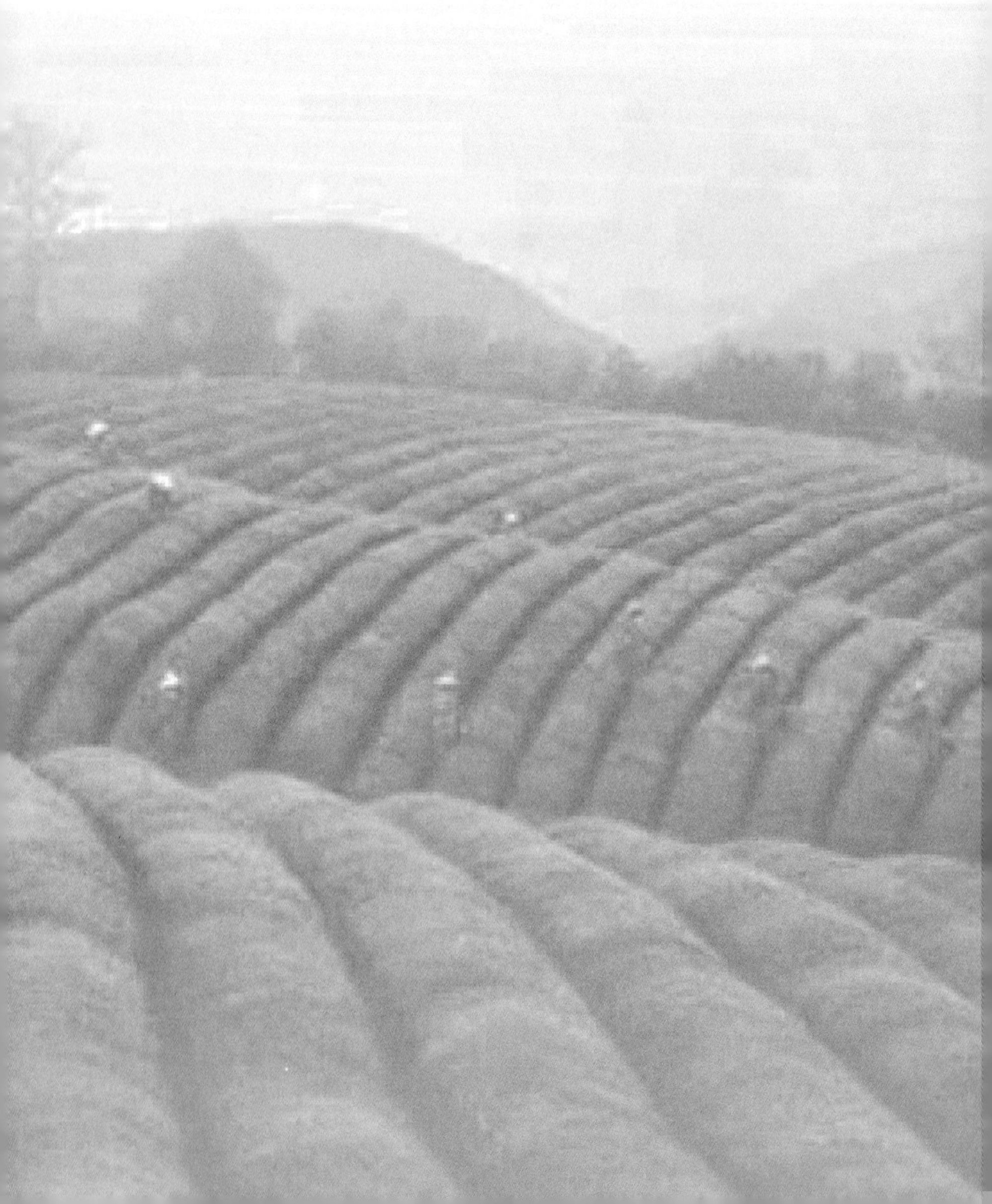

序 一
采集来自乡间的旋律，唱出时代的新歌

卢加强先生写了一本书，喊出一个口号："乡村，让生活更美好！"这当然是针对"城市，让生活更美好！"这个口号而言的。工业文明兴起后，人们聚集到了城市。记得当年的中国，6亿人口时，5亿在农村；10亿人口时，8亿在农村。如今，14亿人口，有7亿进了城。当下这一趋势还在发展，随着现代化的进程，会有越来越多的人住进城里，成为城市居民。城市里繁华的街道和商店，夜空璀璨的灯光，还有各种发展机会，都吸引人们向城市汇聚。想要成才、有成就，成名成家，当成功人士，就要走进城市，到城市中心去。这是现代化所带来的大趋势。

城市也是一首歌。城市建筑群构成的天际线，新旧交错的楼宇所见证的历史，城市繁华的街道，古旧的小巷，街角的小店，都成为景观，都有着自己的旋律。但是，乡村也是歌，是更为古老的歌。在科技文明和生态文明时代，需要乡村文明的重建。旧式的乡村衰颓了，留下的是挽歌，新时代乡村振兴，要在旧旋律上进行变调，唱出时代的新歌。振兴乡村，让乡村艺术化，是实现这项任务的一条重要途径。

乡村艺术化，并不是把乡村当成一张纸，由艺术家在上面

绘画。乡村之美要在既有的条件下，由当地的居民自己将它美化。这里的要点在于，当地的居民是主体，因地制宜是关键。在"自美其美"的前提下，"各美其美"，进而"人所共美"。

关于乡村之美，我认为有四层意思，这里分别作简要说明：

第一，乡村之美要有田园生态之美。乡村的美，应归结为人之美的体现。赞美一片风景，首先就是赞美一种生活方式。孟浩然写道："故人具鸡黍，邀我至田家。绿树村边合，青山郭外斜。"展现出的是诗人对乡村生活的喜爱。"大漠孤烟直，长河落日圆。"写的是塞外风光，征旅之歌。生活在草原上的人，则有草原之爱，歌唱草原上的蓝天和白云。所有这一切，都是与处在这种生活中的人联系在一起。今天我们强调生态的美学，还是来自生活之美。人与生态结合为生活之美。从生活出发，进而分为作为主体的人与作为生态的人的生存状态，这构成一体两面。

生态之美从生活之美而来，但生态之美也有其独立性。生态不是立于我们对面的静态的现实。它是自成规律，又将人包含在其中的发展过程。生态是一种循环——春生夏长，秋收冬藏。中国的农民早就习惯和熟悉了这一规律。他们依循大自然规律，在自然面前不任性，而是通过与自然合作，顺天而有为，其结果就既是生态的，也是美的。顺天有为的意思，就是不追求征服自然，而是依照自然规律，让自然的伟力得以发挥，为人服务。在这个过程中，人与自然融为一体，又体现了人在自然之中的努力。

对于乡村自然的美,当下人们常常被两种美学观所误导:一种误导是追求避世之美。避居山林湖泊,远离尘嚣,享受自然。其中还有人一味追求荒野之美,排斥一切人为的改造。亲近自然可忘记世间的烦恼,感到愉悦;进入荒野可使人心灵震撼,得到洗礼。这都是美,但这些仍是城里人所要寻找的乡村之美,而不是乡村建设之时所要追求的乡村之美。

另一种误导是前些年美学界出现的一种对自然美的误读,认为自然美就是"自然的人化"和"人的本质力量的对象化"。这都是说,自然美的欣赏,是人在自然中欣赏自己的力量。我们当然可以欣赏一些展示人类伟力的工程之美,高耸入云的天路,跨海跨山的长桥,种种复杂宏伟的工程,令人们产生征服自然的自豪感。

生态之美,还是要处在这两者之间。不是荒野之美的自然,也不是人征服自然力量的体现,而是人与自然的互动。生态田园之美,要因地制宜,顺应自然,巧用自然。

第二,乡村之美要有传统故事之美。乡村的美,离不开传统,离不开曾经在这里生活过的人的故事。例如,某位历史上的伟大人物生于此或死于此,曾经在这儿做过某件重大的事,留下某种痕迹。某位大诗人曾云游于此,留下了美好的诗句。或者这里的乡民做过某件或大或小,值得记颂的故事。还可能在古代或近代,这里曾作为战场,出现了可歌可泣的事迹。甚至是,这里的村头有一棵老树,树下挂着一口古钟。钟声时悠扬激荡，激发人思古之幽情。这一切，如果没有实物在，没有故事在，就失去了趣味。

要最大限度保留原物，而不能搞除旧布新。我们曾经做过很多去掉旧物，新建仿古之物的事。历史的见证物本身不一定靓丽光鲜，却会使人回味无穷。一些老物件，能成为村庄的独特标志。凝聚本村人的精神，成为外村人眼中的风景，城里人到此一游的打卡地。

故事之美，是一个地方取之不尽，用之不竭的财富，需要认真地研究，发掘出来，发扬光大。也许，地方学者，文化人，退休教师，可以在这方面助一臂之力。

第三，乡村之美要有有机生长之美。乡村的美，要留下时间的见证。有一种构想，让一个村的人全住到一座高层大楼里，有水有电，现代设施一应俱全。像城里人一样生活，在乡村实现进城梦。这不切实际，也不符合乡村之美的原理。乡村固然要发展，但这种发展，是有机的发展，从原有的村落中，有机地生长起来。并不改变原有的村应的居住、聚会、交易、垃圾处理系统，针对既有状态，作对应性的回应。

乡村建设也可用下棋来作比拟。下棋者只能面对棋局现状，想出新招。在这里修一条路，在那里造一座桥。在这一招又一招的应对之中，使乡村得到发展，并留下发展的痕迹，留有时间的记录。高手下棋，对棋局掌控自如，起承转合有节奏感。乡村建设与下棋的道理相同，只能面对既有局面，一步一步求发展，制定发展路线图，并一步一步地去实现，在实现过程中不断调整。不能随意把棋局抹掉重来，只能面对棋局状况，走出高招妙招来。

一个村庄，就像一个生命体，它的成长，需要注入活力，但它又自成系统，也需要自然生长。发展是乡民们自己的事，他们会吸收新知识，实现进城与返乡的双向互动，他们会自己去拥抱现代化。

从这个意义上讲，需要再次强调，乡村艺术化，不是把乡村作为原材料，将之制作成艺术品。乡村艺术化首先是乡民生活的艺术化，与他们的生存和发展状态联系在一起。

第四，乡村之美要有家园情感之美。乡村的美，最终还是要归结到属于这一块土地的人——乡村居民。乡村居民，在土地上劳作，是土地的一部分，土地也是他们的一部分。我们不能离开人来看乡村。一批生于此长于此的人，对土地、对山川河流，都有着与外人完全不一样的情感。这影响着他们的眼光，他们对乡村美的欣赏与外人不一样。

我们一方面要引导乡民看外面的世界，另一方面要看到乡民与土地的从属的关系。只有理解他们才能帮助他们，而所谓理解，就是理解他们对土地、对乡村的深厚情感。

在城里长大的人，在看到乡村时，会有一种如画的感受。他们所看的画作给他们提供一种审美眼光，于是，他们在乡村中看到色彩的协调，看到山川大地、草木房屋布局的节奏感，看到农家生活的简朴味道。但是，他们不能理解乡村居民对土地的那一种特有的感情。对于乡村居民来说，这是他们的栖息地，是他们的家园。他们可以出去打拼，但是总会归来，正像歌里所唱的，"那故乡的风和故乡的云，为我抹去创痕"。这里是他们精神和情感的栖息地，是他们最后的依托。

这份家乡情感，会给乡村注入一种活力，一种生气。不是"如画"的感受，而正是这种依存感，才是乡村之美的真正来源。尊重这种美，而不是将这种情感抽象掉，才是认识乡村美的正确之道。

乡村之美，有一个顺序，即"自美其美"，才会"人所共美"。乡村艺术化，是乡民在追求经济发展，生态宜居的过程中，对自己环境的美化。对于他们来说，家乡美了，客人会来；这个顺序不能变成为了游客来，而建设家乡美。逻辑关系一变，乡村艺术化就会变味。乡村之美的研究者要特别注意这一点。遵循乡村发展之道，让乡村的内在之美呈现出来，这正是我们要做的事。

乡村是一首歌，有着古老的旋律。今天的建设者们，要采集这个旋律，进行变调，唱出时代的新歌。谢谢加强的这本书，我们这些住在城里的人，也愿到乡村去，欣赏这首歌。这既是田园的牧歌，也是时代的进行曲。

高建平
（中国社会科学院研究员，中华美学学会会长）
2021 年 7 月 3 日

序 二
中国田园牧歌的吟唱者

能写理论的人很多，能做实践的人很多，能把自己的理论与实践结合，落地生根开花结果的人很少。卢加强是脚上带着泥土的中国田园牧歌的践行者，十多年来，早在国家乡村振兴战略提出之前，他就依着自己内心的牵引，怀着中国田园牧歌的梦想，不只是用笔，不是在电脑上，是用双脚在大地上、在田野里，勤勤恳恳又满心欢喜地谱写着他的田园牧歌。

作者书中的中国田园牧歌，是广义的现代乡村田园诗的吟唱，不是西方田园牧歌的舶来品，也不仅是狭义的草原牧歌，作者以乡村牧童般未泯的一颗童心，对当下的美丽乡村建设、乡村扶贫、乡村振兴，进行社会学、经济学、农学、美学等多维度的思索与实践转化，是中国古代从《诗经》到唐代田园诗文化在新时期的传承与弘扬。书中提出了中国田园牧歌的"区域最美原理""循环最优原理""系统稳定原理""未来性原理""大合唱原理"，这些观点对正在进中的乡村振兴具有现实指导意义。

卢加强在《中国田园牧歌》写道，乡村之美植根于乡村生活，乡村之美来自于农耕文化，真正的乡村之美是从土地里长出来的，不是按城市的审美标准复制的，引进花卉搞花田，种植大量草皮，这样的做法并不让人感觉到美，反而伤害了乡村的美。从《中国田园牧歌》中，可以读到田园牧歌多层次的美。

一、田园牧歌的美，是实惠的

前些日子去海拉尔，铺天盖地的油菜花，一丛丛、一簇簇、一片片，仿佛金色的海洋。油菜花不仅美，还能榨油。就像范成大《四时田园杂兴》里的美，梅子金黄杏子肥，麦花雪白菜花稀，不仅好看，还能吃。周作人《故乡的野菜》里的野菜也是美而惠的。"三春戴荠花，桃李羞繁华。"人家皆以野菜花置灶陉上，以厌虫蚁，妇女置簪髻上以祈清目，俗号眼亮花，还可以做菜或炒年糕吃。卢加强田园牧歌中的产业美，一村一品的坚守便是实惠美的追求，美是有余的劳动，美是游戏般的工作，然而美又是实惠的，美感也有一种获得感，这应是生活美学对经典美学的拓展。

二、田园牧歌的美，是自然的

柴静《日暮乡关何处是》："院子在苍山上，一进大门，满院子的三角梅无人管，长得疯野。" 茅盾《乡村杂景》里说："在乡下，人就觉得'大自然'像老朋友似的嘻开着笑嘴老在你门外徘徊——不，老实是'排闼直入'，蹲在你案头了……都市公园内所见的'大自然'……，好像是'人工的'，就像《红楼梦》大观园里'稻香村'的田园风光是'人工的'一般"。田园牧歌书中的田园除了是"粮食及原料供给者"，它还是"心灵皈依修复与审美休憩地"，作为自然场的田园自然之美，永远对城里人有强大的磁场。

三、田园牧歌的美，是干净的

《中国田园牧歌》书中追求一种纯净之美。如贾平凹《静虚村记》所言：最妙的是巷中一眼井，水抽上来，聚成一个池，一抖一抖地，随巷流向村外，凉气就沁了全村。村人最爱干净，见天有人洗衣。吃水也是在那井里的，水是甜的，生喝比熟喝味长。吃了半年，妻子小女头发愈是发黑，肤色愈是白皙，我也自觉心脾清爽，看书作文有了精神、灵性了。

四、田园牧歌的美，是古朴的

将古朴与时尚融合，传统与现代融合，是卢加强在《中国田园牧歌》一书中的理论探索。如铁凝《洗桃花水的时节》：一条陷在干燥黄土里的红石板小路顺坡而下，街里几家旧板搭门脸，门内作为营业标志的幌子，装点了这座旧镇的古风。出浴的姑娘们扬着头走在古镇的红石板街上，走过那些挂着幌子的饭馆、店铺。她们的面容使这座古朴的温泉镇变得滋润了。

五、田园牧歌的美，是有人气的

农民是经营乡村的主体，卢加强田园牧歌的实践，充分发挥了主体的作用，充分体现了村民主体的获得感、幸福感，让农民从一种胎记般的身份转变为有较高价值实现的职业。尤其是在回乡务工青年，回乡大学生等新型村民的培养引导上，更要有一系列的措施和条件，培养出具有时代特征的新型的职业农民。他们是经营村庄的主人翁，是乡村可持续发展的新鲜血液。

范成大诗中的农家:"昼出耘田夜绩麻,村庄儿女各当家。童孙未解供耕织,也傍桑阴学种瓜。"韩小蕙《小村即景》:生着庄稼,长着树木,流着河水,跑着马车。还有一座座土砖结合而筑成的农舍和用秫秆隔成的农家小院。从里面,不时传来鸡鸣、羊叫和娃儿的笑声。乡村的人气是乡村的温度,作为田园牧歌的主体,和作为参与者的城市游人,共同形成了田园牧歌大舞台的人气,正如作者在书中写道:"城乡人口的流动,是三十年河东,三十年河西。"

何玉兴
(国务院研究中心研究员)

前　言

　　中国现代田园牧歌探究，是追寻我内心深处的声音。十多年前，我刚到成都，刚实现个人的大城市化，遥远的乡土就像一个影子天天在眼前，一个声音在心中喋喋不休，自言自语。这种感受，在遂宁那个中小城市生活时就有萌芽，但到了大都市，愈发强烈，愈发像春雨后三月的庄稼一样疯长。归去来兮，不能是我一个人的逃离与回归，不能仅仅是我个人灵魂的救赎。像陶渊明那样"晨兴理荒秽，带月荷锄归"，"采菊东篱下，悠然见南山"；像王维那样"独坐幽篁里，弹琴复长啸，深林人不知，明月来相照"；像孟浩然那样"弊庐隔尘喧，惟先养恬素。卜邻近三径，植果盈千树"。古代诗人可以隐居，可以独享自然之美，放任自我闲逸萧散的情趣，遁入静谧恬淡的境界，青山孤村远红尘，入禅入道得仙境。如何让每一个人尤其是日日被乡愁魂牵梦绕的城里人都能过上田园诗人的生活？每个中国人内心都有一亩二分地的田园情结，每个远离故土的城市游子都有落叶归根、解甲归田的一帘幽梦。这是中华民族几千年的传统文化基因，是代代生命轮回、生生不息的密码传承。成都杜甫草堂忧国忧民的诗圣长叹："安得大厦千万间，大庇天下寒士俱欢颜！"如今，对于大厦与森林楼房里的我们，是安得田园千万家，大庇天下游子皆归还。这是一个时代全民的生活需求，生命渴望，是城市化工业化现代化后对来路与初心的回望。从那时，我便萌生并坚定了践行现代田园牧歌的想法，把工作与个人的兴趣、使命都放到田园，把自己的全部心身都放回田园。对于一个十多岁就背井离乡到了小城市大都市的游子，再走回田园，与一直在田园一直没走出田园的人是不一样的，有不一样的视角、情感、思想与责任。

现代田园牧歌是以生态环境、物种、文脉、生活、生产按现代组织体系建立的一业或多业为主，多维转换、多层发展、循环共生的具有现代美学特征的综合田园系统。自唐朝以来的田园诗以及一批有广泛影响的田园诗人，形成了中国人诗意栖居的田园情怀，成为现代田园牧歌的文化基因。寄情山水，融入村居，尚朴崇真，天人合一，是每个人内心深处的诗意和远方。在田园，中国儒释道三家找到完美的结合点，儒家的耕读亲民，释家的俭朴修行，道家的自然至简，为每一颗心灵，每一个不同文化背景的人提供各取所需的文化慰藉。然而，当现代田园牧歌放在一个时代变革的大背境下，已不仅是一种文化，一种情怀，不仅仅是"桃花源记"里的乌托邦，它是政治学、生态学、农学、经济学、社会学、民俗学、美学的集大成，是乡村的生态功能、美学功能、粮油安全功能、社会稳定功能、养生养老功能、就业功能、文脉传承功能、原料能源功能、城市供给功能等多种功能的大融合。

现代农业企业是现代田园牧歌的领唱者。 现代田园牧歌不再是古代文人一个人的田园诗,而是广大农村劳动者共同的田园诗。因而,我们需要以传统农业向现代农业转变,以促进工业化、信息化、城镇化,农业现代化同步发展为前提。而农业现代化必须以农村经济的细胞,现代农业企业的发展为先导。现代农业企业与传统农业相比,已从一业向多业协同发展,呈现出八大显著特征:

一是复合团队特征:现代农业企业是"传统农业+旅游+文化"的复合体,要求农业企业要有农业、旅游、文化跨界人才组成的复合团队。

二是三态基地特征:打造生态、文态、业态三态统一的现代农业、产工贸基地及文化旅游体验基地,和农民生活基地。

三是多维产品特征:以多维产业思想开发基地产品,形成农业、文化、旅游、工业、教育、地产等多种业态的产品,形成短、中、长期的资金流。

四是地理商品特征:要开发加工具有地理标志和区域特色的明星级地理商品。

五是季节均衡特征:要科学设计季节流量,淡季不淡,旺季不乱,构建内容及形式的四季均衡状态。

六是三级市场特征:要以区域市场,国内市场、国际市场三大市场瞄准产品及商品的目标群体,绘制发展曲线。

七是文化农夫特征:要把种植物质粮食和精神食粮放在同等重要的位置,要遵循"文化物种"规律,做种植"文化庄稼"

的农夫。

八是组织体系特征：构建"农户＋合作社＋企业＋政府＋院校＋社区"六位一体的组织体系是保证各方利益及职责的有效形式。

新型农民是现代田园牧歌的合唱队。农民是现代田园牧歌的主体，让农民愿唱、能唱、唱好田园牧歌，形成脱贫致富的现代田园牧歌的合唱队是现代田园牧歌的核心和终极目标。近年来农民致富主要靠打工收入，眼下既面临农民收入结构单一又面临新一代农民断代问题。在借鉴国内国际模式的基础上，我们要从多个方面探索培养新型农民的路径：一是提升农民文化素质；二是提升农民现代技术能力；三是提升农民经营能力；四是提升农民家庭财产收入，搭建农村房产证、宅基地证、土地经营权的交易流转平台；五是通过农家乐、家庭农庄、农场等方式提高农民经营性收入；六是提高农民工资性收入；七是提高农业政府性补贴和完善农业金融服务产品；八是培养一定规模的现代农民领头人，逐步将农民从身份变为职业，壮大现代职业农民队伍，改变社会对农民的文化认知。

生物环境是现代田园牧歌的大舞台。生物环境是环境及生物的统称，包括自然环境及人们干涉下的动植物环境，人们生产、生活、游历环境。

现代田园牧歌始终要把绿色发展放在首位：一要以天人合

一的哲学思想和循环发展思维实现人与自然的美美与共；二要完善生物环境法律体系；三要规范农业生产技术实施流程；四要建立健全绿色生态农业有机农业认证体系；五要出台环境与农业的惩奖措施；六要大力发展生物能源；七要推行就地取材的乡村绿色建设道路。

政府是现代田园牧歌的总编导。管理创新，制度创新，政府在推进农业现代化的进程中，实现从划船到掌舵的转变，成为统筹履行十大职能的总编导：

一是编制总体发展规划和重点项目重点园区建设规划；二是用政策引导农业产业结构不断优化；三是培育区域优势及形成特色产品；四是推进产业融合，拓展农业功能；五是倡导健全农业合作组织；六是搭建平台促进流通；七是扶持壮大龙头企业；八是增强公共服务改善软环境，促进多渠道就业；九是加大财政支持力度，构建多元投资格局；十是制定标准加强安全及质量监管。

乡村美学是现代田园牧歌的开路旗。伴随着现代田园牧歌的推行，从实践上探索丰富和完善中国乡村美学，并与区域经济学、现代农学、管理学跨界融合成为一个新的课题，也是在生产和生活领域引发一场美丽乡村革命的理论支撑。乡村美学是研究人对乡村环境、生产、生活的审美活动，是人在田园景观、乡村风情、生产劳动、季节物候中的诗意栖息和审美体验，是中国古代田园诗画在农业现代化中的现代表达。乡村美学是现代田园牧歌发展的内动力，推动人们对美的生活、生产方式的向往追求，同时又是一种无形的规则，让人们"随心所欲而不逾矩"。作为一种非强制力量，乡村美学和美学情怀将具化为政府和企业的决策规范和行为规范，具化为现代农民生产生活的自觉和现代新农村的蓝图。

在近年的美丽乡村建设、乡村振兴中，出现事倍功半、事与愿违现象，出现乡村企业十企九难、难以维系现象，出现大拆大建、圈地赶人、与民争利现象，出现人才流失、产业空心现象，出现穿衣戴帽、泛景观化现象，出现千村一面、去农化现象，出现粮食安全、土壤退化现象……凡此种种，皆因对三农认知各执一面而导致盲人摸象。对三农的研究、实践，从官员到企业到学者，普遍缺乏敬畏。

农村门槛低，任何人都可以进入其研究领域。于是，管理规划决策的市县及镇村干部，凭个人兴趣认知对农村规划决策。企业与资本从城市到农村，要么缺长远战略，要么缺综合人才，要么缺具体路径，要么缺真诚情怀，简单用建筑行业、制造行业、文旅行业的理念套三农，或者野蛮粗暴、矛盾对立，或者水土不服、撤摊逃离。

近年笔者在各地看见不少企业乡建项目，由于缺乏科学的认识及实践，缺乏科学的验收标准，造成大量浪费，造成对乡土肌里的破坏和复耕的困难，项目资金没有为三农带来长远效益，反倒造成破坏，令人心痛——当然，个别利益者在乎的也仅仅是项目自身的利润。近年乡村研究的科研院所，乡村研究的专家学者，乡村规划设计的公司如雨后春笋，乡村振兴已是显学，乡村振兴已是大事业、大市场。然而，有多少真正担当了乡村振兴使命，体验了乡村艰辛的专家学者呢？有多少长期脚上带泥的乡村规划师和专家学者呢？乡村处在一个缺话语权，甚至没有话语权的"低位"，于是任何人一进入乡村就有了话语权，就可以高调规划乡村，设计乡村，讲解乡村，随心所欲建造乡村。其实，在各大讲台、各大著述、各大规划蓝图中真正能落地的理论，能让一个村庄、一户农家走出贫困的理论，少之又少。像晏阳初、袁隆平那样穷其一生在乡村、在田野，才真正找到了代表乡村的话语权，他们的学问才是真正的种子，播撒在田里，才能长出庄稼。乡村话语权的"低位"，在社会治理、公共建设、产业发展、审美标准、文化艺术等方面表现出"伪乡村化"、"泛城市化"就不足为奇。

在近年美丽乡村建设中，由于对何为乡村之美缺乏认知，由于乡村不能自己展示美，城市作为艺术家、规划师、建筑师等美的创造者聚集地，作为美学学科研究和传播的高等学府聚集地，便有了一个模式复制到底的傲慢。中国乡村几千年孕育的文脉，各地千变万化的地质美、生态美、建筑美、民俗美、田园美、生活美正迅速消失，资本和企业，与临时转入乡村振兴显学的"学者"合谋，扼杀了乡村之美——以美的名义。新时期新的乡村美学如何构建，古代的田园诗意境、中国山水画意境，与数字生活、地球村的扁平生活如何传承与融合，城市美学围墙的拆除，怎样让乡村美学有更大的话语权？美学起源于城市，美却发源于乡村的土壤，美丽乡村建设必须让乡村有自己的美学。为拓展当代美学的视野与疆界，提供"中国气派"和"中国乡土味"的新贡献，乡村美学的滞后，"美盲"的大量存在，在乡村振兴的理念和形态上出现偏差，在结果上造成浪费就不足为奇。这一现象，至今也没有能停止。也许乡村美学本来就需要在乡村实践中来发现、普及、构建、推广、提升、但这样的代价太大了。当我们以一场运动推行乡村振兴时候，我们尤其需要把脉中国乡土几千年来的发展规律，敬畏乡村多学科多功能的复杂性，认识多文化背景下的乡村美学。

乡村振兴的产业领域也同样如此，用工业化、园区化的模式直接改造乡村，几千亩、上万亩的跑马圈地，对乡村劳动力用工半径的干涉，对农忙农闲劳动力弹性变化，对农业生鲜供给半径，加工冷链成本缺乏全方面调查研究，将农业简单粗暴的"工业化""园区化"，造成规模生产的青黄不接。农民的休养生息，粮油的安全生产，在不少地方已出现问题。农村、农业、农民的现代化不是简单的工业化与城市化，在很长一段时期，农村的个体生产与大规模农场将和谐并存，农村的乡村保留升级与乡村的消失、土地的综合利用将和谐并存，本地农民与候鸟式城乡两栖居民将和谐并存，小产量自然粮油种植与规模化品牌化粮油生产将和谐并存，民间习俗、非遗文化与互联网文明、国际时尚流行文化将和谐并存。这正是外法自然与中得心源的天人之道，体现了可持续的科学发展观。

中国的田园牧歌要有自己的唱法，有自己的脚本。这是中国的文化背景、民情、国情所决定的。当然我们要学习世界各地一切先进的唱法，但照搬照抄、依葫芦画瓢却是行不通的。台湾的乡村在精致、情怀上做得很深很细，实行以小搏大策略，以小的宝岛搏大陆市场大国际市场的观光客。与台湾相比，我们是大农村大资源，我们不能靠境外观光客生存。日韩的美丽乡村建设走在我们前面，客观上拉动了经济，为国家走出经济危机做出了贡献。但日韩成熟的基层治理，具有国内外市场组织力，切实代表乡村利益的强大的农会组织，起到了龙头的作用。日本的一村一品，是农会长期市场化的成果，而我们每个村的特色产业及文化名片因行政的变化而变化，我们要形成这样的农会龙头还有较长的路要走。我们有完善的基层村级组织，村支部、村委会的组织力，村集体经济的发展力，从行政划分到人才体系，都还有较长的路要走。当然，我们基层组织一盘棋的优势，我们的制度优势，也是日韩农会所没有的。只是我们优于社会治理，弱于产业营运，这是在优势下，要补的短板。欧美农业政府主导力度大，城市及工业反哺农业投入大，机械化科技化水平高，土地平整，地广人稀，客观上为大规模机械化生产的高效农业创造了条件。我们机械化水平低，人多地少，我们小城镇与大都市结合的边缘区域，我们需要更紧密更多样化的城乡融合形式，对各省市县都应有适合自身省情市情县情的田园牧歌和乡村振兴。东北人口流出地区，更适合高效的规模化大农场；北上广发达地区，人才密集，消费需求大，更适合品牌农业和国际跨国农业企业的引入，适合打造乡村养生养老功能的国际化品牌；西部地区自然资源富集，人口密集，人文差异大，城市化水平高低不平，民族地区个性化特征突出。乡村振兴，现代田园牧歌，应坚持一地一策，"在哪个坡唱哪个歌"。比如长江上游生态屏障的甘阿凉民族地区是生态脆弱、交通偏远的革命老区，应避免过度开发建设，坚持国家主导的生态补偿及优先大数据建设的振兴模式，其实施现代田园牧歌，既能保护传承民族地区、革命老区富集的文化资源，又能让其共享数字信息时代的全球文明，让民族与世界友好拥抱。

在田园牧歌咏唱的实践中，笔者跑遍了东西南北几百个乡村，在每个乡村、每个庄园、每个农业企业的具体项目中，提炼出了田园牧歌的一些具体法则：

一是在地最美原理。每一处田园都是天地的造化，都有其独特性，都有不同经纬度的地质特征。都有不可替代的自然美、生态美、物产美、人文美。一方水土养一方人，一方水土供一方神，一方水土出一方物产，以一生物、微生物的视觉看一方水土，本土适应性是其生命需要的善与爱，是最美的。田园及其环绕的绿水青山、日月星辰，是一切美的源泉，不同地方不同形态的田园，不管壮美、优美、秀美，都是美的不同表现形式，是慈爱的生命母亲不同的容颜，都是美妙绝伦的。一些部门层面评出的最美田园，是从景观或产业或人文的某个维度的工作性评比，是一套有利于工作推广的指标体系，是评价者的自我视角。从更长远的时空，从不同的主客体角度去审视，自然是不同的结果，自然是谁不说俺家乡美。因此，爱护每一处田园，欣赏每一处田园，不能厚此薄彼，而要你美我美，美美与共。

二是循环最优原理。田园是周而复始的四季循环，是代代相传的生命循环，是春耕秋收的物产循环，是民风民俗的文化循环，是万物复归泥土，泥土再生万物的能量循环。循环是可持续发展，循环是天地运行，生生不息的宇宙之道。碳元素在地球上的各圈层中交换循环不止，田园循环符合物理学的能量最小原理，是在社会科学与自然科学交叉中找到生命最优结合点。

三是系统稳定原理。田园牧歌是一个包含生态系统、经济系统、文化系统、社会系统的大系统，在系统中保持稳定和平衡。系统思维和系统认知分析是践行现代田园牧歌、实现农业科技突破的首要前提。农业系统是复杂巨系统，已经很难再依靠"点"上的突破实现整体提升。跨学科研究和系统方法作为田园牧歌实践的首要选项。系统认知就是要从系统的要素构成、互作机理和耦合作用来探索问题解决的途径。山水林田湖草是一个生命共同体。农业领域的社会发展及科学突破必须突破单要素思维，从资源利用、运作效率、系统弹性和可持续性的整体维度进行思考。近年来的乡村振兴行动，各部门单线出击，整体性，系统性，长期性，稳定性不足，出现了这样那样的问题。

四是未来性原理。现代田园牧歌不是回归，不是复古，不是简单的传统与乡愁。恰恰相反，现代田园牧歌是人类与生俱来的对美好生态的向往，未来性是其显著的特征。这种未来性，体现了传统与现代的结合，古典与时尚的结合，自然与科技的结合。城市是田园的儿女，是田园发展中的阶段现象，人们从田园走出，在城市聚集，在城乡两地栖居，再回归田园。在人类文明长河中，城市是短暂的聚集，只有田园永恒，田园是未来永远的家园。现代田园牧歌的未来性原理，要求我们科学引领未来，开创时代。在田园生命共同体重大科学问题、土地资源安全与管控、现代工程技术难题上取得突破；聚焦精准调查、精细感知、精明治理的科学技术体系，在一些关键核心技术上取得突破进展；在耕地质量大数据、耕地健康诊断技术、生态良田构建技术、土壤生物多样性保护和耕地养护技术、耕地系统演化模拟仿真技术上引领未来；对一些重点区域进行修复治理，比如黑土地整体保护、长江黄河流域系统修复、盐碱地沙土地综合治理；在国家发展的重大需求方面全力以赴，比如全球变化与低碳耕作制度研究、耕地资源智慧监测等。

新一轮科技革命和农业发展正在重构全球创新版图，需要规划好未来技术发展的路线图，明确创新乡村振兴主攻方向。

五是大合唱原理。现代田园牧歌不是文人墨客个人的砚田，不是田园诗人避世的世外桃源。现代田园牧歌是现代性、民众性的新世外桃源。一方面，它是公与私空间的融合。人作为社会的人，天下的人，是公的一份子；人作为个体的人，自然的人，有私的情愫、私的空间，田园牧歌让家天下统一在田园的空间，不再是进则天下，退则田园。另一方面，人本质是诗意的人，平常人不写诗，但有诗人的感知，有诗意栖息的向往。农民是现代田园牧歌的合唱队，城里人回归田园，天下游子俱欢颜，最终实现城乡全民的田园牧歌大合唱。

短期来看，农业人口减少，农业人才流向城市。按世界各国比例来看，我国农村人口近年还会有较大的流出，城市人口还会增长，这是工业化、城市化进程中的一个时段的现象。随着产业布局的调整，随着基础设施的改善，随着数字化生活的加快，城乡人口统计模型，城乡人才对流渠道，城乡生活候鸟栖居，将出现巨大变化，从城市让生活更美好，到乡村让生活更美好的转化，到农业强国战略的实现，必将是三十年河东，三十年河西。

目　录 | Content

第一章　田园牧歌溯源　001
   第一节　《诗经》中的远古田园牧歌　005
   第二节　农耕文化与儒释道文化的互融互生　010
   第三节　中国人的田园情结　012

第二章　现代田园牧歌，乡村美学的实践诠释　015
   第一节　乡村美学，现代田园牧歌的开路旗　017
   第二节　乡村美学，从庄稼地里长出来的美学　023
   第三节　乡村美学实践　028

第三章　五行相生的田园系统哲学　039
   第一节　乡村振兴的历史机遇与发展路径　041
   第二节　现代田园牧歌——乡村建设中的"五行相生"　055
   第三节　现代田园牧歌大合唱，各级党政是合唱的指挥棒　056

第四章　田园牧歌的大舞台　061
   第一节　生物环境是田园牧歌大舞台　064

第二节　案例：江西婺源——生态保护与转换的农庄建设 066

第三节　案例：新场镇年年金色耀新场，季季花海皆醉人 079

第五章　走进孔村——300年蓉漂的故事　095
  第一节　300年蓉漂，孔家家风依然　098
  第二节　孔村的"五子登科"　103
  第三节　乡村大舞台——成都孔村掀起盖头来　112

第六章　文化软实力与文化庄稼　117
  第一节　文化软实力的东西方文化背景及建构　121
  第二节　城乡结合文化范例：李杜祠诗意社区　141
  第三节　新都区乡村文化振兴战略实践　154

第七章　一人一面的形态之美　185
  第一节　美丽乡村建设的乡村味道　187
  第二节　从洛带到西平　192
  第三节　打造慢生活的大英后坝村　210

第八章　田园牧歌书院与四维教育　219
  第一节　田园牧歌书院　221
  第二节　断山村第一村小　224

第三节　杜甫草堂农庄　　　　　　　　　　241

第九章　筑牢田园牧歌的基石　　　249
第一节　案例：宁夏枸杞"中国红"　　　253
第二节　案例：邛海边上的油橄榄　　　266
第三节　威远无花果农业企业的国际化之路　　　292

第十章　国家公园里的田园牧歌　　　311
第一节　长征国家文化公园的田园牧歌　　　315
第二节　荒野国家公园吟唱田园牧歌　　　345
第三节　"你好林芝"生态公园　　　368

第十一章　艺术振兴乡村　　　373
第一节　非遗培育新的文化传承　　　376
第二节　根石人家艺术村的雕琢　　　380
第三节　状元故里的现代牧歌　　　387

第十二章　悄然兴起的农村康养　　　399
第一节　唱歌乡吟唱生态康养情歌　　　405
第二节　十里荷画的外婆湾　　　422
第三节　苏马荡半山药园康养村　　　437

第十三章　乡村治理与乡村振兴　451
第一节　建设一支强有力的基层干部队伍　457
第二节　健全农村基层组织，强化德治法治　460
第三节　重塑乡贤文化，用好新乡贤　461
第四节　充分发挥农民的主体作用　463

第十四章　疫情严控阶段对乡村建设的影响和思考　471

第一章

田园牧歌溯源

关关雎鸠,在河之洲。
窈窕淑女,君子好逑。
参差荇菜,左右流之。
窈窕淑女,寤寐求之。
求之不得,寤寐思服。
悠哉悠哉,辗转反侧。
参差荇菜,左右采之。
窈窕淑女,琴瑟友之。
参差荇菜,左右芼之。
窈窕淑女,钟鼓乐之。

《诗经·周南·关雎》

笔者长期致力于农业农村的研究与实践，在多年的工作思考中一直秉承着实现现代田园牧歌的愿景。笔者认为，田园是我们中华民族赖以为生的自然环境，它们是高山峡谷平原丘陵湖泊沙漠，通过我们祖祖辈辈不断的开垦耕作，变成一块块农田菜地果园鱼塘，给我们民族的生存繁衍发展提供了源源不绝的养分，是我们民族五千年来屹立于世界民族之林、战胜各种艰难险阻的物质基础；牧歌，是我们民族的生活方式，从远古的刀耕火种，到古代的日出而作日落而息的自然生活方式，到近现代通过改造生产生活环境，特别是农业耕作制度的改革和生产技术的提升，使农业生产简化，有更多时间从事农业以外的生产及文化精神活动，丰富我们的生活，渔樵耕读既是朴素的农耕理想，更是我们的美好生活画卷。在工业化以后，中华民族取得前所未有的发展，不断崛起的工业文明将农业人口从广阔的农村不断地吸引到了大大小小的城市，新的工业文明冲击着传统的农耕文明，日出而作、日落而息的慢生活方式渐渐被赶上班、昼夜不分，赶酒宴、灯红酒绿的现代快节奏所取代，我们的精神生活由安然、舒适被浮躁焦虑取代，我们现在需要一处精神寄托的乐土，我们需要建设一个新的现代田园牧歌的生活场。

图 1-1　盐亭县花果螺乡

我们中华民族在五千年的历史中诞生了无数的民族英雄。他们通过发明、改进生产工具和改变耕作方式来不断提升生产力，他们培育了我们民族的生活态度，催生了社会分工，提出了诸子百家学说，凝练了儒家道教等思想，为我们民族提供了丰富的精神食粮，带领着我们民族不断发展壮大。在乡村建设和振兴中，田园牧歌理论就是基于乡村美学，充分运用本乡本土本地的自然资源，通过各种资源的科学调配，在了解和深刻认识本地的历史文化基础上，充分吸收其养分，建设带有浓郁地方色彩且符合社会主义核心价值观和农民意愿的现代农村田园生活场，振兴乡村经济，推进乡村全面发展的理论探索。简言之，现代田园牧歌就是立足于本乡本土的自然资源和历史文化资源，通过重塑现代田园生活场景，振兴乡村、推动城乡诗意融合的理论实践。

第一节 《诗经》中的远古田园牧歌

在人类历史长河中,中国是唯一一个没有文明断代的国家,中华民族历经五千年的文明依然雄峙于世界之林。从有文字记载的历史来看,中国历经了夏商周秦汉魏晋南北朝隋唐五代十国宋元明清,延续至今已有3000多年历史。

勤劳的中国人从原始社会走来,由原始的狩猎文明到农耕文明,再到工业文明;从结绳记事到甲骨文的出现,又经过了近三千年,从春秋的封建萌芽进入到现代社会。在这历史发展进程中,中华文明发展的模式与其他文明不同,农耕文明铸就了中华文化的独特性格,成就了中华文化的辉煌。

农耕文明成为中华文明的主要形式。农耕文明的起源,上可以溯到远古三皇五帝。

传说中的三皇——天皇、地皇、泰皇之名号,在《史记·秦始皇本纪》中最早出现。三皇:指燧人(燧皇)、伏羲(羲皇)、神农(农皇)。

五帝:指黄帝、颛顼、帝喾、尧、舜。

三皇五帝,并不是真正的帝王,指的是中国原始社会形态下出现的为中华民族作出卓越贡献的部落首领或部落联盟首领,后人追崇他们为"皇"或"帝",根据传说距今有五千多年,被尊为中华民族的始祖。民间则把他们奉为神灵,以各种美丽的神话传说来宣扬他们的伟大业绩。

在我国,远古的新石器时期就有了农耕活动。在刀耕火种式的原始农耕方式之下，面对天灾、部族战争的威胁，部落不断迁徙、不断融合，耕种面积不断扩大，人口也不断增加。到春秋战国时期，各种铁器运用到农业中，铁犁牛耕成为我国古代农业的标志性的生产方式。随着农具的不断改良、农耕制度的不断进步，农产品更加多样和丰富，人口也快速增加，催生了农耕社会的出现，农耕社会、农耕文化不断发展完善。

在这一过程中，土地的产出，供养了人类的生存和发展，特别是在春秋战国土地私有化后的近3000年里，土地成为中国先民的物质基础和精神依托，眷恋土地、眷恋家乡，"家国情怀"成为民族共识，对家乡的深情、对故土的思念成为中华民族的文化根脉，成为了中华文明的坚实基础。

我国最远古的民歌集成《诗经》中就描述了古代的农耕和田园牧歌。

《诗经》记录了当时自然、农业社会的情况，是对当时的自然环境、农业生产、农作物、农具等状况的真实反映。

《诗经》之美源于自然，植根于那些花草虫鱼、青山绿水。其中大量的篇幅提到了各种各样的植物。《秦风·蒹葭》"蒹葭苍苍，白露为霜"中，蒹即没长穗的荻，其形状似芦苇，生长在山坡草地和水边湿地，其嫩芽还可以当作蔬菜食用。而葭又是初生尚未秀穗的芦苇，生长在浅水或低湿潮润的地方。《豳风·七月》中说："七月流火，九月授衣。春日载阳，有鸣仓庚。女执懿筐，遵彼微行，爰求柔桑。春日迟迟，采蘩祁祁。女心伤悲，殆及公子同归。"其中提到的蘩，便是一种名曰白蒿的香草。还有《王风·采葛》"彼采葛兮,一日不见,如三月兮。彼采萧兮,一日不见,如三秋兮。彼采艾兮,一日不见,如三岁兮"提到的葛、萧、艾。

《诗经》中如此类植物的引用不胜枚举,这些植物从生产生活的角度来看更像是农作物或者可以采来用作生产的植物,少有纯观赏性的植物,大都是和人们的生产劳动相关联的,由此会发现《诗经》中植物和农业相关联,进而把目光聚焦到农业生产的方式方法上,引出一系列对《诗经》中农业的思考,包括农具、劳作方式、农作物等等。

根据《诗经》的描写,《诗经》时代实行的是大规模的农业耕作,从《周颂·载芟》中描绘的"千耦其耘,徂隰徂畛"的画面,以及《周颂·噫嘻》中"骏发尔私,终三十里。亦服尔耕,十千维耦"的记载,都能看到耕作场面的浩大。其中提到的"耦"是指二人合力并耕,因此"耦"这种耕作方式是与大规模的农业生产场面相关联的。

农具方面更是丰富,不仅有常见的钱、镈、镰、刀、铚、艾,还有新的工具。《周颂·载芟》云:"有略其耜。"《豳风·七月》又云:"三之日于耜。"《周颂·臣工》云:"庤乃钱镈",其中的耜、镈,便是当时较为新型的农具,耜类似于现在的锹,镈是一种锄草的农具。农作物方面主要涉及黍、麦、粟,其中黍出现的篇幅最多,"硕鼠硕鼠,无食我黍""彼黍离离,彼稷之苗""芃芃黍苗,阴雨膏之"等都提到了黍。粟,即现在的小米,在《小雅·小宛》《秦风·黄鸟》《豳风·七月》均有提及。《鄘风·桑中》《王风·丘中有麻》中出现了麦这一作物。除开这类主食，还有其他的农作物，比如《豳风·七月》"七月亨葵及菽"中的葵，《大雅·绵》"周原膴膴，堇荼如饴"中的饴，甚至还出现了香料的描写，《唐风·椒聊》"椒聊之实，蕃衍盈升"便是当时周朝人使用椒类香料的证明。

同时，《诗经》中的植物常常被赋予不同的含义，在《诗经》中，植物作为一种内在心神演绎变化的象征进入诗歌里，是人附加给植物以所谓人存于世的命运感的波动，所以《诗经》中的植物又在作为农作物的基础上提升了一个高度。

《诗经》的内容具有社会价值，从中可以窥探到当时的农业状态，其中较为丰富的叙述描写也为今人了解《诗经》时代的生产生活状态提供了重要参考。1959年科学出版社出版的《中国农学史》（初稿）上册选定了《诗经》作为内容之一，其中包括了生活资料谋得方式、生产过程集体性质、生产工具状况、农业技术及其成就等方面，其中农业技术及其成就一节具体还包含了农作物种类，耕作制度和方式，田间技术，园圃经营，渔猎、畜牧技术的记录和整理。福建人民出版社出版的《中国农学史》（修订本）同样收录整理了《诗经》中的农业详况，包括了《诗经》中所反映的农业经济，《诗经》中所载农具耕作方式，《诗经》中的农时，《诗经》中的土地利用和土壤耕作，《诗经》中的作物栽培及田间管理、《诗经》中的园艺、畜牧和蚕桑等。《中国农业史》对《诗经》的引入借

图 1-2　绵阳涪城区千鹤桑田之一

鉴，表明《诗经》已作为社会调研报告为农业发展史研究提供了参考，对研究中国农学有重要参考意义。

　　《诗经》所反映的社会生产状况聚焦于农业生产的各种面貌，其中很多的劳动场面都是关乎农业生产的，因此诗作呈现的状态就是农事诗、田园诗的意境，《诗经》的农事描写，成为后世田园诗人素材灵感的重要来源。虽然后来田园诗在陶渊明的笔下获得全新的生机，但是其发端并非陶渊明，而要追溯到《诗经》，包括对四时农田的描述也发端于《诗经》，《豳风·七月》中便对不同时节的农事状况作了阐述，可以说后来的田园诗是在《诗经》所营造的和谐的田园情景上发展起来的。对于陶渊明来说，在他创作田园诗的素材灵感来源方面，《诗经》一定占据着重要位置，比如《魏风·十亩之间》"十亩之间兮，桑者闲闲兮，行与子还兮。十亩之外兮，桑者泄泄兮，行与子逝兮"，表现了女子在劳动中怡然自得、优哉游哉的轻松快乐的场面，这与"采菊东篱下，悠然见南山"所传达的闲适轻松的氛围有相似之处，《十亩之间》早在陶渊明之前便已经展现了悠然的田园风光。

第二节　农耕文化与儒释道文化的互融互生

从原始人在自然中采摘野果、捕鱼围猎，到从事刀耕火种的生产劳动，逐渐固定群居形成田园，围成家园，在大自然的生产生活中，孕育了农耕文化，农耕文化在俯地仰天的长期劳动生产活动中，逐渐催生了道家文化。人法地，地法天，天法道，道法自然，老子强调顺应自然，遵循自然规律，反对向自然贪婪索取，反对奢侈浪费的生活，提倡简单节俭，抱朴守拙，自然无为，提倡与大自然中的鸟兽虫鱼、树木花草和谐相处，友好与共，天人合一，而不是用化肥农药，用"智人"的工具去征服自然，掠夺自然。这与我们今天倡导的可持续发展、绿水青山理论、生态农业、有机农业是一脉相承的。在村落的群居中，邻里之谊、祠堂之礼、家族之孝、交往之义、修身之仁、民风之善、乡风之淳，逐渐形成人们的文化规则、村落习俗、治理公约，最后诞生了孔子的儒家学说。道家、儒家思想扎根于生产劳动的土壤中，化之于诗文戏曲，化之于音乐舞蹈，化之于民俗节庆，化之于习惯习俗，化之于建筑、服饰、食物、私塾等生产方式和生活方式、学习方式传承下来。

儒家文化也同样强调个体生命与宇宙生命的相依相承，作息与时令契合。让百姓按时从事农业生产，遵循农业生产的规律，才能实现安民、富民、爱民，保障社会稳定，农民安居乐业。与道家天人合一思想一致，农耕文化中的天命观也是儒家思维的重要组成部分。"天何言哉？四时行焉，百物生焉，天何言哉！"百物都依序四季交替运行、生长。先秦时期的思想家们深刻认识到在农业发展过程中，必须自觉顺应天时，循律而为，遵循农事活动的自然规律，主张"养长时则六畜育，杀生时则草木殖，政令时则百姓一"。在儒家思想里，尊重天命，尊重道德，提倡人事通天命，"尽人事，知天命"，"顺天应时"，从农村生产生活的节奏上升到了哲学思想的高度。在乡村田野上，儒道思想已融会贯通，如精神雨露，随伴春播秋收，四时轮回，周而复始，耕读传家，祖德遗芳。

农耕文化孕育了道家儒家的学说，道家儒家的学说作为经典，作为精神的星空，教化、滋养、促进了农耕文化的繁荣发展。

佛教传入乡村以后，佛教精神的慈悲，因果，又以众生为善田，将劳作过程与禅修行践行结合起来，劳动过程又是修炼精进的过程。百丈禅师用"农事即佛事"的道理教诲弟子要做到"一日不作，一日不食""一日不修行，一日不进食"。种田的也是种福田心田慈田善田，是感知天地，体悟来世今生的轮回。尤其是农禅文化的兴起，让田园守望、精耕细作有了禅修的意蕴，在春风秋雨中，在烈日冰雪中，劳动不仅仅作为一种谋生的手段，更是直指本心的修行方式，从田园的劳动中感悟到人生真谛。唐朝布袋和尚著名的一偈,流传甚广:"手把青秧插满田,低头便见水中天。心地清净方为道,退步原来是向前。"

田园作为三教融合的土壤,在漫长的岁月中,形成了敬天爱人、勤以修身、俭以养德、生生不息的农耕文化。从农业经验到农业科技,从修养栖居到灵魂追问,田园不仅仅是果腹维生的粮食仓库,更是日出而作日落而息的乐土,是人们诗意栖息的精神家园,具有中国特色的农耕文化已成为一种基因流淌在世世代代每个中国人的血脉里。

儒释道三家已经融为一体,成为中华民族文化的重要精神内核。南怀瑾认为,儒释道在中国文化中成了类似于金字塔的文化结构:儒家文化是塔基,构成了中华民族的基本内容,核心思想是"格物、致知、修身、齐家、治国、平天下";道家文化是塔身,核心思想是"崇尚自然,无为而治";佛教文化是塔顶,核心思想是"明心见性、解脱生死、超越轮回"。

第三节 中国人的田园情结

中国是一个典型的农耕民族。中国的农耕文化,基于由家庭血缘形成的基础社会形态,这种以血缘为纽带的社会基础,逐渐演变为大一统的国家形态。从秦始皇统一六国,到历经秦汉唐宋元明清,虽然也有南北朝、五代十国时期的短暂分裂,但大一统是基本的国家形态,家国天下、爱国爱家成为中华民族的民族性格。"落叶归根",家乡、故土成为中国人的终极精神寄托。

中国人的乡土情,基于农耕文化的熏陶,源于中国人重视血缘亲情。"树高千丈,叶落归根"成为中华文化的情感基石。

中华文化中文人及其文学艺术作品对田园的描述,反映了对家乡、对故土、对亲人的热爱,是一根永不淡漠的情感基线。

中国自晋唐以来的田园诗以及田园意境的山水画、花鸟画,形成了中国人诗意栖居的田园情怀,成为现代田园牧歌的基因传承。王维是盛唐田园诗的代表人物,他以禅意的心灵体察山水田园,表达出一种澄怀、静谧之美。如"明月松间照,清泉石上流""人闲桂花落,夜静春山空"给人以荡漾心灵恬静致远的遐思。孟浩然也是盛唐山水田园诗的重要人物,"故人具鸡黍,邀我至田家。绿树村边合,青山郭外斜",田园气息扑面而来。"林壑敛暝色,云霞收夕霏""池塘生春草,园柳变鸣禽",谢灵运诗如新发芙蓉自然可爱。

"开荒南野际,守拙归园田。方宅十余亩,草屋八九间。"陶渊明甘于淡泊,抱朴守拙,以率真的心性卓尔的气节葛衣芒鞋,荷锄走来,以欣赏的口吻把自己的田园生活所见所感一一道来,成为中国田园诗最具影响力的开宗立派大师。

寄情山水,融入村居,尚朴崇真,天人合一,澄怀畅神,田园诗中的意象成了古代文人精神世界的外化。从田园诗到山水画、花鸟画，诗画一律，山水田园中精神的粮食重于物质的粮食，古人的哲学思想和个人卓尔不群的志趣情操与中国的儒释道文化有机融合，代代相传，成为一种基因传承，植根于每个人的内心，因而，历朝历代的都市人都有归田的愿望，每个中国人心中都有一亩二分地，都有常常聚敛于心、萦绕于梦、如烟如雾、如晓如暮、似甜还苦的乡愁——就是这种基因传承形成的情感纽带。

中华文化的田园牧歌，是中华先祖的生活场，是中华文化的冶炼场，是学子苦读登第的出发地，是官宦告老还乡的归宿地，是躲避乱世的避风港。现代的田园牧歌，是逃离城市喧嚣、回归心灵纯净的净土，是找回自我、重铸亲情的乐园。"进则天下，退则田园"是中国古人多么理想的人生状态，而本书的现代田园牧歌所倡导的，却是"进也田园""田园也天下"。

图1-3　绵阳涪城区千鹤桑田之二

第二章

现代田园牧歌，

乡村美学的实践诠释

我们固然不能说美的一切都在田园，但我们却可以说田园的一切都是美的，包括田舍、竹林、鱼虫、禽畜、耕夫、牧童……美是田野开出的花朵，而美学的花朵远远不止植物花草本身，它包括一块沉睡的石头，一截沧桑的断墙，一只眼望着你的麻雀……

草满寒塘水满陂,
山衔落日浸寒漪。
牧童归去横牛背,
短笛无腔信口吹。

［宋］雷震《村晚》

第一节　乡村美学，现代田园牧歌的开路旗

"现代田园牧歌"这个概念，是以现代农业产业为支撑的现代田园，既产出农产品等物质产品，又出产乡村美学等美学产品，既有诗意，又包含着深刻的内涵与广阔的外延，乡村美学是现代田园牧歌的开路旗。

乡村美学是研究人对乡村的环境、生产、生活的审美活动的学科，是人在田园景观、乡村风情、生产劳动、季节物候中的诗意栖息和审美愉悦，是中国古代田园诗画在农业现代化中的现代表达。从实践探索上丰富和完善中国乡村美学，并与区域经济学、现代农学、管理学跨界融合成为一个新的课题，成为在生产和生活领域引发一场美丽乡村革命的理论支撑。

图 2-1　绵阳世界月季博览园

乡村美学是现代田园牧歌发展的内动力，推动人们对美的生活生产方式的向往追求，同时又是一种无形的规则，通过乡村田园美的塑造，建立起新的乡村生活规范，让人们"随心所欲而不逾矩"。作为一种非强制力量，乡村美学思想和美学情怀将具化为政府和企业的决策依据和行为规范，具化为现代农民生产生活的自觉和现代新农村的蓝图。

乡村美学并不是一门深奥晦涩的学问。在现代，很多人认为，乡村建设就是要有现代化气息，就是要把城市中的很多元素用于乡村建设，比如照搬城市的钢筋水泥建筑，池塘、田边的道路硬化，特别是照搬欧美的一些标志性建筑，如某个乡镇为了发展乡村旅游、吸引过路行人，在入乡路口建起了一个类似于伦敦塔桥的建筑。巨大的伦敦塔桥矗立在乡村道路，与周围的农田显得格格不入。他们认为这是美，是时尚。他们不懂这些建筑所代表的文化和历史意涵，他们不懂何为乡村之美、何为乡村的真美，认为高大上、豪华现代、西方经典就是美，以致在乡村建设中乱象丛生。如果没有正确的乡村美学观，这种令人啼笑皆非的故事，还会继续在我们更多的乡村上演。到时候，可能我们不用出国门，就可以在我们的乡村中看遍整个"世界"。

乡村美学观是指我们要彻底摒弃"乡村的现代化就是城市化、乡村一定不如城市"这样一种狭隘的思维，要彻底放弃"人造自然"的方式，要坚决禁止人为地丑化与矮化乡村景致的行为。要建设美丽乡村必须树立正确的乡村美学观，不论是

图 2-2 川红故里——宜宾筠连县

一个村庄、一片农田还是一座建筑，都应体现传统农耕社会沉淀下来的乡村美学意蕴。我们应当从乡村的建设去体会其所承载的中华农耕文明的生产生活方式。

这种乡村美学观与车尔尼雪夫斯基所提出的"美是生活"的理念应当说是一致的。车尔尼雪夫斯基认为，"任何事物，凡是我们在那里面看得见、依照我们的理解应当如此的生活，那就是美的；任何东西，凡是显示出生活或使我们想起生活的，那就是美的。"马克思主义美学认为：美的根源在于社会实践的自由创造。而任何社会实践都不是抽象的纯粹的，而是具体的实在的，它总是与一定的时空相联系的，离开了人们具体的生产生活环境与条件，这种美就不是人们能够理解和欣赏的美了，人们会觉得这种美实在与我们没有什么关系，也就失去了存在的根基和意义。因而要反对这种生拉活扯的毫无原由的移植。自由创造并非随心所欲地想当然，完全出于创作者自身的意志，想怎么做就怎么做，而是内含一个前提，即尊重自然规律和历史文化，这种自由创作才能为人所认识认可，并有益于人们的生活，否则只能带来困惑迷茫，甚至危害。

美最初是从人类改造自然的生产劳动中产生的。这就是马克思讲的"劳动创造了美"。所谓"当对象以表现创造活动内容的感性形式特征而引起人的无比喜悦时，这个对象就被称为美的"。就乡村而言，这里的房屋道路、农田水渠乃至我们使用的刀斧犁耙等工具无不记载和诉说着人们改造自然的历史性活动，成为反映这些活动的直观物与载体。这些东西是一部农村发展史实的反映，是绝对不能造假和糊弄的，一旦我们引入的不是记载和反映这片土地上曾经真实发生的农业活动的载体与工具，那只能是一种不相干的外物入侵，是对自身历史的篡改，人们当作西洋镜看一时热闹也就罢了，其实心底里并不会接受，甚至排斥和厌恶。

只有树立正确的乡村美学观念，才能在面对乡村各种各样的资源时，有独到的再发现与美的再创造。例如很多乡民家里客厅里有天地君亲师堂位，旁边是孩子在学校获得的获奖证书，家具是一张八仙桌、几把椅子、一个电视柜。这就是我们农家的现实生活场景。在这里，传统意识与现代理念有机融合，文化传承与物质生活相生相随。我们没有谁会觉得这里有什么不对劲的地方，有什么不自在不自然，有什么古怪之处，有什么非校正不可的东西。因为这就是我们现有条件下选择并形成的非常适宜的生活方式。这些简单的室装，承载的内容大到中国人的人伦传承，小到一个家庭的生活与娱乐。因而乡村之美一定是乡村的本真，一定要有乡村记忆的气息。

农村的蓝天白云，农村的远山近水，农村的绿树红花，农村的虫鸣鸟叫，农村的奇石怪木，农村的黄泥黑土，这一切是那么地纯天然，这一切是那么地原生态，这一切千百年来就是如此存在。但它们并不遥远，也不陌生，早已融入我们的生活，赋予我们生命和力量。它们是我们祖先世世代代生于斯长于斯的地方，是祖辈生存的依赖、生产的条件、生活的环境。这一切又是那么地亲切，是那么地可爱，以至于我们无法割舍。因而，要问"为什么我的眼里常含泪水？因为我对这土地爱得深沉"：这是我们根脉生长的地方，这是我们生命与文化DNA形成的地方，这是我们魂牵梦绕的故乡。不管我们走向何方，不管我们走了多远，我们都深知，自己来源于这个地方。因而，我们没有权力更不应该去蛮横地破坏它、去刻意地修饰它，我们绝不能把它搞得面目全非，导致我们找不到回家的路。"清水出芙蓉，天然去雕饰。"这是我们乡村的自然之美。乡村的自然之美并非不可触碰，而是首先必须遵循天时地势，遵循日月运行，遵循自然规律，然后再进行改造和建设。因而，在乡村振兴中，我们没有必要把修建城市的规划蓝图拿去改造农村的山头。正如李泽厚所谓"千秋永在的自然山水高于转瞬即逝的人世豪华，顺应自然胜过人工造作，丘园泉石长久于院落笙歌"。

何为美？《庄子·知北游》语："天地有大美而不言，四时有明法而不议，万物有成理而不说。"庄子认为，大美即存在于天地之中，要懂得真美，则要到其中去寻找。乡村的真美即万物的大美，天地是自然生长的生态系统，四时是气候变化的规律，万物有成理则是人与自然万物有自然生成的条理。土壤、植物、水源、气候与人的有机融合就是乡村场域里的生活，因此，乡村的大美、真美就在乡村的生活里。这是我基于对数千年传统文化的认识和多年的乡村振兴实践得出的结论。

有一位四川绵阳的小姑娘叫李子柒，她火了，而且很火，在全世界拥有粉丝超过一亿。她是不是美绝人寰？是不是超级英雄？不是，她只是一个短视频的创作者。在她的视频里，是平凡得不能再平凡的乡村美食，她曾经创作了很多很多反映乡村生活的短视频。在她的视频里，她只是默默地在那里干着农活，偶尔跟奶奶说几句四川方言，默默地过着乡间生活，从造面包窑、做竹子家具、做文房四宝、做衣服，到烤全羊、酿酒、酿造黄豆酱油……总之，她的视频里全是乡间生活的支微末节。正是这些真得不能再真的乡间生活，感动了全世界。她将自己在深山的生活过成了一首诗，品着春夏秋冬，看着日升日落，利用自己年少打拼时习得的能力，把普通农家生活记录下来，将中国传统的美食录拍下来，向世界展示我们中国的传统文化、娴静舒适的现代田园牧歌生活。她把中国人传统而本真的生活方式呈现出来，让现代都市人找到一种心灵的归属感，也让世界理解了一种生活着的中国文化。她用一餐一饭让四季流转与时节更迭重新具备美学意义，她让人看到劳动所带来的生机，让田园充满诗情画意。

第二节　乡村美学，从庄稼地里长出来的美学

10多年前，在欧美国家农村考察时，我发现，那里的农村，庄园、庄稼等，无处不美。为什么会有如此强烈的冲击和深刻的印象呢？作为一个传统文化的热爱者、守护者和传承者，在我的脑子里显然没有"外国的月亮比中国圆"这种妄自菲薄的崇洋媚外思想。因而，作为一个理性而冷静的学者，这种意识的形成，只能是客观现实的如实反映。那么，到底是什么原因？我经过认真研究、对比考查、反复推敲，明确悟出了"生活场"的概念，并以此来解释乡村美的根源。"生活场"，就是人们自然生活的场景和地方，只有"生活场"变美了，才是真正的美。为什么四川的"甘阿凉"很美？那是人家的"生活场"，是具有民族特色的"生活场"。差异化就是美，独特就是美，那里有雪山、云朵、草原，是一种原汁原味的美。这种美不是源于商业功利而拿给别人看的，而原本就是我们的生活环境与条件，就是我们生活的一部分。真正的乡村之美是从土地里长出来的，而不是按城市的审美标准复制的。

此前，农业农村部发文评选中国最美的乡村，结果，最美的乡村不是人工打造出来的，而是在西藏，那就是一种"生活场"的美。可是，当地人天天看月月看，也许并不觉得美，可

外地人去看，就觉得大美。福建的丘陵地区，层层梯田，高低起伏错落有致，不美吗？当地农民也许不觉得美，可拉萨人来看，就会认为很美。有的乡村为了休闲、旅游的需要拼命引进各种花卉，尤其是薰衣草之类的，打造成片的薰衣草爱情花园，这样的做法并不让人感觉到美，反而伤害了乡村。回头去看，欧美国家的农庄之所以美，最大的原因在于其很好地保护与传承了当地人的生活气息。他们的农村都是几代人耕作传承下来的，他们的乡间小教堂，不少都是中世纪便修建的。实际上，乡村的情趣就蕴藏在乡村的生活中，在于"一方水土一方人"的自然与独特，在于乡村生活所营造的"天人合一"的氛围。

2019年农业农村部评选出来的最美乡村，就是对乡村美学的最好诠释。

一、祠堂延续了家的时空

2014年，我为了作关于祠堂的田野调查来到了南屏村。南屏村位于安徽省黟县西南，是一座有千年历史、规模宏大的古村落，因《菊豆》《卧虎藏龙》等多部著名影片在此拍摄，被称为中国影视村。

南屏村有三百多座明清古建筑，村中有36眼井、72条巷，从村头到村尾二百多米的一条中轴线上，至今保留着八个大小祠堂，这种祠堂群在全省也是仅此一家。自元朝末年叶姓从祁门白马山迁来后，村庄迅速扩展，明代已形成叶、程、李三大宗族齐聚分治的格局。特别是清代中叶以后，由于三大姓

图 2-3　南屏村一角

之间的相互攀比，竞争进取，南屏村步入鼎盛时期。全村一千多人丁，却有 36 眼水井、72 条古巷、300 多幢明清古民居。且村中至今仍保存有相当规模的宗祠、支祠和家祠，被游客誉为"中国古祠堂建筑博物馆"。

人的自然生命一般不超过 100 年，可家祠让人的自然生命变成了亲情生命和精神生命，亲情生命乡村一般纪念 300 年四代左右，可叫出名字、讲出事迹，精神生命就是列祖列宗，千秋万代，这是乡村的文化薪火相传，是生命的香火。

二、在画中生活，以画为生

近年我参与四川德阳市年画村的设计规划，与当地艺术家范小平、妖妖、胡闵之、曾涌、张烈等参与到年画的传承及乡村产业的打造和乡村美学论坛中。年画村地处四川省绵竹市南大门孝德镇，位于德阿公路与成青公路之间，2010 年 12 月由大乘村和射箭台村合并而成。全村总面积 5.1 平方千米，全村下设 26 个组，2716 户，总人口 6164 人，其中女性 3120 人。

图 2-4　绵竹年画村

年画村景区核心区域面积 1750 亩，是一处以乡村旅游、年画商品生产、加工基地建设为主，结合新农村建设的精品型乡村民间工艺文化旅游景区。目前因年画居家创业的农民也成了一道风景，曾涌的"耕读园"成为乡村打卡地。

三、让民族风情在深山集市中呈现

贵州乡村民族风情极具魅力，近年来，我们以乡村民族深山集市为抓手，美传统之美，化美为业，推动城乡融合。龙井村是花溪区"溪南十锦"第一景。这里布依族占总人口 98%，民族文化底蕴深厚，民族节日传统传承较好，少数民族风情浓郁。

从 2012 年至今我们在贵州六盘水、遵义等地乡村打造宜居宜业宜游精品乡村，积极发展乡村休闲旅游，助力乡村振兴，先后推出全国"文明村镇"、中国少数民族特色村寨、贵州省十百千乡村振兴示范村、中国美丽休闲乡村、全国乡村治理示范村等民族风情村镇，而每个节日就是深山集市繁华的

图 2-5　贵州省民族风情村镇　　图 2-6　四川雅安荥经黑陶

日子。

  雅安荥经陶瓷矿产丰富，宋代以来，这里的古瓷矿、古水碓、古窑业孕育了辉煌的砂锅。在荥经，我们通过整合利用闲置农房、土地等资源，鼓励引导支持各类资本、技术、人才进入，促进资源变资产、资金变股金、农民变股民，带动农村发展，促进农民增收，探索了在城中村、城郊村实施乡村振兴的有效路径。半年的试点，唤醒了砂器村沉睡的资源，生态环境变成了发展环境，文化优势变成了发展优势，村里环境幽雅，公共设施完善，业态多元，村集体经济实力显著提升，老百姓生活也越来越好。

  上述美丽村庄的实践，美在资源综合利用，美在全民共同参与，美在农民的创新创造，美在把文化变成庄稼"种植"在那片土地里。

第三节　乡村美学实践

我这些年主持或参与的乡村振兴项目超过100项，贯穿其中的便是坚持用乡村美学指导引领乡村建设的田园牧歌理念。无论是"年年金色耀新场，季季花海皆醉人"的"金色小镇"，还是"老人的童话世界，儿童的音乐乐园"的外婆湾田园，都坚持贯彻了对乡村美学理念的执着追求。在江西婺源，我们在实地考察中发现"中国最美乡村是婺源，婺源最美在白云生处"，因而致力于把"白云生处"这个"十美乡村"构建成具有全国行业示范性质的乡村美学符号，受到广泛青睐。在四川巴中，我亲自主持建设了"中国彩荷第一村"，形成了"云留神仙境，荷开清凉地"。乡村的诗，美学的境，一定会引起人们头脑中无限的遐思。这些不仅是乡村之旅，而且是美学之旅，是实实在在的美的历程。一个地方有乡村美学独特的发现与建设，现代田园牧歌就会吸引无数人的参与，就会形成真正的城乡大合唱。乡村振兴正需要在这样的合唱中凝聚共识与智慧，汇成持续发展的不竭动力。

我们为巴中市通江县新场镇主持落地的巴山彩荷度假山庄可以说是乡村美学的最好注解和形象说明，是以乡村美学规划乡村、建设美丽乡村引领乡村振兴的典范。

新场镇位于通江县西北部，距县城38千米，规划基地内有何家坝靠山面水，背靠龙王庙，面朝小通江，地理位置十分优越，西南部沿毛村溪而上形成的沟谷与两侧山脉相映成趣，两侧山脉相对海拔高差超过 200 米，竖向景观条件丰富，山顶有名曰猫儿坪、骑骡坪的开阔平地可形成良好的观景平台。

基于较好的自然地理条件，我们提出要依托巴山秀丽的山水旅游资源，秉承"和谐、绿色、开放、共享"的发展理念，以"全域旅游""旅游扶贫"为契机，立足何家坝、毛村溪、猫儿坪、龙王庙等优良的生态资源，以"巴山彩荷"为主题，以巴山深处的彩荷梯田、林间养殖的梅花鹿、荷田孕育的荷田鱼以及庭院围合而成的庭院经济为内容，营造"巴山彩荷，云中荷田"的美丽画卷，以何家坝—毛村溪—猫儿坪康养旅游带为基础，最终达成"云留神仙境，荷开清凉地"般惬意舒适。

位于大巴山深处的这一人间仙境本身就有几分神秘，现在她将打扮得更秀丽动人，并向世人大方地揭开自己的面纱。在这里，我们将这种神奇与人们神往的激情结合起来，前瞻性地提出了她的战略目标——中国彩荷第一村、国家 AAAA 级旅游区。这一战略目标的确立既是基于新场优良的自然条件和完善的交通网络，也是基于精准对接国家文化和旅游部、国家农业农村部两大部委促进乡村旅游产业快速发展、旅游标准化集中建设的相关政策，更与巴中市紧抓区域旅游发展，大力实施旅游扶贫项目的目标相一致，具有自然基础、政策基础和市场基础。

为了达成这一战略目标，依据规划区内地势条件和自然与人文资源，本着顺应自然原则，对整个规划区进行了科学分区，形成一带、两区、三组团的功能布局规划。

一带：以基地何家坝、毛村溪及两岸森林构成旅游经济带，实现风景区一体开发。

两区：将何家坝沿河区域和毛村溪及两岸林地两区有机结合。

三组团：包括彩林漫步休闲带、巴山彩荷景观带、林间溪语体验带。

"审视自身发展条件与特点，精准对接国家文化和旅游部、国家农业农村部两大部委促进旅游产业快速发展、旅游标准化集中建设的相关政策，紧抓区域旅游发展的良好态势，明确彩荷发展方向与目标，全力争创国字号特色旅游品牌。"我们的许多策划乍听起来都比较"雷人"，乍看起来都比较缥缈，但这些"高大上"的定位，并非盲目的摸高，是在充分考查当地资源与条件的基础上的志存高远，而不是脑袋发热的好高骛远。一是资源基础分析，二是国家政策分析，三是市场发展分析，四是自身意愿分析。当然还有一批正在实现。之所以是"实战型文化旅游学者"，就在于自己的乡村美学不仅仅存在于头脑，存在于文章，更是要呈现于乡村大地，呈现于大众眼前，其规划蓝图不仅是纸上写写，墙上挂挂，更是要倾心倾力地把美丽的蓝图变成活生生的事实，变成实实在在的生活。因而凡是经我们策划、负责落地的项目中总是充满数以十计的具有针对性、可行性和操作性的路径设计。"我们一旦认准的东西，我们就一定要把它搞成，我们所有的策划都遵循一个重要原则，那就是必须能够落地。不能落地，不能实现，那就是真吹牛，那就是真空谈。"我经常严格要求团队。习近平总书记说"空谈误国，实干兴邦"。作为基层，作为底层，作为乡村一级，说是"误国"，这帽子似乎大了些，但至少是浪费时间，浪费精力，败坏作风，贻误发展。

高深的理论必须与生动的形象结合起来，蓝图规划必须与项目实施结合起来，战略目标制定必须与具体目标执行结合起来。在我们的策划中既要看到高屋建瓴的架构、高瞻远瞩的愿景，更要能看到脚踏实地的设计，始于足下的步伐。围绕"中国彩荷第一村"的宏伟目标与美好愿景，我们为整个景区设计了不下20个具体的景点项目，确定了位置，提出了明确的思路与方法。

书写在大地上的文章，描绘于田野的画卷，不能小家碧玉，必须大气磅礴，给人以震撼。十里荷画以何家坝为基地，开发十里荷画旅游景点。十里荷画，每一里都是一幅美丽的荷花画卷。十里荷画引进十种荷花品种，依照中国江南造园艺术设计，每一种荷花都呈现各自的特征。游客身处其间如同畅游画卷之中，而他们自己也成为画卷的一部分。

我们见过层层稻田，看过层层麦浪，还赏过层层油菜花，但我们什么时候欣赏过层层荷花呢？我们常说的一句话就是"要做就做别人没有做过的"。彩虹荷田项目以山地为依托，打造层层荷田，每一层荷田种植不同颜色的荷花，"如天上虹坠落凡间"。

利用山巅的水田种植荷花，使山顶的常有的云雾与遍植的荷花共同形成一派缥缈朦胧的人间仙境。云漫荷田，荷生云中。这便是"云留神仙境，荷开清凉地"的最鲜明的写照。

荷花生于水中，而水里养殖各色鲤鱼。这不仅是立体农业和循环农业的思维，更形成"鱼戏莲叶间，鱼戏莲叶东，鱼戏莲叶西，鱼戏莲叶南，鱼戏莲叶北"的现实场景，人们，尤其是孩子们，在这里可以直观感受到《诗经》的清新朴实与永恒魅力。

习惯于乡村生活的人们，在田间地头，困了累了，随意地找块石头做坐垫，或是骑在树干上，或是坐于草皮上，拿出随身携带的白开也罢，茶水也好，来上几口，点上烟，在喷云吐雾间胡侃海吹一通，这本是人们劳动间休息的方式，但在城里人眼中，却是惬意的生活。荷畔茶座可以满足这种向往的心理，它利用荷塘边、农居旁空地，规划打造为休闲场所，设计茶座和烧烤区，就近加工荷田中的战利品，体会乡野乐趣，既为游客提供休息和体验的场所，又为本地人民提供就业岗位。

"闲来垂钓碧溪上"是闲来无事的山水野趣，是休憩冥神的闲情逸致。垂钓还是现代人乐此不疲的体育活动。在城市的快节奏和高强度工作与生活的压力下，许多人无论老人还是青年，越来越多地置办渔具，需求渔趣，喜欢上钓鱼的活动。在荷叶飘香、荷花艳丽的环境中垂钓应是别有一番情趣。

艺术源于生活，艺术也装点我们的生活，陶冶情操，提升品位，还可教育孩子，培养人才。彩荷艺术舞台项目在十里荷画中搭建彩荷艺术舞台，定期举行荷花歌舞艺术汇演。在湖畔修建艺术长廊，定期举行荷花书画艺术展览。

城市的夜晚是热闹而绚丽的，农村的夜晚是寂静而黝黑的。这是人们对传统城乡差异的一种认识。我们认为，传统的东西有的需要传承，有的需要创新，还有的需要颠覆。农村没有城市嘈杂喧闹，但农村的夜晚可以更加美好。荷田灯光秀项目就是将夜间原本毫无变化的荷田，经过地坪灯、路灯、景观灯、射灯和灯饰小品等装饰，使其有了仙气。通过规模效应，无数小灯在夜间将漫天繁星搬到荷田，成排的夜灯如繁星，如银河，如嵌入大地的精灵。

对项目区的村庄进行美学改造，将其融入到整个乡村美丽画卷之中。根据周边项目与环境本身的不同特征，选择两种对比强烈的画风，热烈绚丽与清新淡雅各得其所，为不同的兴趣爱好和不同性格特征的游客提供各自的选择。

一是巴山彩绘画风格，以"红、橙、黄、绿、青、蓝、紫"七色为主题。村庄成为"望得见山，看得见水，记得住乡愁"的美丽地方，如幻如梦的七彩民居远远望去，绿树映衬下，红、黄、蓝交相辉映，犹如一幅天马行空的油画。

二是巴山水墨画风格，既保留民居的神韵，又体现出现代的美感和创意。前院敞开，能放一些农具和车辆，邻里邻居能互相串个门，走过路过打声招呼。内院静谧，是放柴火和杂物的地方。后院私密，可以养一些鸡鸭、花草。邻居之间也不会相互打扰。在这样的格调基础上，让农民各自发展自身的庭院经济，为远方的客人、近处的观光者提供良好的农家生活环境。

村庄的整体风貌在两种不同风格的协调中相遇而安。就每个院落而言，就又各不相同，体现出性格与情调的多元和谐。

1. 荷塘山居庭院

中式庭院景观，摒弃了传统欧式别墅的张扬和轻飘之后，极力寻求自然与生活空间的呼应。青瓦粉墙、木门铜锁——那是记忆里的中式院落。如今的中式别墅被赋予更多的现代元素，它是中式院落的缩影，又符合现代人的居住要求，我们从中找到那些丢失的传统文化的同时，还找到了更好的优居生活。

2. 巴适生活山居

由池泉、溪流、瀑布等水景和利用白沙象征的山水（枯山水）以及以茶室为中心的露地所组成的日本庭园，以浮出海面强而有力的花岗岩群岛，以及在此生长的黑松作为主题，庭园内的黑松与流沙构建了"静"与"动"的关系，在庭园构成上相辅相成，哪一方都不可欠缺。

3. 巴山简约风格庭院

现代主义风格的庭院有一种简约之美，追求自由、奔放和大气。这类庭院主要通过引用新的装饰材料，加入简单抽象的元素，大胆的对比，色彩丰富，突出庭院新鲜和时尚的超前感。

4. 巴山彩荷庭院

英式庭院向往自然，崇尚自然，因此它的规划布局采用开放式的空间结构，大面积的自然生长花草是典型特征之一。自然的树丛和草地，随处可见的花卉绿植，注重花卉的形、色、味、花期和丛植方式。硬质构造物则采用天然木材或当地的石料，以使之融入周围环境。

在这些不同主题格调的庭院里，我们既可以领略异域的情调，又可以体验传统的文化。传统文化绝不是保守的，不是狭隘的，它总是以一种开放包容的态度，甚至是积极主动地去拥抱国外的西方的文化，大胆应用它们的文明成果。它还经常让东西交流交融，提供多种渠道、多种选择。这可能就是费孝通先生所讲的"美美与共"的另一种在实践中的体现吧。

作为游客的你可以选择到农家做客，体验农家生活。当然，你也可以选择条件设施更加个性化的树冠酒店和设施更加健全、服务更加周到全面的野奢酒店。

5. 融入自然的树冠酒店

密林深处酒店，与大自然融为一体，是藏身于山间的天空之城。客人可以在玻璃房里练武术，在玻璃房顶的露天阳台烫火锅，又或是沏一壶清茶，身处树冠与森林来一次邂逅。

6. 彩虹坪野奢酒店

开阔的高山草甸风光，原始森林和满月奇观，漫山的彩虹莲海和层层梯田交相呼应。没有钢筋水泥墙，没有喧嚣人群，寥寥几顶帐篷散落在草坪之上。漫空苍穹下，点点繁星触手可及，一轮圆月高悬夜空，让人一瞬间沉醉在自然的美景下。在这里人们对于大自然的亲近和依赖、追求天人合一的极致梦想淋漓尽致地表达了出来。定期举行的彩虹孔明灯放飞活动，将更添生活的五彩缤纷。

7. 云中栈道

在树冠中架起栈道，体验云中漫步的沁人心脾。依山傍水、与生态景观融为一体的休闲健身走廊，体现着通过引入自然景观提高游客游览质量的超前意识。

8. 仙境步道

在沿毛村溪两侧布置仙境步道，使之成为通往神仙境的清凉之道，人们漫步其中感受仙境般奇遇，有心旷神怡之感。

9. 彩虹栈道

通过实施人工降雨，利用阳光折射，创造晴天彩虹的美景。游人撑伞或者穿着雨衣即可以尽兴游览，走过七色彩虹门，头上彩虹环绕，脚下溪流淙淙，游道旁缀以亭、台、楼、榭，让您天天见彩虹，日日沐祥雨。

10. 金色年华

在山间空地种植成排银杏树、向日葵、黄色郁金香、野菊花、黄色蔷薇等构成一片金色的海洋。置身其间，你可回顾金色童年，闭上眼睛，陶醉于金色梦想。

11. 九色天池

山间池塘由于岸边的彩莲倒映在水中而呈现不同的颜色，岸边的荷花是什么颜色，倒映在清澈的水中便是什么颜色。池塘之间由不同高度、宽度的小瀑布连接，呈现动静结合、尺度变化的韵律感。

12. 鸣潭飞瀑

顺着毛村溪岸溯洄而上，沿途布置大小九个连接山间池塘的瀑布，与九色天池遥相呼应。瀑布形态各异，有时涓涓细流曼妙委婉，有时飞驰而下波涛汹涌，有时流向小溪，有时坠入深潭。

13. 梯田音乐汇

由游客、村民以及当地老年人组成的团队在梯田上唱歌跳舞，以天为幕布，地为舞台，掀起了一场人与自然水乳交融的狂欢。"千人踢踏舞"每年举办一届，每届都有不同的主题。伴随着欢快的音乐，人们舞得格外酣畅淋漓。

14. 彩虹坪游乐园

将原猫儿坪改名彩虹坪，以彩虹为主题，以草坪为基础，开辟草坪游乐园，开发草坪越野赛、极速滑草和彩虹速降体验等游乐项目，为游人打造绚丽多姿的游乐体验，更是每家小朋友的最爱。

田园牧歌所阐释的乡村美学，就是曾经生活过的历史场景，是一幕幕活生生的生活情景剧，是直击人们心灵深处的历史记忆。它是秦汉朝轻轻地笼罩在乡间小径上的薄雾，是唐宋间从远处传来的隐隐约约的牧童的竹笛声，是明清时代重复出现在那一间间农舍上袅袅的炊烟……简单的生活、纯粹的心灵、梦想的归处。乡村美学揭示出从古至今人性正善纯净的真谛，展现出田园中恬然生活的怡然自得，勾画令人魂牵梦绕令人屏息的乡村美丽画卷。

第三章

五行相生的田园系统哲学

故人具鸡黍,邀我至田家。
绿树村边合,青山郭外斜。
开轩面场圃,把酒话桑麻。
待到重阳日,还来就菊花。

[唐]孟浩然《过故人庄》

第一节 乡村振兴的历史机遇与发展路径

一、多维发展念好产业经

产业是发展的根基,产业兴旺,农民收入才能稳定增长,围绕农村一二三产业融合发展,构建乡村产业体系,实现产业兴旺,乡村产业体系越健全,农民增收渠道就越通畅。要整体谋划农业产业体系,以农业供给侧结构性改革为主线,着眼推进产业链、价值链建设,推动一二三产业融合发展,实现一产强、二产优、三产活,推动农业生产全环节升级,加快形成从田间到餐桌的现代农业全产业链格局,多维发展,文化赋能、科教融合,让现代农业成为"$1\times2\times3$"的六次产业,六维互生,产生氢弹聚变之力。

图 3-1 天伦葡萄园——炊烟升起时,故园葡萄甜

二、为乡村人才"止血"

乡村振兴，人才是基石。当前农村经济社会发展，说到底，关键在人才。当前农村面临人才净流出不流入的问题，要积极培养本土人才，鼓励外出能人返乡创业，鼓励青年回到乡土，为乡村人才外流"止血"。农民是乡村振兴的主力军，要就地培养更多爱农业、懂技术、善经营的新型职业农民。要通过富裕农民、提高农民、扶持农民，让农业经营有效益，让农业成为有奔头的产业，让务农成为体面的职业。我们在绵阳游仙等地探索营造良好的创业环境，制定当地人才、财税等优惠政策，为人才搭建干事创业的平台，吸引各类人才返乡创业，激活农村的创新活力。我们在盐亭花果嫘乡建立引导和鼓励高校毕业生到基层工作"下得去、留得住、干得好、流得动"的长效机制，让大学生"愿下来，又留得住"。吴伟是德阳毕业的一名大学生，五年时间从花果嫘乡农场办公室负责人成长为企业管理负责人，能力提高了，待遇提高了，与同龄公务员相比他有了毫不逊色的价值实现。我们在花果嫘乡专门举办了青年农民成长研讨班，像吴伟这样的青年人才，在绵阳盐亭县带动了一大片。

三、最难最易是文化

乡村振兴，既要塑形，也要铸魂。没有乡村文化的高度自信，没有乡村文化的繁荣发展，就难以实现乡村振兴的伟大使命。实施乡村振兴战略，要物质文明和精神文明一起抓，既要发展产业、壮大经济，更要激活文化、提振精神，繁荣兴盛农

图 3-2 攀枝花市文联组织盐边乡村美术写生基地调研

村文化。要把乡村文化振兴贯穿于乡村振兴的各领域、全过程，为乡村振兴提供持续的精神动力。如何推动乡村文化振兴，加强农村思想道德建设和公共文化建设？如何深入挖掘优秀传统农耕文化蕴含的思想观念、人文精神、道德规范？如何培育挖掘乡土文化人才，弘扬主旋律和社会正气，培育文明乡风、良好家风、淳朴民风？文化振兴在具体落实中最易被忽略，最易走偏，从都不懂文化，到都懂文化，简单又深奥。我们在遂宁关于民俗文化荷花文化的打造中遇到的种种困难，走过的弯路，使我们深刻感受到文化的重要和文化振兴的艰难。

四、两山理论是乡村之本

乡村振兴，生态宜居是关键。良好生态环境是农村的最大优势和宝贵财富。要坚持人与自然和谐共生，走乡村绿色发展之路。要牢固树立和践行"绿水青山就是金山银山"的理念，落实节约优先、保护优先、自然恢复为主的方针，统筹山水林田湖草系统治理，严守生态保护红线，以绿色发展引领乡村振兴。生态宜居是实施乡村振兴战略的重大任务。要主动加快推动城镇基础设施向农村延伸，通过"绿化""美化""规划"等措施，以优化农村人居环境和完善农村公共基础设施为重点，把乡村建设成为生态宜居、富裕繁荣、和谐发展的美丽家园，让乡亲们都能生活在蓝天白云、青山绿水的舒适环境中。在具体的乡村建设中，两山理论及生态观念往往出现理论与实践"两张皮"：水利工程的硬化、康养项目树木被大面积砍伐现象依然严峻；为了用完项目资金，为了便于工程量方，我们在乡下的几个具体农场项目都不同程度遇到了把湿地变水泥坝的情况，浪费了资源，破坏了环境，修成了昆虫青蛙及微生物的牢房；在建筑中，传统民居一夜消失，不锈钢瓷砖倾销乡里，让乡村肌理遭到严重破坏。

五、基层组织是乡村振兴的力量保障

基层党组织，是实施乡村振兴战略的"主心骨"。我们在崇州道明镇孔村几年的时间体会到，农村基层党组织强不强，基层党组织书记行不行，直接关系到乡村振兴战略的实施效果好不好。孔村在推动乡村组织振兴过程中，最难得的是有个坚强的农村基层党组织，培养一大批优秀的农村基层党员干部，积极带头深化村民自治实践，真正做到了一村村民打成一片，亲如一家，拧成了一股绳，聚成了一条心，真正做到了"上下用心，惟农是务"。

六、乡村振兴可借鉴的"它山之石"

乡村振兴是我国现代化进程不可或缺的重要组成部分，也是世界上所有国家由传统社会向现代社会转型的必经阶段，发达国家已经经历了这个转型阶段，积累了一些经验和教训。尽管国外和我国的国情不同、社会制度不同，农业发展的自然禀赋和发展水平也大不一样，但是它山之石可以攻玉，在市场经济条件下，基于生产力发展的改造乡村还是存在一定相似性的，国外的经验和教训值得深入研究和借鉴，或可为我国乡村振兴提供新思路。近年来，我先后对欧洲、亚洲、美洲的农业进行了深入的考察，对唱好中国的田园牧歌更有了国际视野。

1. 德国："村庄更新"强化村庄建设

我去德国发现最吸引人的不是慕尼黑这样的大城市，而是安静古朴的田园风光和景色独好的广大村庄区域。农业在德国的地位非常高，因而各级政府施行许多经济、法律办法来维护和发展农业、村庄。德国有着刚柔并济的村庄规划法规系统。1954年，"村庄更新"的概念被正式提出。1976年，德国初次将"村庄更新"写入《土地整理法》，对村镇进行详细规划，划定自然维护区，防止村庄自然风光遭到破坏，有效改善了农人生活和村庄生态环境。

政府的支撑和反哺方针方面，一是多方位的帮扶方针和财税补贴。如成立专门的方针性银行——德国农业养老金银行，为农业企业供给融资渠道。如果企业因为扩大规模、降低成本或引入环保设备而出资，政府要给予补助和贴息贷款。二是全面而广泛的税收优惠。如涉农企业免缴营业税、机动车辆税。

德国的农业是传统与现代的交融立异。为有效地维护各种文化遗产，正确处理好建造中新与旧的关系，德国政府规定：具有200年历史以上的建筑均须列入维护之列，并拨出专款用于支撑古建筑、街道的修理、维护作业。

老树新花，"空心村"新发展。德国农业部门接待我们考察了福利德纳村，该村坐落于德国西部景色如画的莱茵兰区域，离邻近的大城市杜塞尔多夫和艾森距离都在20千米以内。"萎缩化、空心化"的村庄区域，是发展养老产业、养老村的绝好资源。福利德纳村是一个容纳了多种社会服务设施的归纳服务基地。

福利德纳村不是单纯意义上的养老院、护理院或精神病院，而是一个生活化的村子，仅仅把养老功能和村子整体很好地融合了起来。村子内包括了邮局、超市等基础设施，也提供护理、精神治疗、重症陪护等服务。老树开新花，新的内容让"空心村"不再"空心"。

2.法国：一体化农业与疆域整治

学习法国农业现代化两个方面的经验：一是发展工业，让工农业互为动力，相互推进；二是及时采取适合的农业发展方针和进行村庄改革。

其间，村庄改革首要包括两方面内容：一方面是发展"一体化农业"，另一方面是开展"疆域整治"。

"一体化农业"即将农业与同农业相关的部分结合起来，组成利益共同体，通过相关部门提供资金技术支撑，完成对农业的反哺。农业一体化是法国社会生产力高度发展的表现。

"疆域整治"则是通过国家相关的法律法规，支撑经济欠发达区域村庄发展，实现村庄社会资源的优化配置。在施行"疆域整治"的过程中，法国优先确保各类绿地、开放空间、农场牧场、村庄建设用地及规模，以及农房高度边界和绿色边界，坚持村庄形态和自然景象的原始延续。维护自然景象的同时，重视对村庄人文景象的维护，防止城市化引起的村庄式微。

3. 荷兰：小国大农业

为学习农业强国——小国大农业的荷兰，我先后三次去荷兰乡村行。20世纪以来，荷兰村庄区域的规划首要以"土地收拾"和"土地开发"两种具体方式开展。土地收拾是指通过交换农户间土地、减少碎片化农田、修建道路、优化土壤和水质，创造更好的农业生产条件、提高农业生产效率，是一种结构性的农业优化办法。而土地开发除了重视农业生产功用以外，还重视自然保护、景象发展、户外娱乐等功用，是一种综合性的村庄发展手段。荷兰公布的第三个《土地收拾法》，清晰规定了允许预留出5%的土地服务于除了农业生产之外的其他用途，如自然保护、休闲娱乐、村庄改造、改善景观等。村庄景象规划自此在荷兰取得法律地位。

我们在当地农业部门的带领下走进了羊角村。羊角村坐落于荷兰东北部的上艾瑟尔省，有着"北方威尼斯"的美誉。村中随处可见犬牙交错的河道和芦苇房顶、鲜花满布院落的临河木屋别墅，静谧安逸，满足了我们对童话世界的一切幻想。随着荷兰"农地收拾"的不断完善，荷兰村庄景观规划的理念也从服务于农业生产的现代化、合理化到农业休闲、自然维护、历史保护等多种利益综合平衡。2005 年，荷兰政府确立了 20 个国家景观区域，有效坚持了荷兰各个村庄区域的景观独特性。羊角村内和周边的村落，都有包括艺术家手作店、咖啡厅、餐厅、酒吧、民宿这样的契合村落气氛的原始风格业态。

4. 美国：法规支撑的村庄社区

2014 年，我参加中美文化交流，为期三个月，其间考察了美国乡村立法。美国村庄社区的法规系统完善，可分为联邦、州及地方市县 3 个层级，联邦层级法规包括每 5 年修订一次的《农业法案》《土地法》《国家环境方针法》及《住宅法》等。2009 年 2 月，在经济惨淡背景下，美国通过"农业法案"——《2009 年美国复苏与再投资法》，政府大力加强在村庄公共基础设施服务方面的投资，建立了三大领域支持投资方案，即面向村庄电力方案、村庄通信和宽带方案、水资源和环境支撑方案，为村庄社区的基础设施和长远规划建立基石。农业及村庄社区适用特别的税收办法，鼓励村庄建设，促进收入增长。农户的收入所得一向适用特别的征收手段，对农户的农具出资予以减免或者优惠。

5. 日本："一村一品"

"一村一品"最早是由日本大分县前知事平松守彦于 1979 年倡议发起的。中国 20 世纪 80 年代以来也提出了"一村一品"，但收效甚微。日本学者刘修博博士带领我考察了日本的"一村一品"产业发展。该运动以"立足本地、放眼世界，独立自主、锐意创新，培养人才、面向未来"为基本理念，充分利用本地资源，开发具有本地特征的产品，并使这些产品走向国内外商场。现在，随着"一村一品"运动的深入，其基本理念已逐渐被许多国家和区域所认识和接受。"一村一品"通过对本土特征的挖掘，突破了村庄发展过程中"千村一面"的瓶颈，成为复兴地方经济、消除贫困和城乡差距的重要办法。

在"一村一品"的工匠之乡——日本水上町过夜，到水上町天已经黑了，当地负责的是刘修博博士的朋友。

水上町坐落于日本群马县，群山环绕的地理环境给了它绝美的景色，却也给农耕带来了困难，集约型农业无法在这里发展。1990年，水上町政府提出了"村庄公园设想"。整个水上町将成为一个广域的公园，将当地观光资源最大化，将农业与旅行休闲融为一体。水上町在承继发扬当地传统手工艺文化的前提下，建立了形式多样的传统手工艺作坊，形成了"人偶之家""面具之家""竹编之家""茶壶之家"等20多个传统手工艺作坊；立足于日本温泉沐浴文化，将温泉的养生功用与休闲功用进行了完美的结合，建成了村营温泉中心；水上町在规划建造"工匠之乡"之初制订了保存史迹、承继手工艺传统、发扬日本饮食文化的基本方针；发挥政府在促进村庄旅行展开中的主导地位，在设施建造、资金支撑等方面给予支撑。

6. 韩国："新村运动"

韩国的农业政策及产业现状一直是我们研究的重点。韩国政府于 20 世纪 70 年代初开始开展"新村运动"。新村运动中既有值得仿效和学习的经历，也有一些血泪经验需要汲取。

"新村运动"首要采用政府主导形式，政府出资改进农人居住环境，完善新村教育等公共基础设施。中期，"新村运动"采取政府培养、社会跟进的模式，鼓舞发展畜牧业、农产品加工业、特色农业以及农协组织，逐渐培养社会实体。在发展后期，"新村运动"逐渐转入国民主导开展形式，农业科技推广、村庄教育机构等组织机构在"新村运动"中发挥主导作用，政府则只为国民的自我发展创造更有利的环境。新村运动的经验值得研讨和学习。政府的主导作用及包办风格容易压制农人的自主积极性，政府对农业的过度维护，使得韩国农业本身缺少独当一面的能力，不能单独应对来自国际的冲击。

纵观外国的村庄发展经历，关于中国的乡村振兴，关于我们的田园牧歌，我们能够得出如下启示：

第一，改进村庄基础设施是每个国家村庄建设必不可少的环节，但仅仅改进基础设施是不够的，还应该注意环境维护和生态建设。村庄复兴不限于经济复兴或者产业发展，而是文化、环境、资源和人的全面提升。

第二，美丽村庄建设的经济基础是村庄经济发展，村庄经济又以农业为主，发挥法律的促进和保障作用，尽快制定相关法律。学习国外村庄振兴立法的经验，将对我国的乡村振兴立法起到活跃的促进效果。

第三，美丽村庄建设应重视发挥农村群众的主体效应，另外关键还在于提高农村本身的造血功用，培养会思考的农民。

第四，政府起到帮扶和引导作用，要重视并规范政府在乡村振兴中的作用。重视政府在公共事业、开展基础设施建设方面发挥的作用，明晰在财政投入、金融扶持、公共服务、社会保障、生态环保等方面的职能，特别是乡村规划、基础设施、生态环境、农业信贷等方面的扶持。

发达国家的美丽乡村建设都是循序渐进的过程，不是一蹴而就的，既有经验也有教训，值得我们借鉴。

首先，无论是从农业生产方式看，还是从生产力水平角度衡量，美国都处于世界最发达国家行列。美国之所以能居发达国家首位，这离不开其先天的自然条件，更是离不开它的历史和市场竞争所形成的农业组织机构和经营机制。

乡村发展建设离不开农业发展作为经济支撑。而农业发展需要相关农业政策和法律来保障。美国是一个只有二百多年历史的移民国家，但是它的农业法规却十分完善。早在1862年，美国农业部就明确定位农业在国民经济中的地位，即"农业是制造业和商业的基础"。伴随着工业革命的开展，工业在美国经济中的比重逐渐上升，虽然工业化提高了农业现代化水平，但是总体来说农业在美国经济中的比重下降了。政府并没有重工轻农，而是采取支持和保护农业的政策，使农业成为美国在世界上最具竞争力的产业。从20世纪30年代的罗斯福新政开始，经过几十年的发展，美国农业支持和保护政策逐渐趋于完善。土地资源和水资源保护、农业科技发展、农业价格、收入支持、农业信贷、农业税收和农产品对外贸易等方面均含在农业政策体系内。但农业补贴始终是农业政策核心，在促进美国农业发展、夯实美国乡村建设的经济基础等方面具有重要作用。

完善发达的交通运输网，为提高农村生产生活创造条件。早在19世纪美国就开始进行一系列交通建设，修渠道、开运河、铺铁路、修公路等。完善发达的运输网使农村和外部的联系更加密切，促进了美国农业生产的专业化和区域化，也加速了小城镇的发展，为后来的农村建设奠定交通基础。

美国农业之所以能领先于各个国家，还在于它完备的农村金融系统和农作物保险业务。

农村金融系统目前已经形成了政策性金融机构、商业性金融机构、合作性金融机构三足鼎立的局面。保险业务最早只由私营保险公司负责，由于农业风险太高，最终大多以失败告终；经过几十年的改革，形成风险管理局和私营保险公司并存的局面，二者协力发挥作用，保证农业稳定生产，提高农民福利水平，使乡村建设的物质基础更加稳固。

其次，二战后的日本遭受沉重的打击，由于过分投资于城市建设，导致城乡差距越拉越大，农村青壮年纷纷流向城市，农村劳动人口密度小，农业生产缺乏劳动力，农村发展处于崩溃的边缘。20世纪70年代的石油危机导致世界经济萧条，日本也深受其害。当时的日本政府没有足够的财政资金支援农村建设，而以振兴农村经济为目标的"造村运动"可以在不依靠国家财政和石油等能源的条件下展开，所以日本造村运动具有自发性、内生性的特点。

农村青壮年纷纷流向城市的另一个原因是信息时代的到来，城市是拥有丰富信息的强磁场，吸引农村青壮年流向城市。而要想把劳动力留在农村就必须把农村建设成如城市一样拥有强烈磁场的地方。农村的磁场、农村的吸引力在于特色产业，这是造村运动的开端。造村运动在以下三个方面值得学习借鉴。

第一是"自下而上"的特点。农民是运动的主体，起到主导作用，政府只是在政策上帮扶、在技术上支持。国家不下发行政命令，不财政包办，充分发挥农民的自主性。第二，培育人才是造村运动的终极目标。由于主要依靠群众的自我奋斗，这对群众的能力及意愿要求极高，不仅需要高瞻远瞩的领头羊，也需要踏实团结的广大群众，所以，造村运动不仅是物质性的"造物"，还是精神性的"造人"。第三是"一村一品"运动。在造村运动中，"一村一品"运动的影响最为深远、传播最为广泛。经常被其他国家及地区模仿借鉴的"一村一品"是在政府指导下，充分挖掘地方特色，开发特色产品，振兴产业的区域经济发展模式。特色产品不仅包含特色农产品，还有特色旅游、文化资产等。经过二十多年的造村运动，日本增加了农民收入，刺激了农村消费的多元化。

再次，新村运动中既有值得效仿和学习的经验，也有一些血泪教训需要吸取。随着韩国城市化和工业的发展，农村地区由于发展速度较慢，相对变得落后起来，工农业差距越来越大，贫富悬殊愈演愈烈。工业积累了一定资金，政府也有能力反哺农业缩小工农差距了，所以在1970年韩国总统朴正熙发起了一场追求更好生活的运动——新村运动。这场运动起初只是在农村进行，后来推广到全国；性质也由最初的农村管理变革发展为政治、经济、文化等各个方面的社会改革。不仅如此，这场运动每个阶段的发展目标也不一样。

第一阶段的目标是改善农民生产生活环境，发挥政府主导力量的同时也尊重农民的自主创造性。第一阶段的目标完成后，韩国政府也意识到了仅仅改善生产生活环境是不够的，提高农民收入和发展农业生产才是新村运动持久发展下去的动力。由此，新村运动进入以增加农民收入为目标的第二阶段。无论是第一阶段还是第二阶段，目标都停留在物质层面。在物质条件得到极大满足后，新村运动的目标转向了精神层面。引进国外先进技术、改善农村环境、提高农民收入等都是外在的、比较容易改变的；而国民思想道德素质是用金钱买不到的，也是在短期内无法实现大幅提升的，如诚实守信、公平公正、勤劳勇敢等精神。鉴于此，新村运动过渡到了精神启蒙的第三阶段。

一个事物一般都有两个方面，新村运动也有它的历史局限性，其中的经验和教训值得研究和借鉴。新村运动的执行机构是韩国拥有警察系统的强力国家机关。一般政府主导的运动很容易犯追功冒进式的错误，忽视农村发展的内在规律；政府的主导作用及包办风格容易打压农民自主建设的积极性；政府对农业的过度保护，使得韩国农业自身缺乏独当一面的能力，不能独自应对来自国际的挑战与冲击。

第二节
现代田园牧歌——乡村建设中的"五行相生"

乡村振兴作为新时代的重大历史课题，蓝图已经绘就，战略已经清晰，目标已经明确。如何找到一条稳妥的实现路径，全国各地展开了不同形式的探索，专家学者们也各自建言。2011年我在多年现代田园牧歌的理论研究和实践中较早提出了乡村振兴需要走"四态合一"的发展路径的主张，得到业界关注、行政部门的重视和基层的认可。即在乡村经济社会发展过程中，作为乡村振兴的领导者、规划者和实践者都应当注重把乡村的生态系统、业态系统、文态系统、形态系统统筹协调，形成"四态合一"的实践路径与发展形态。这与中央提出的"产业兴旺、生态宜居、乡风文明、治理有效、生活富裕"乡村振兴战略总要求是高度吻合的。目标是指引，而路径是为实现目标而探索。在城镇化和市场化的推动下，乡村人才问题突显出来，乡村振兴的主体严重缺位。这样的问题，我看在眼里，急在心里。为此，我在"四态合一"的基础上增加了"构建乡村人态系统",从而形成"五行相生"的乡村发展新路径。

五行相生的关系,其中的"五"和"行"都是有各自的含义:"五"代表了"金水木火土"五种物质,而"行"代表了行动、变化、行而不息、生生循环、源源不停的意思。"五行"代表了"金水木火土"五种物质不停运动变化,相生相克,组成这个物质世界的万事万物。《春秋繁露·五行之义》说:"木,五行之始也;水,五行之终也;土,五行之中也。此其天次之序也。木生火,火生土,土生金,金生水,水生木,此其父子也。""五行相生"说,是古代思想家解释宇宙万物生成的朴素唯物论的理论。

田园牧歌理论的"五行",是指乡村建设中的"生态、文态、业态、形态、人态"这五个方面,"五行相生"是指乡村规划设计建设营运应着眼于乡村生态环境的保护与治理、乡村产业的体系构建、区域文化的传承与弘扬,以及生产生活场境的营造、不同年龄不同文化人的就业及价值实现等。"相生"则是指各路径彼此相连生发,构成整个乡村发展的综合战略系统,这是现代田园牧歌的核心内涵。

第三节
现代田园牧歌大合唱,各级党政是合唱的指挥棒

国外发达的国家和地区,政府在现代农业建设中起着积极

的推动和领导的作用，给我们有益的启迪。

日本政府以五个方面推进现代农业：一是完善农业产法；二是完善财政补贴、信贷支持、价格补贴政策；三是完善整体发展规划布局；四是建立教育、科研、推广三结合的农业科技体系；五是直接投资大型农业基本建设。法国政府历来重视农业发展，从提倡和支持农业互助合作社、促进农业机械化进程、保护农产品价格和农民收益、保障农业科研及农民职业培养等方面发挥政府作用。

它山之石，可以攻玉。结合中国特色和各地区实际，政府通过法律、政策、经济等手段当好本地现代田园牧歌的总编导。履行政府推进农业现代化的十大职能。一是编制总体发展规划和重点项目重点园区实施规划，二是用政策引导农业产业结构不断优化，三是培育区域优势及形成特色产品，四是推进产业融合，拓展农业功能，五是倡导健全农业合作组织，六是搭建平台促进流通，七是鼓舞壮大龙头企业，八是增强公共服务力度改善软环境，促进多渠道就业，九是加大财政支持力度，构建多种投资格局，十是制定标准加强安全及质量监管。

现代田园牧歌不再是古代文人一个人的田园诗，而是广大农业劳动者共同的田园诗，其核心是乡村美学的具体诠释。在现代的乡村建设中，要坚持"生态、文态、业态、形态、人态"五态合一。乡村振兴是一台激情高昂的现代田园牧歌大合唱。

各级党政和基层组织是现代牧歌的作曲家和指挥棒，描画蓝图，协调指挥各方面的力量参与这场激动人心的大合唱。

乡村振兴是党中央的决策部署，是各级党政部门当前及今后一段时期的重要工作，省市县乡各级都有具体的工作任务。每个地方的客观条件、自然资源、人文历史都不一样，要充分运用其各方面的资源优势，把个性化的地方凸显出来，目标是做大做强乡村经济，壮大农村集体经济，快速提高群众的收入，决不能搞形象工程，决不能搞成"千乡一面"。

一是筹划决策好。决策的依据是党中央的部署和当地具体实际的结合，要深入到乡村的千家万户，听取和征求群众的意见建议，集思广益，决不搞坐在办公室搞决策，更不能搞拍脑袋决策。各级党政部门要千方百计地利用自身的行政资源，出台有利于乡村振兴的政策措施，要把财政资金向乡村振兴倾斜，鼓励和扶持乡村振兴工程建设。要提前规划，要拿出符合当地实情和发展趋势的规划蓝图，坚决做到乡村建设规划先行。

二是上级的各项政策和建设项目落实好。基层党政部门要千方百计地为乡村建设争取上级的资金和政策，要把上级党委政府的决策部署落实到位，结合本乡本村实际，加快建设项目进度；要多规划一些小微的建设项目，要让建设"吹糠见米"，短时间产生效益；除重大民生基础建设项目和公益项目外，少一些建设周期长、投资规模大的项目，坚决杜绝让农民群众负债的项目。

三是立足本地实际，协调好各方面力量参与乡村振兴工作。乡村振兴是一项系统工程，需要全社会的共同参与，乡村专合组织、农业科研单位、政府各职能部门以及文化、旅游、农产品加工、商贸等企业是乡村振兴的重要力量，各级党政干部要协调好各方面积极参与，处理好各种利益关系，调动和激励各方面各部门发挥主观能动性，在乡村振兴中发挥重要作用。

四是动员和组织好当地群众和社会力量积极参与乡村建设，让乡村振兴成为凝心聚力的力量源泉。群众支不支持、参不参与应成为乡村建设项目的试金石。设计前瞻性的规划项目，要做好宣传发动工作，所有的建设项目都应该动员全体群众共同参与，共同享受项目带来的利益，让群众真心成为田园牧歌大合唱的主体。

现代田园牧歌，是中华民族伟大复兴中国梦的一部分，是恢复传统、回归自然，构建舒心、开心、美心的现代田园生活场的路径探索，是一场全社会支持乡村的大合唱，各级党政部门应立足舞台中央，把这场关系到中华民族伟大复兴的史诗般的合唱指挥好。

第四章

田园牧歌的大舞台

没有了大舞台便没有了田园牧歌的演唱，田园牧歌不只是人的独唱，更是人与天籁的大合唱。

山林者，鸟兽之居也。山林茂而禽兽归之，山林险则鸟兽去之，树成荫而众鸟息焉，无土则人不安居，无人则土不守，得地则生，失地则死。

水满田畴稻叶齐,

日光穿树晓烟低。

黄莺也爱新凉好,

飞过青山影里啼。

[宋]徐玑《新凉》

乡村振兴的生态系统，是指乡村的生产及经济社会发展各项条件的总和，包括大气圈、水圈、岩石圈、土壤圈、生物圈，及人工控制下的动植物环境，人们生产、生活、游历环境，包括田园、山地、河流、森林等各种自然环境和物质条件，是构成乡村振兴的基础、乡村振兴的大舞台。

乡村振兴，生态宜居是关键。良好生态环境是农村最大优势和宝贵财富。要坚持人与自然和谐共生，走乡村绿色发展之路。要牢固树立和践行"绿水青山就是金山银山"的理念，落实节约优先、保护优先、自然恢复为主的方针，统筹山水林田湖草系统治理，严守生态保护红线，以绿色发展引领乡村振兴。生态宜居是实施乡村振兴战略的重大任务。要主动加快推动城镇基础设施向农村延伸，通过"绿化""美化""规划"等措施，以优化农村人居环境和完善农村公共基础设施为重点，把乡村建设成为生态宜居、富裕繁荣、和谐发展的美丽家园，让乡亲们都能生活在蓝天白云、青山绿水的舒适环境中。习近平指出，要推动乡村生态振兴，坚持绿色发展，加强农村突出环境问题综合治理。完善农村生活设施，打造农民安居乐业的美丽家园，让良好生态成为乡村振兴支撑点。

乡村生态资源保护和开发都是乡村振兴的重要内容，既相互对立又相互融合。乡村生态资源保护不仅包括对乡村本身进行保护，使之不至于因为开发和使用不当而遭到破坏，而且涉及对其所在自然生态的保护。我们能给后代子孙怎样的自然美？如何让生活在这片土地上的人们更好地享受自然的馈赠？

这些让我们对乡村生态资源的保护变得更有意义。乡村振兴中的生态振兴本质上是要处理好当代人与后代人的关系，既要让当代人受益，也要留给子孙后代赖以生存发展的良好条件与可靠的资源，更是当地人们生存环境和生活条件的优化表现。乡村地区的人居环境和社会环境是农村地区安全稳定的风向标。通过保护，以期能更好地维持自然生态环境，保持"乡村性"，维系"乡土"情结。

第一节　生物环境是田园牧歌大舞台

现代田园牧歌理论认为，生物环境是现代田园牧歌的大舞台。乡村的发展，始终要把绿色发展放在首位，要以天人合一的哲学思想和循环发展思维实现人与自然的美美与共。自然生态是乡村成形的基础，是生万物的"一"，没有了生态一切都将失去意义。乡村的建设及发展首要任务是梳理乡村的自然系统，保护和恢复湿地系统，在不改变自然肌理的情况下可以做一些设计，例如建立绿色文化遗产廊道、建立乡村植物苗圃基地、完善乡村的绿地系统，结合乡村的生态系统做一些再创造。例如在巴山"金色小镇"的建设中，我修正了企业填滩修建娱乐场的设计，转而利用现有的河滩资源，舍弃大型游乐设施的安排，而开发了一些河滩亲水生态项目。以保护为前提的有效利用，造就的是原汁原味的自然趣味体验，反而吸引了大量的城市家庭带着孩子来感受亲水。而旅客们对"城里的娱乐城都玩腻了",因此,保护与修复生态环境,是乡村规划建设与发展的第一个首要任务,要把"绿水青山就是金山银山"的绿色资源观落实在每一个具体的环节。

在生态文明成为国家战略后,乡村可发展的十大绿色产业是指:一是生态有机农业,二是乡村旅游业,三是乡村手工业,四是乡村农副产品加工业,五是乡村新能源产业,六是乡村养老服务业,七是乡村文化创意产业,八是乡村总部会展经济,九是乡村"互联网+"经济,十是乡村教育产业。这十大产业中的乡村旅游产业又可以将其他产业统领起来,进行适应整合,共同推进,形成产业的裂变增值。

图 4-1 绵阳世界月季博览园

第二节
案例：江西婺源——生态保护与转换的农庄建设

2013年我们参与了江西婺源的一个农庄建设，就是充分利用和发挥项目区独特的生态自然资源，获得较高赞誉。项目位于江西省上饶市婺源县中云镇中云村，距离婺源县城约18千米，至景德镇市70千米。项目邻近304省道、358乡道、361乡道，景婺黄（常）高速公路横穿境内，是婺源县至景德镇市的交通节点，并且项目处于景德镇市、黄山市、上饶市的中心位置，具有良好的发展前景与地理优势。中云镇地处中亚热带，属东南季风温暖湿润气候，年平均气温26.7℃，平均年降水量1790.7毫米，无霜期约252天。项目所在地地势较为平坦，自东北方向到西南方向有较小坡度。地貌形态有低山、湖泊、湿地、草甸、峡谷，其中以低山为主，占总地面积的60%左右。中云村是个好名字，不禁让人想起"白云生处有人家"的千古名句。唐代的山野静谧之美与现代的健康养生之所就这样顺理成章地融合在一起。我将整个项目区用一个极具诗情画意的词语"白云生处"来统领其形象设计。

项目计划总占地3000亩（含水域面积300亩）。其中项目建设用地300亩，主要用于养生养老院和配套服务设施建设；集中流转土地2700亩，在保持原生态地貌和植被的前提下，打造集循环农业、观光农业、创意农业、农事体验于一体田园综合体，实施花卉园林造景、有机果蔬种植、特种淡水鱼养殖和畜禽放养等。

项目通过"旅游+"的总体思路及文化艺术、旅游农业有机融合的手法，致力把规划区域打造成一个文化引领、产业支撑、富有特色、具有吸引力的国际康养旅游度假田园综合体。充分利用项目所在地开阔的视野、充足的阳光、良好的地质条件以及优越的区位优势，用朱熹文化及"理学"研究、傩文化、孝道文化作为文化内核，配合园林景观、观光农业的建设，打造以三个"一"（一个景区、一个农庄、一个"大学"）为目标的国际康养田园综合体，形成一个"田园牧歌"式国际景区庄园。

1. 国家级旅游景区

以习近平新生态文明思想为指导，保护景区内原生态的山林、湖泊并加以打造，配合景观农田打造草甸、湿地、峡谷等地质形态，打造出原生态的国家级旅游景区。

2. 国家级度假农庄

设置生态农业园、生态养殖园，建造多处休闲农庄、精致微田园景观，在景区大门进行大地艺术景观打造，为规划区域提供原生态、无污染的健康食材，打造田园综合体范本、国家级度假农庄。

3. 国际康养"大学"

融合朱熹"理学"理念进行康养体验，针对不同年龄段人群提供各类康养课程，将规划区域打造为一所国际康养"大学"。"理学文化养生"基本含义有两方面：一是标志着理学文化本身存在着养生的思想资源；二是标志着理学文化可以转换为养生方法，生发养生功能。

朱熹理学博大精深，其理学文化养生的基本精神集中体现在主静、居敬、顺道这六个字上。

主静：此乃源自老庄道家思想。老子曾云："致虚极，守静笃""归根曰静""清净为天下正"。而庄子则进一步提出"心斋""坐忘"等静坐方法。道家的"主静"说遂为儒生们所推崇。朱熹在注释《周易》时说："安静以养微阳也。"在朱熹看来，静可使人气理平和，从而达到涵养阳气的目的。

居敬：朱熹将"居敬"作为"圣门之纲领，存养之要法"。在朱熹心目中，"敬"的真精神是"畏"与"收敛"。他说："敬有甚物？只如'畏'字相似，不是块然兀坐，耳无闻，目无见，全不省事之谓。只收敛身心，整齐纯一，不恁地放纵，便是敬。"敬无疑对身心健康具有正面的暗示作用，因为敬意味着自然和乐，这正是身心健康的必要条件。

顺道：朱熹的养生论是与其理气观、性命论及生死观等紧密联系在一起的。朱熹认为，理气结合从而产生了生命。他说："天以阴阳五行化生万物，气以成形，而理亦赋焉。"这句话的意思是说，人的生命由两部分所组成：一是由理构成的非形体部分，二是由气构成的形体部分。"人之所以生，理与气合而已。"气聚则成形，气散则身无；反之，有理则生，无理则死。"天下未有无理之气，亦未有无气之理。"因此，若理气分离，则命亡人死。

我们根据对理学养生文化精神的分析，结合云中村的自然地理条件和现今社会人们的兴趣与需求导向，就可以确定基于理学文化养生的打造方向：

静。依山傍水，打造安静舒适的生活环境，让游客在宁静的山林中坐禅静修，在平静的湖泊边漫步赏鹭，让心灵放空，让六根清净。这是受够了城市喧嚣的人们在乡村给心灵放个假，得到身心疗养的最好的方式。古人讲究静以修身，俭以养德，淡泊以明志，宁静以致远。

敬。对身心健康具有正面的暗示作用，意味着自然和乐。打造"居敬"社区，以提供有关于"敬"的书籍典故、举行讲座等方式营造一种尊敬、敬畏的氛围，使人在"居敬"社区内随处可接收到心理暗示，为人们树立积极向上的价值观，充实社会的正能量。

理。通过一流的管理模式对游客、康养居住客进行全方位的健康管理，时刻关注他们的身心健康。提供心理咨询、健康检查、营养膳食安排等康养综合服务。

气。顺道，顺气。提供瑜伽、太极、气功等健身康养课程教学，顺身顺气。

结合"白云生处"的生态环境及其优越的基础条件，我们确定大力开发康养产品，做好各项康养体验，给予最优质的康养服务，加快"旅游＋康养"融合发展进程。

1.中草药种植景观化

在康养园区中种植花色、花形美观的中草药与能调节情绪的芳香作物，并在药材旁做解说标识，重点介绍药性药效，让游客在散步中就能得到良好的康养体验。

2. 医疗康养休闲化

除了提供传统的诊断医疗，还会专注于"治未病"，通过调整饮食起居、情志调理、运动疗程及中草药等多种措施，推出植物精气养生、负氧离子养生、中医养生、运动养生等不同主题的康养服务，帮助客人调养体质、增强免疫力。

3. 康养设施生态化

度假区内配置有一流的医疗器材，但是也有自然的医疗场所。利用森林所散发的芬多精与阴离子能有效地起到消炎、增强呼吸功能的作用。

大力发展观光休闲农业、现代农业，加快"旅游＋农业"融合发展进程。

1. 田园风光景观化

充分利用集中流转土地，保护原有的农田肌理，引进景观作物，拓展可游空间，提升特色旅游体验，打造具有田园风格的景观产品，做到四季如春的独特景致。

2. 农事体验休闲化

结合传统农事活动，并在现有的农事活动中增添休闲体验元素，设置具有趣味性的活动内容，让游客参与到种植、采摘等农事活动环节中，在活动中体会到与城市生活不一样的乡村休闲，并通过不同季节种植不同农作物让季季有活动。

3. 现代农业商业化

利用约950亩的农田，发挥本土农作物纯天然无污染的优势，大力进行宣传销售，向景区游客、周边餐厅、国内知名食品公司贩卖，展示景区内种植的水果蔬菜，逐渐形成品牌，加强影响力。

根据建成"白云生处的国际康养中心+田园综合体"这一总体定位，朝着"国际康养度假中心、国家AAAAA级旅游景区、田园综合体范本"这一具体目标，根据现状发展条件，结合发展思路及战略重点，合理统筹空间布局，将其总体空间结构划分为：一廊五区。

"一廊"为中国田园诗走廊。根据从唐至清（唐宋元明清）的田园诗代表作的意境，在景观游览环线上打造绝美园林景观，形成中国田园诗走廊，从而串联度假景区内三个水库与山林区域，构成一条景观游览环线。这既是一次诗歌的回顾，又是一次历史的穿越，还是一次观光的旅行。它于成年人是一次心灵的洗涤，是一次品质的提升；于孩子们是一次与自然的亲近，与古人的对话，受传统文化的感染。

"五区"根据空间统筹与发展轴位置分布，将"白云生处"国际康养田园综合体划分为大地艺术区、文化体验区、康养度假区、休闲农业区、山林健身区五个区域：

1. 大地艺术区

规划思路是采用油菜花和小麦在景区大门旁划定约80亩地进行大地艺术的种植，配合月季、桂花等香气怡人的花卉，以陶渊明和朱熹为原型，绘制出一幅令人震撼的大地田园风景画。更在收获季节提供游客采摘体验，让游客感受原汁原味的乡村风情。

2.文化体验区

发掘婺源的朱熹、陶渊明等历史名人文化，配合传统民俗文化等特色民俗文化，开发特色美食宴席，结合亭、台、楼、阁、榭五种建筑形式，体现极致的文化之美、建筑之美、食物之美。文化体验区的重点项目包括中国田园诗艺术宫、百草灶堂、民俗文化体验馆项目、生态渔场等。

中国田园诗艺术宫建设中，挑选极具田园色彩的诗歌、水墨画以展览、雕刻等形式将其展示于艺术宫墙体之上，感受诗歌山水画描述的画面，仿佛置身田园之中。配合不同诗词画作所带来的各种意境，让人每走一步都能感受到不同的田园风光。在中国田园艺术宫内设置田园书画教室，为游客提供书法、画作创作的场所，陶冶情操。邀请书画大家进行销售作品、开设画展等商业活动。

百草灶堂以百草文化为内核在文化体验区的水库旁建造，提供烧烤服务。百草灶堂由木质材料搭建，内种各种中草药，营造健康药园的氛围。开发中草药烧烤项目，让百草灶堂弥漫药香，烧烤食材均由度假景区内的养殖园提供，保证食材的新鲜健康。

民俗文化体验馆作为婺源民俗文化的集中体现，囊括了徽剧、傩舞、三雕、歙砚等文化体验活动。开辟民俗文化科普区，以史料书籍、科教片放映、3D影像等表现形式，为游客科普婺源传统民俗文化的发展历史。在文化体验区内，租赁各式的民俗文化服装、饰品，提供不同种类的传统民俗文化活动供游客体验，比如傩文化、徽剧戏服等。文化大舞台以蓝天白云为背景，进行傩文化舞蹈、歌曲、徽剧等多种表演，感受不一样的传统文化氛围。在产品销售区可以销售各式民俗文化服装、首饰、纪念品、精致砚台、雕刻等。

生态渔场项目利用文化体验区内水库，进行钓鱼体验项目打造，配合百草灶堂更能品尝到原生态的烤鱼产品。吃鱼少不了要喝酒。白云酒庄作为一个酿酒、品酒的场所，白云酒庄内充斥着醇厚酒香。打造"白云醉"名酒品牌，向游客展示酿制过程、储酒场所，第一时间品尝酿制产品。

3. 康养度假区

围绕度假景区西南方向水库进行规划打造，划定周围550亩左右范围，用树将此片区和外界隔开，形成一个半封闭的、绝对安静的康养场所，进行康养体验项目的打造和高品质的酒店住宿康养服务。并以国际观鸟节为契机，将该区域内水库打造为观鸟湖，每年白鹭成群之时，吸引游客前来赏鸟、摄影、绘画。在这个区域内主要建设文公双持园、山林浴场、山林疗养院、中医养生馆、观鸟湖和观鸟台等项目。

文公双持园项目就是以"静敬双持"的康养理念，打造"白云生处"文公双持园。文公双持园作为一所老年康养大学，坚持做到"老年大学无边界"的办学理念。在其中设置禅修教室、瑜伽课堂等顺理顺气的休养项目；配合组织对"敬"的学习体验，以此对康养旅客进行一种积极向上的心理暗示，以此达到延年益寿、维持身体健康的康养目的。开设中医养生馆，通过针灸、火罐、中药香薰等传统的中医疗法对人的身体进行健康管理和治疗。

山林浴场通过步道游行、静修平台等方式进入林中进行适当的运动；通过自由地步行令人忘却疲劳和烦忧，可以恣意欣赏美景，令人精神轻松愉快；接受山林中负氧离子的滋养；在山林平台进行禅修，修身修心，聆听大自然的声音。

配合康养休闲，在这个区域建设白云阳光房、生态草庐、休憩茅草亭等项目。白云阳光房以防紫外线玻璃打造墙面，看青葱山林，赏白云蓝天，足不出户也能享受日光浴，平和心境。在观鸟湖边构筑生态草庐，在成片徽派建筑中成为一个独树一帜的亮点。休憩茅草亭摈弃传统的亭台样式，用草、木作为原材料修建茅草亭，为居民提供一个自然安逸的休憩场所。

4. 休闲农业区

在不同季节种植不同的蔬果，并为游客提供采摘体验项目，让游客各个季节都能体验到采摘的乐趣。不同蔬菜、果林的种植更能让该区域保持一种四季如春的状态，打造观光休闲农业体验的最佳场所。在农业区分片种植特色鲜明的黑梨、黑苹果、黑李子、黑石榴、黑核桃等对身体有益的功能性蔬菜——黑五果，打造在"白云生处"内才能欣赏的独特农业景观及独特农业产品。使区域项目变成江南第一的功能果蔬种植基地。除了特色黑五果，更在不同季节种植不同果树，做到季季有采摘，四季有体验。在休闲农业区放置几个休憩农庄，为游客提供休憩的场所和当地的美食，让游客在吃饭的时候也能看到美丽的农业景观。

5. 山林健身区

以"白云深处"景区内山林为主体打造山林健身步道、山林木屋、山顶景亭等山林体验项目，在行走中健身，在行走中康养。采用木板、鹅卵石、青石板等多种材料打造环山步道，穿梭山林，感受天然草木的芬芳，让人心旷神怡。用粗壮的树木作为载体，在步道节点设置树屋驿站，供旅客休息，感受不一样的恬静时光。将两山之间的峡谷打造为景观湿地，配合不同种类的植物、草甸，形成美丽的湿地景观。在山林健身区除了树木，也有别样的地质景观，从山林走到湿地，给人一种耳目一新的感觉。更重大的项目是，在该区域打造江南第一人工滑雪场，冬天滑雪，夏天滑草，不同季节有不同的游乐体验。

通过对项目的规划建设，重点打造"白云生处"国际康养度假田园综合体内五个项目，使度假区拥有"五个第一"的响亮名号。

在山林健身区打造江南最大的人工滑雪场，总占地面积约能达到 30 万平方米，宽阔的雪地面积加上长长的滑道，让人过尽滑雪瘾。夏天更能提供滑草体验。冬天滑雪，夏天滑草，不同季节有不同的游乐体验。

深度发掘项目所在地的天然温泉资源，以五星级酒店标准打造国际温泉酒店。提供不同类型的主题套房，再配合上百种药材，打造江南第一百味药汤。精油推拿、按摩、药浴等高档体验项目，让人从滑雪场回来能得到全身心的放松。

对康养休憩区内水库周围进行景观打造，设置环湖步道，搭配园林景观，将水库打造为绝美平静的观鸟湖。除了每年成群的白鹭，天鹅、中华秋沙鸭、黑水鸡等观赏性水鸟也可投放其中，岸边设置小范围的孔雀、珍珠鸡等陆地鸟类养殖区，形成一个百鸟齐飞的壮丽景观。在观鸟湖畔建造观鸟平台，提供休憩亭台、观景望远镜，在举行观鸟节的时候供各方来客摄影、绘画、赏鸟。

在"白云生处"的山林脚下建造山林疗养院，提供大约3000个床位，全天候医疗服务，一对一健康检查、心理咨询、营养餐食等服务项目，坚持做到医养结合，成为国际一流的康养治疗场所，并在顶上配置直升机停机坪，预防各种突发事故。在这个基础上，探索打造中国候鸟式养老连锁机构。候鸟式养老是一种特殊的养老生活，是像鸟儿一样随着气候变换选择不同的地域环境养老，就是随着季节变化，选择不同的地方旅游养老。我们计划战略性地面对全国挑选合适的区域建造十家连锁疗养院，成为中国"候鸟式养老"第一品牌。

"白云生处"项目以打造中国乡村美学典范为目标，构建具有全国行业示范的乡村美学体系，形成"中国最美乡村是婺源，婺源最美在白云生处"的十美乡村生活美学景区。

滨湖之美、花木之美、飞禽之美、白云之美、田园之美、雪山之美共同构成"白云生处"的自然之美；建筑之美、民俗之美、艺术之美、心灵之美共同构成"白云生处"的人文之美。"十美"是自然与人文的相通互融，既是实实在在的十大美景，又是取"十全十美"之意。项目目标定位与"打造中国乡村旅游美学典范"的追求是完全一致的，这既是项目的目标，也是项目建设的要求，更是项目营销宣传的亮点。

随着互联网的广泛应用和大数据的不断开发，智慧旅游已成为现代旅游发展的不可避免的潮流趋势。我国在移动通信与信息技术市场应用中走在世界前列，已较为全面而深刻地融入了人们的生活。乡村旅游的规划建设中也不能不兼顾这一发展需求。

在此项目区，坚持政府引导与市场主体相结合，积极对接最新科技成果，适应"互联网+"发展要求，将"白云生处"建成"以游客服务为核心的智慧旅游区"，实现便利服务、精准营销、精细管理。整体推进"4个建设核心"、设计2类智慧化游客体验入口，形成"4+2"的建设体系。

一是智慧旅游营销服务平台建设。与携程、途牛等主要OTA（在线旅行社）企业对接，建立评价、投诉通路，建设行业综合管理系统的行业监管功能模块，向周边经济带（区），进行服务能力输出，建成面向全省的综合信息服务网络。

二是智慧服务应用群创建：设置"智慧白云"二维码，通过手机移动端获取信息，从旅游六要素入手，为游客提供咨询、预订、支付等运营服务。普及视频采集设备及分析处理设备,建设全区客流共享数据库的景区客流监测系统;建设全面的一体化服务旅游目的地门户网站;建设景区、游客服务中心,景区 Wifi 免费覆盖,全面普及 4G 网络,优化无线网络环境。

三是智慧管控系统群建设。建设监管功能模块、可视化界面、全服务的行业综合管理系统,建设公共信息获取与发布系统、客流监测与预警系统、项目管理系统、指挥中心。

四是云数据资源中心建设。以游客为价值导入端,充分考虑游客从网络和 App 端接入的场景,深度模拟游客旅游过程中各阶段的需求体验,进行针对性的产品体验和入口设计,以保证智慧旅游能够有效接入游客,并被游客所认可和使用。

1. 完善旅游云数据库平台建设。依托去哪儿、携程、途牛、驴妈妈等网站搭建电子商务平台,整合旅游信息查询、景区电子门票购买、酒店预订、在线参团、自由行线路推荐、旅游投诉等功能,为游客提供一站式自助服务,完善旅游数据库建设。

2. 建设白云旅游官方门户网站。建设"白云生处"旅游官方门户网站,完善网站咨询服务功能,开通多语言网站服务,逐步完善法语、泰语、日语、俄语等语种建设,搭建一体化服务目的地网站。

3. 加强智慧旅游技术应用平台建设。推进 VR(虚拟现实)技术应用于景区内重要景点预览;推进 AR(增强现实)技术用于酒店、景点预览;推广 LBS(基于位置服务)技术,实现旅游信息精准推送。

4.推进镇区、旅游先导区Wifi免费覆盖。进一步加大项目地网络建设资金的投入，完善网络基础设施建设，落实全域Wifi免费覆盖。

旅游网站建设：开发"白云生处"旅游官网，由专业工作人员维护与更新网站信息，在婺源县、江西省、上海市等旅游网首页进行展示，链接热门旅游路线、攻略、景点。官方微信、微博创建：研发设计景区App、官方网站，创建"白云生处"官方微博、微信进行推广。其他宣传平台助力：借助当地的媒体平台发布旅游信息及奖励，鼓励游客撰写"白云生处"游记，与手机热门应用建立推送合作关系。

在名片、DM（杂志直投广告）单、旅游景区服务指南、旅游景区内宣传海报、展架、户外广告等宣传品上印制二维码。发动景区内部员工转发度假景区信息。借助景点、餐馆、服务中心等地方的宣传物料、宣传产品等，将二维码印制在其之上，吸引粉丝兴趣。

第三节

案例：新场镇年年金色耀新场，季季花海皆醉人

田园牧歌理论认为，利用生态资源、开发生态资源，创造价值，必须首先是认识资源、发现资源、分析资源，这一工作

的深度决定后期工作的绩效。

对于旅游产业导向的乡村来说，在生活环境改善的基础上，可以通过创意的手法，将生活设施景观化，以承载旅游景观节点的功能。例如在巴山金色小镇建设中，为了实现生态旅游的目标，我们将旅游节点设计融入基础设施建设中，通过生产生活设施的景观化处理的手段，将田边的灌溉渠道透明化处理并铺上小卵石，将抽水站改装成可体验的灌溉水车，以场镇建设与文化旅游建设有机融合，整个小镇充满了别致的风情。保护性的生态设置，不仅使得田间灌溉得到了解决，更是以田园风光吸引了游客，使得来到新场体验灌溉劳作的人数年年升高。

巴中市新场镇辖区面积80.60平方千米，现有耕地11800亩，其中田7400亩，地4400亩；海拔396米—1340米，森林覆盖率48%。周边旅游资源重要的有：诺水河国家AAAA

图4-2 新场镇主题活动

级旅游景区、空山天盆国家AAAA级旅游景区、王坪国家AAAA级旅游景区、唱歌石林。新场镇成功地举办了首届菜花花海乡村旅游节,为乡村旅游产业奠定了坚实的基础。新场镇作为通江至诺水河交通旅游线上第一个节点城镇,应该以此为契机,依托四季花海和主题活动,完善配套设施,增强营销力度,大力发展富有新场特色的乡村旅游产业、民俗体验旅游产业。依托诺水河河滩资源,整合场镇服务区域与山地现代农业园区,连接场镇自然与人文景点,以清水体验为主,发展滨河休闲康养运动产业。这使得新场优势表现在是诺水河乃至通江旅游线的重要节点,区域中具有差异优势的田园生活体验场、成形的油菜花海,延伸金色品牌,具有发展潜力的河滩水资源。

一、以生活场打造旅游场

为此,我在为其规划时明确提出,新场镇按照"立足特色资源,以生活场打造旅游场;盘活潜力资源,无中生有、一鸣惊人"的长期坚持的规划理念,打造巴山金色小镇的目标定位,以形态、业态、文态、生态"四态合一"的思路,引领城市发展,切实做到形态美城、业态兴城、文态活城、生态优城。通过规划与实施将环诺水河旅游线的游人请进新场镇、留在新场镇,让通江乃至巴中的城市人周末休闲于新场镇,通过文化艺术、旅游农业有机融合的手法,把新场镇打造成一个文化引领、产业支撑、富有特色、具有吸引力的特色田园小镇,成为诺水河旅游区的客栈、通江旅游线的重要节点、巴中的周末会客厅。

"四态合一"的思路,还能有机融合产业扶贫、文化扶贫、精准扶贫的战略理念。以生活场引领旅游场,以现有基础设施融合景观设计。真正以此为契机实现新场镇的升级换代,实现各项事业的大发展。以新场扶贫典型、脱贫典型为素材,开发以金色梦想为主题的扶贫攻坚文艺作品。我对新场金色小镇的定位与塑造是乡村之美来自农耕文化,根植于乡村生活。"真正的乡村之美是从土地中生长出来的。"这个观点在任何时间任何地点无论强调多少遍都不为过。作为乡村振兴的领导者、实践者和参加者,都必须刻在脑子里,记在心上,深入骨髓。只有这样,我们才不至于破坏她,伤害她,才能发现乡村美,完善乡村美,享受乡村美。

二、塑造四季金色田园生态

依托现有资源,抓住金色这一主色调,延伸油菜花田业已建立的金色花海品牌,选种不同花期的金色植物,做到"年年金色耀新场,季季花海皆醉人",塑造四季金色田园生态。规模化打造金色小镇的油菜、向日葵等金色自然景观工程,精细化设计具有艺术感的特色项目。以连片的金色花海让人震撼,以别致的艺术造型让人赞叹。这一思路的特征就是要打破乡村旅游和乡村景观难以避免的时令局限性,让金色小镇名副其实,使象征品质与尊重的金色永不褪色,一年四季金光闪耀,把写在大地上的乡村美学发扬光大。其配套的项目包括:

1. 金色梦工厂

该项目为景区核心项目，运用农业技术及设施让油菜花提前开放，让游客在寒冷的冬天也能看到金灿灿的油菜花，使新场镇成为"中国最早绽放油菜花、花期最长的地方"，以此来吸引游人欣赏"巴山春节油菜花"。同时，该项目配合彩石、智能大棚金色花卉、观光大棚项目等形成独立收费景观。

2. 四季金花香

在集中连片的田地里，按四季花期的不同种填经济作物和花草。春天的油菜花，夏天的向日葵，秋天的菊花，冬天的蜡梅、迎春花和月季等。由此形成一年365天，天天是金色，日日飘花香。这样可以有效地降低乡村旅游中的淡旺季的制约，使得旅客在每个季节都可以把金色小镇作为目的地。

3. 金色满山岗

在四季花海的背后，利用高地、丘陵、山地等地形种植金色叶系的树木，与四季花海形成空间上的呼应，高低错落，打造全局性的金色自然田园小镇。

4. 十佳金色小院

沿河岸各村庄打造金色小院，每村小院风格各不相同，以黄玫瑰篱笆墙、油菜花、向日葵等植物形成十个具有本土民俗文化特色的金色庭院，打造魅力十足的微田园艺术名片。

5. 缤纷苗圃

实现以植物描绘大地画卷，需要选育品种多样的花木，这为发展苗圃提供了需求，而苗圃本身又是风景山水画卷的一部分。在苗圃入口处种植缤纷果树，在苗圃处种植玉米等农作物,既作生产性苗圃,也作观赏性景点。金秋时节收获金色果实,吸引旅客参与金色收获。

6. "金色童年"生态走廊

"金色童年"生态走廊按照分段打造原则,围绕新场河道打造十里长的生态走廊,河道含花卉欣赏、河道彩石(卵石)体验、河道沙滩体验、河道垂钓体验、河道漂流体验、清水运动、金色童年河滩寻宝主题活动,在河滩边打造金色童年童话小屋,供游客休息。"金色童年"生态走廊既丰富旅客的休闲体验内容,也装点了人们的生活环境。

(一)"田里长黄金,土地生白玉"——延伸金色产业链条

油菜花是新场镇现有的初具规模的核心资源,新场镇萝卜古时作为贡品颇负盛名,也是新场镇的地理标志性产品。新场镇依托两种资源,结合现有的猕猴桃等农业产业园区发展有机农业、生态观光农业,延伸农业产业链,实现农业加工的纵深发展和园区建设。

"田里长黄金,土地生白玉",这是我为两大特色优势产业提炼的宣传口号。无穷的智慧生发无穷的财富。这是观念创造财富的时代。我们必须赋予普通的生活以诗情画意,赋予平常的物品以美学的价值。金灿灿的油菜花好比堆放在田间金灿灿的黄金,它结出金灿灿的油菜粒,再榨出金灿灿的菜油。在这个过程中它从田头到作坊再到餐桌,形态不断变幻,价值不断提升,这就是从农业到工业再到服务业不断深化,一二三产业延伸与融合的形象演示与精辟说明。农业要强必须融合发

展,农民要富必须突破传统"三农"界限。每一次延伸都是增值的渠道,每一次突破都带来增收的机遇,这就是产业链延伸带来价值链提升。当地农民递次鼓起来的腰包,里面的真金白银,最终都源于我们祖祖辈辈熟悉的土地。田里长黄金既是形象的比喻,又是现实的写照。同理,我们从泥巴中收获那用辛勤与汗水浇灌的萝卜,又何尝不是像看到承载着美德与财富的白玉一样呢?于是,围绕这两大特色优势产业,我为它们量身定制出"新场两绝"礼品农业,设计出如下的产业链条:

1. 油菜花引发的"黄金"增值产业

新场油菜花(农业/旅游)—新场菜油(加工)—新场油饼(餐饮旅游)。油菜苗从种植到油菜籽收获,完成其在第一产业领域的使命与价值生成。从油菜籽收储到加工成香气四溢的菜油,形态发生根本性变化,价值在这一过程中得到重大提升,实现第二产业的价值增值。新场的餐饮店用本地的油炸本地的面,形成人们口口相传的新场油饼。菜油在这一过程中对推动面粉形态的变化起到决定作用,自己也随之而再次升值。金灿灿的油菜花路推动着老百姓手中的人民币(金子)不断增加。

2. 油菜花引发的文化创意产业

基于对油菜花的创意开发还可以生产纪念商品,开发巨大的油菜花瓣,作为生活用具,用作特色旅游纪念品、礼品销售。比如油菜花形雨伞、油菜花形荷包、油菜花形抱枕、油菜花形座椅等等。这些创意产品可以常年针对旅客销售,满足他们游购的需求。

展望未来，可以通过电商互联网平台，形成新场两大特色礼品农业的产业集群，开发十数个创意产品、十数个农家乐和十家个体工商户，形成两至三家龙头企业，形成产值过亿的特色礼品农业完全可能实现。

3.新场萝卜延伸出的"白玉"产业链

新场鲜萝卜（农业）—新场萝卜干、新场萝卜咸菜（加工）—新场萝卜宴（餐饮旅游）。这一产业链的延伸与油菜花的嬗变如出一辙。

4.发展主题鲜明的金色庭院经济

金色小院既是产业园，也是民宿区，还是康养农庄。种植产业是为了民宿，吸引康养，民宿和康养依托于农产业。种植是农民们熟悉的生产方式和操作技术，但人们不能寄希望于产品本身产出的效益。现代庭院主要是作为一种载体出现，是基础，是平台，是环境，其产出是吸引客人的重要招牌。金色小院各有主题（鱼庄、猕猴桃观光农庄等）又相互串联，是庭院经济的家庭农庄，是集衣、食、住、行、娱、康养等服务功能于一体的最美民俗空间。将"康养"概念融入金色小院中，形成康养农庄，在农庄内种植金黄色的药用植物，让游客在观赏的同时还能品尝各种康养产品，进行各种康养体验。根据本地适宜的环境和独特的植物资源，可以分别形成金橘园区、石斛园区、黄蜀葵园区等等，形成康养与医药产业的相互支持，相得益彰。

5. 开发"金色童年"系列乡村旅游活动

以四季"黄金遍地"的金色小镇为基础，瞄准儿童与家庭亲子近郊旅游为主题，开发"金色童年"系列活动。通过金色童年主题活动让家长带领子女来新场花田，使儿童游花、认花、亲花、爱花。夏季，利用河滩资源，开发儿童河滩寻宝、水上运动等亲水主题活动，让儿童与家人一起感受凉爽、亲近自然、获得快乐。

6. 拓展金色旅游相关产业

其他金色相关产业还有金橘水果、金菊花茶、非遗手工黄伞、黄伞雅韵丽人客栈等等。可以紧跟社会热点节日，在油菜花节、黄玫瑰节等节庆活动中，开发情侣帐篷游、花海婚庆系列活动。把金色从感觉延伸到知觉，从实在引入到虚幻，从颜色体验升华到情感领悟，从目之所及扩展到心之所想，从物质层面拓展到精神领域。举办巴山新场晒秋民俗风情旅游节，届时家家户户晒干果，家家户户晒农货。让家家户户成为手工农产品生产者，家家户户都参与到旅游行业中，形成巴山特色晒秋民俗风情旅游节。

希望通过以上这些产业的培育和发展，能够为当地老百姓提供大量可选择的就业方式，让他们加入三次产业融合发展的潮流中来，让他们从单纯的农业劳作中解放出来，培育当地老乡农民加入手工食品制作的队伍，让当地百姓都参与到旅游业中来。

在此基础上，政府通过引导，联合投资者、经营者和从业者，共同参与创建文化产业协会、萝卜产业协会、油菜产业联盟、庭院经济产业联盟、餐饮产业联盟、自驾游联盟等，实现将农村相关产业及利益相关者联合起来，将市县统战部、工商联、文联团委的人脉、钱脉、文脉用起来，加强信息沟通与交流，共同应对自然和市场风险，从而增强农村农业抵御风险和实现可持续发展的能力。

（二）处处皆风景，生活即艺术——培育金色艺术文态

金色小镇是个大环境，是总平台，是全局载体。搭建金色小镇平台，可以组织川渝两地艺术家、艺术学生，开展采风、创作、摄影、绘画等艺术活动，形成浓郁的文创氛围。将整个镇作为一个艺术品来看待，以金色为核心元素，通过油菜花、向日葵、黄月季等生态黄色和建筑外观的金黄色国画作品，形成一个具有浓烈文化气质的金色小镇。在金色小镇里广泛设立艺术花架，尽量使用当地木、石结合做花架，让花架和画一起生长，让花木开花结果，营造出"处处皆风景，生活即艺术"的金色小镇氛围。实现生活与艺术的高度融合，吸引旅游者的到来，激发他们的兴趣，当然也离不开重点项目的打造。

1. 彰显"金色童年"的艺术墙与艺术节

充分利用儿童壁画装饰房屋，在面向油菜花田景区一侧的房屋墙壁上进行"童年壁画"创作，凸显"金色童年"主题，形成具有童话趣味的乡村风情作品，使金色小镇成为"中国儿童画之乡"。在"油菜大地艺术"区域所对应的墙面采用3D艺术画墙和实体景观艺术小品，将游、看、体验融于一体。设

立"金色童年——大巴山儿童画艺术节",以放飞儿童画风筝、绘制儿童画小伞、展示童趣摄影、走进儿童画帐篷等形式放飞金色梦想,快乐金色童年,留下金色回忆。

2. 打造艺术童趣乐园

用油菜花打造儿童景观迷宫,既能体现独特的艺术效果,也能让儿童在其中游玩,在迷宫各节点处设置黄色的童话形象雕塑,如小黄人、皮卡丘等,凸显金色小镇主题,增加乐园的趣味性。

3. 创建"小金伞"手工制造厂和小黄人文创馆

传承非物质文化遗产,可以通过众筹等融资渠道,创建"小金伞"制造小厂,生产金色太阳伞、金色小雨伞,倡导居民"爱金色小镇,撑金色小伞",人人打着金色小伞出门,能够形成金色小镇独有的风景。在城镇范围内,以小黄人的形象打造各种小黄人景观,适时举办以小黄人为主题的文创活动,常年制造销售小黄人纪念品。

4. 规划油菜大地艺术

打造油菜花田大地艺术景观,利用编织技艺,构建稻草雕塑。将稻草等植物塑造成不同主题的艺术造型,散落在花海田间,形成动静相呼应,生动有趣又有使用价值的艺术造型工程。

5. 树立艺术油菜花景观标志

可依托艺术建筑以及花卉主题装饰建立巨大的油菜花艺术阁楼并兼游客中心、农产品展示中心功能,成为新场镇的形象展示综合体。打造以油菜花为造型的世界最大油菜花地标，建立起巴中乃至西部油菜花海、油菜花节旅游目的地。同时，地标性建筑有利于迅速抓住场镇游客、过镇游客眼球。

6.建造梦幻水车

沿河滩建造具有标志性意义且可实际用于农业灌溉的水车，同时，在沿河滩旅游节点上设置可供游客体验的小水车，让游客踩上去进行人工灌溉，体验不一样的乐趣。

（三）金色小镇成就金色生活——塑造优质生产生活形态

以生活场打造旅游场是我反复强调和主张的乡村振兴理念。乡村旅游，看的不是奇，也不是险。对大多数乡村来说，最具吸引力的是乡村生活承载的绿色、自然与乡愁。旅游者感受的不仅是风景，更是一地的生活与生活在其中的人。只有增强村民的幸福感，做好最美生活场，才有最强的旅游场，使乡村的生产场、生活场具有旅游场的附加值，像旅游场一样美，而不是另建一个旅游场。金色小镇的建设，根本目标是要让当地人民过上幸福生活，让新场的农村农业实现现代化。一切旅游的设施和配套建筑都是老百姓的生产生活环境的一部分，这些既服务于旅客，又服务于长年生活在这里的人民。旅游设施与项目的升级换代就是当地人民生存环境的升级完善，这是同一事件的不同角度的解读而已。因而打造金色小镇，必将成就金色生活。这典型地体现在相关文化娱乐设施的建设与基础设施的完善上。

1.设置"金色大门"

在进入新场金色小镇入口节点的马路上设置"金色大门",让路过的人们、去金色小镇旅游的旅客在第一时间被吸引,成为"金色小镇"的独特标志。

2. 修建童话广场

广场使用"软铺装"类地面,设置五个"玻璃盒子"用作咖啡厅、小食堂等休闲场所,融入水体景观、自创童话形象等元素,打造一个充满童话色彩、绿色生态的"童话休闲广场"。

3. 打造金色水街

创造性运用诺水河水资源,结合新场镇生活区与田间水渠造景,引诺水入城,打造"人在街上走,水在街下流"的水乡风情,再配套河滩、花海水车、灌溉水渠、特色花果形成新场镇水文化体验场,夜间利用灯光技术渲染为金色效果,形成

图 4-3 新场镇十四万亩菜花黄了

流动的金色奇观,将新场镇建设为最美金水乡、巴山听涛小镇。

4. 建设文体娱乐中心

在文体中心的室外做篮球场,室内设置游泳池、乒乓球场、多媒体室等运动休闲场地。这既为农村无文体历史画上了句号,又为休闲度假的人们提供良好的配套设施与服务。

5. 设置金色阳光摄影点

借助阳光、灯光的变化,创意设置金色阳光系列摄影景点,以此为平台开展亲子、爱情等主题摄影活动,并常态化作为艺术家、学生采风、写生的交流平台,既贴近生活,又独具艺术风格。同时,将金色摄影作品收集成册,成为新场镇宣传和展示资料的重要素材。以"金色爱情,一生守望,金子般的心"为宣传主题,以金色花海吸引年轻人来新场花海寻求浪漫,建立常态化婚纱照拍摄基地,并在重要节日(情人节、七夕节)布置许愿瓶、同心锁等象征性装饰,把新场建设成婚纱照拍摄基地。

6. 开辟自驾游帐篷营地

为了方便背包客和自驾游客,特别是在旅游的旺季,需要开辟自驾游帐篷营地。围绕河滩打造帐篷房车营地,既开发通江巴中的青年帐篷、亲子帐篷之旅,又于成都、重庆、汉中等地开拓远程帐篷房车营地。抢占诺水河旅游环线的自驾游服务高地,提供完善的营地基础设施与必要的安全服务,将新场打造为通江旅游线中的自驾游客栖息地。

对生活基础设施的建设，既是为了打造一个好的旅游环境，丰富旅游项目，完善旅游基础，更重要的是，它们本身也是当地人们提高生产生活水平的必需品，无论是否开发旅游资源，这些都是人们追求美好幸福生活所离不开的。也就是说，它们已然融入了我们的生活，成为日常生活环境的一部分。这就是我大力倡导和反复强调的"以生活场打造旅游场"的最直接最形象的注解。生活场与旅游场二位一体，高度融合，而不是相互分离。

第五章

走进孔村

——300年蓉漂的故事

走近孔村的艺术家、非遗传承大师们，用初心和智慧的合力激活乡村，以农耕美食、孔子文化、熊猫文化为先导产业完成空间价值的再创造，同时以美学生活、美育乡村的力量，为孔村建设找到可持续、艺术性、系统性发展之路，探索孔子儒家文化记忆、林盘建筑记忆、天府之国土地记忆，续写成都历史古村落、田园宽窄巷子的故事及生态价值创新的绘本，谱写与世界公园城市交相辉映的中国田园美学村落传奇。

走近孔村的艺术家、非遗传承大师们，用初心和智慧的合力激活乡村，以农耕美食、孔子文化、熊猫文化为先导产业完成空间价值的再创造，同时以美学生活、美育乡村的力量，为孔村建设找到可持续、艺术性、系统性发展之路，探索孔子儒家文化记忆、林盘建筑记忆、天府之国土地记忆，续写成都历史古村落、田园宽窄巷子的故事及生态价值创新的绘本，谱写与世界公园城市交相辉映的中国田园美学村落传奇。

我常常将文化资源比作为各地区无形的金矿，这种比喻意指各地区传统文化资源能变成现实的生产力，给当地带来源源不断的财富和可持续性发展的巨大宝藏。把文化当作特殊的庄稼，是指伴随着农业文明的繁衍，文化是在各地区特殊的地脉基础上形成的文脉的一切特征的综合体。从这个意义上来说，在乡村振兴中，经过山水、乡民与时间的融合与发酵，我们的乡村往往有得天独厚的自然资源和独特的地域文化。就此

图 5-1　孔村　　　　图 5-2　孔村村民讲堂

图 5-3　孔村祖上传下来的匾

来说,我们无疑拥有了世界上最丰富的金矿,那就是我们的文化。

实际上,当我们怀着一种自信去看待我们的文化,我们才能创造性地使用它。而只有通过文化的引领,我们的乡村振兴才是有源之水、有根之树,充满了无限的生命力。当我们基层干部、企业、村民对乡村之美有科学的认识,我们才能杜绝美丑不分,以美化的美名破坏美,毁掉真古镇、真村落,耗资修假大空的伪古镇、伪村落、伪民俗的现象才可能根本改善。

图 5-4　成都孔村每年的祭孔——乡饮礼活动现场

第一节　300年蓉漂，孔家家风依然

成都孔村，位于崇州市济协乡，是由清代康熙年间从山东曲阜花溪场辗转迁徙来成都的一支发展而来，该村至今仍居住着孔子"庆""繁""祥""令""德""维"字辈后人73代至78代350多人。三百多年来，成都孔村孔门儒雅家风薪火相传，良好的家风家训融入现代的社区治理，建设和谐社会。

孔村文化最耀眼的是民风淳朴。300年来孔子后裔恪守祖训，耕读传家、乐善好施，与其他姓氏的村民和睦相处，形成了独特的乡风民风，人人相交坦诚、户户来往频繁。每当中秋春节，全村人共聚一堂，每户一菜，酒水共享，其乐融融，构成一幅中国田园绝美的民俗社会画卷。这是以孔子为代表的中国传统儒家文化耕读传家、互帮互助的文化精髓，也是乡风文

图 5-5　孔村春节坝坝宴现场

图 5-6 笔者宣读"来自孔村的家书"

明的根基。

我曾经感慨成都孔村孔子后裔漂泊到成都已经 300 多年仍恪守祖训,用家风影响了当地的民风,在建国 70 周年之际,写了一封公开信:

中国乡村振兴的星星之火
———一封来自孔村的家书

10 月 1 日,我们祖国在天安门广场举行了举世瞩目的"中华人民共和国成立 70 周年"庆典,举办了振奋人心的大阅兵。70 年的光辉历程,70 年的峥嵘岁月,让我们饱含热泪,让我们信心百倍。70 年,我们自力更生,艰苦奋斗;70 年,我们不忘初心,牢记使命;70 年,我们继往开来,携手前行。

今天,我们在崇州孔村,一个中国西部的小村庄,一个成都平原的川西林盘,举办田园牧歌文化旅游节。这个节与其他很多的节不一样,它是从田土里长出来的老百姓自己的节。为了办这个节,在这十多天里,全村老百姓总动员,自觉清理房前屋后,自觉铺整砖块小道,自觉种好门前花木,他们一齐动手搭建田野大舞台,他们聚在一起用红辣椒、稻谷、花生、玉米"绣制"五星红旗,他们把房子腾出来,用自己田间菜肴、自练手艺,开田间菜馆。今天取名为"好安一"的孔村两个院落田间菜馆正式开火了,熊猫喝茶、青蛙陶坊两个乡创室也正式开业了,乡亲们自娱自乐的孔村艺术团也筹备好了,今天演出的五个节目就是艺术团连夜组织村民排练的节目。这是一场乡亲们自己参与倾情投入的田园牧歌大合唱。当然,这场大合唱能够唱起来,因为这里有最好的村级组织,这里有最好的乡镇组织,这里有最美最纯朴的村风民风,天天这里有村干部奔忙的身影,随时可见的乡镇干部在走家串户,这个乡的杨书记几乎认识村里每个村民,每一个村民都亲热地呼喊他,他们一起动手,一起谋划,一起吃饭,一起举办文娱节目,他们的歌声笑声招呼声交织在一起,是很质朴的乡村音乐。村上的孔书记和一帮村干部,更是乡民们的家里人,他们的勤奋谦和,他们的初心公心,一天一刻也不曾削减过,从他们言谈里，在他们的举手投足中没有一点官气，他们不是坐在办公室转发文件，编写材料，而是围在一起擀面、磨豆子、研发菜品，他们不是站在田埂上指手画脚，而是挽起裤脚走下田去在劳作中拉起家常，说心里话。他们不只是开会传达，他们是俯下身子，是组织引领，是身先士卒，基层战斗堡垒在这里得到最有力最鲜活的体现。

近几年来，我们举国上下的乡村振兴，脱贫攻坚，把美丽乡村建设推到了一个新高潮，但我们很多地方并不尽如人意，大量的建设改造后是大量的闲置，风貌整治的白墙铁门里，不少地方装的是空气蚊子，工程建设、地产开发之后，农民失去了家园，土地丢荒，村落衰败，"613860"部队成为乡村劳动力缺失，尤其是青年农民缺失的代名词，"乡村死了"等微信文章不时在朋友圈中转发。乡村振兴的出路究竟在哪里？中国现代田园牧歌大合唱该怎样谱写？乡愁愁煞人，满目荒草生，节来路堵断，节后空凋零。我们欣喜地在孔村正看到答案，田野大舞台，民歌大家来，捧出初心，培植孔村，人人出力，心心相印，鼓瑟礼乐，喜迎嘉宾。孔村有儒学敦厚的老年人，孔村有勤劳好客的中年人，孔村有朝气勃勃的年轻人，孔村有传承国学的少年郎，久违了的乡村风情，这里随处可见。这个以300年前从齐鲁大地而来的孔子后人为主组成的传统村落，每个村民心中都有一个活着的孔子，礼乐、诚信、仁义、谦让的文脉，已深深植根于这片土壤，浸润于邻里之间。今天孔村人举办的从国庆到元旦持续三个月的旅游文化节，在庆祝节日，沉浸于田园幸福生活的同时，就是寻同路人，寻真正喜欢乡村有田园情怀的诗人、艺术家、工程师、企业家、学者走进孔村，像一棵树，像一粒种子，在这里破土，在这里扎根成林，这是田园牧歌的血脉，城乡融合，最终是血脉的融合。走进孔村门，就是孔村人。有田园梦想的你，怎么能违了心愿？在这轮中国田园牧歌大合唱中怎么能缺了你？怎能叶公好龙？归去来兮，这里是蝉鸣与蛙声的呼唤，是素心的呼唤，是农耕文化的磁场；这里有最美的村民，这里有最好的村镇组织，这里有活态传承的孔子文化，这里有最美的成都院子川西村落。"天不生仲尼，万古如长夜"，2500多年前诞生的孔子还活着，他的思想、他的智慧、他所创立的儒家文化，历经风雨，至今还在发光、发热，还在照耀着我们这颗星球，作为儒文化传承聚居地的崇州孔村，古风犹存。让我们走进孔村的渴望，让孔村成为美丽的星空，成为乡村振兴美丽的星火……

2019年10月2日晨

在孔村，笔者看到了文化历史传承的巨大影响力，看到了优秀传统文化的代代相传,看到了中华民族精神的生生不息,看到了孔村这样的群体所展现的精神活力,必将像"星星之火"呈燎原之势,推动乡村的整体发展。

第二节 孔村的"五子登科"

成都孔村是一个典型的川西平原小村,当地产业现状为传统农业种植,部分群众长期外出务工,无特色产业,无传统匠人,无独特的手工工艺,虽有一家民营酒厂、一家铁器加工厂,但产业落后,缺乏竞争力;在乡村建设中缺乏规划,农民居住的全是20世纪八九十年代的川西水泥建筑,没有特色;农民年人均纯收入达到了15374元,还谈不上富裕。这是成都孔村的现状,也是乡村振兴亟待解决的问题,这是劣势。但是,崇州孔村又具有良好的交通环境和人文环境,其区域位置南靠连通天府国际慢城(桤木河湿地)和道明竹艺村的崇州市白塔湖旅游专线,北靠济协乡场镇老西江—道明公路,距离豪芸通航机场仅1千米,处于天府国际慢城—竹艺村—豪芸通航机场三角形的中心位置,具有优越的区位优势和交通条件;孔氏后裔在崇州孔村已居住了300多年,其秉持的孔氏文化影响了整个村落,儒雅之风盛行,"仁义礼智信"成为孔村共同的文化信仰,这是优势。

我们通过对孔村文化的梳理,确立了以诚信为本的产业思路。我们以西安袁家村为榜样,坚持从田园做起、从传统文化

图 5-7　孔村文化墙

着手,以传统文化为本底,发展自己的田园教育、田园艺术、生态农业和田园人文旅游产业,概括起来就是打造"孔子、孩子、园子、院子、桌子"的"最美五子登科"。

一、培养"最美乡村孩子"

儒家文化经过两千多年的发展,已经形成了一个治国理政、自我修养、和谐社会的系统,并经过历朝历代的实践,形成一整套理论,成为中华文化的基石之一,为宽;国学教育,立足于对传统文化的教育,传承中华文化,为窄。孔村的国学教育,在于教育青少年了解和学习掌握传统优秀文化,为窄;我们已开办了国学讲堂,开办了国学教育基地,开设了国学经典教育班,舞蹈、音乐、绘画培训班等。

同时我们将孔子的"有教无类""因材施教"教育理念与自然教育相结合,形成独特的教育模式。自然教育就是融家庭教育、学校教育、社会教育为一体,四维互生,四轮同行,变

图 5-8　孔村孩子学习陶艺

培训为体验,变学习为游戏,变知识为生活,变课堂为田园,注重学生的个性培养,已开设飞猪农场、魔法森林、五彩熊猫、唐诗宋词之路、数字王国、川剧小镇、中华武术等教育科目。每一个科目为窄,而自然教育培养的是学生的辨识能力、动手能力、生活能力,以广阔的视野、专业的教学、独特的视野,促进学生面向现代化、面向国际、面向未来的全面的发展,为宽。通过国学教育、自然教育锻造青少年的健康品格,树立从小立志报效祖国、为民服务的思想,补充学校教育的不足,塑造"最美乡村孩子",这是在"宽"处落脚。

二、建设"最美乡村院子"

最美乡村建设是乡村振兴的基础。《论语·雍也》"子曰:'贤哉回也。一箪食,一瓢饮,在陋巷,人不堪其忧,回也不改其乐。贤哉回也'"这段话,通过对其得意门徒颜回的赞扬表现了孔子的生活态度。其中,颜回居"陋巷"不改其乐，表达了孔子对生活环境的态度。

最美乡村建设，涵盖了各种各样的标准和风格，既有现代的，也有仿古的，既有耗费巨万的豪华建设，也有独具特色的简易风格，美与陋，就如宽与窄，矛盾而又统一。

孔村村落建设，秉持"孔子：居陋巷不改其乐"的理念，不大拆大建，坚持依据原貌做较小的风貌改造，除增设小型的"夫子广场"外，不搞大型建设。村落改造重点为在外墙、巷道进行文化装饰，院落内部根据用途和功能进行适当装修，增设一些小型的花圃、绿化点。通过对村落的外观、巷道的装饰形成一个个相对独立的小院子、窄巷；小院落可以用于开设教育、文化场所、手工作坊以及村民开办民宿、餐饮、小商品商店等，与村落的主道、窄巷，小花圃、小绿化点共同构筑孔村的独特景观；对原有的林盘、水沟、水渠进行功能性改造，增加净化设施；林盘可以改作娱乐休息场所，或餐厅、茶园的附

图 5-9　孔村村民院活动

属场所；对水渠、水沟进行净化，增加水量，让水渠、水沟的水碧蓝纯净，快速流动，增加灵气和活力；改造荒滩荒地为生态湿地，对现有的花木种植区进行林相调整，形成景观；完善其乡村的道路，建设一些游人步道，增添旅游设施和标牌标识。

我们已经引进省内外知名艺术家来此建立了民乐、书画、川剧、陶艺、舞蹈五家"艺术家院子"，通过"艺术家院子"开展文化创作创造，开设各种艺术教育课程，创作一批有影响艺术作品。孔村建立了一座田园大舞台，定期开展各种文艺演出，培养和锻炼文艺新人，在建国七十年大庆，邀请了国内外知名艺术家来此献艺。其精湛的艺术表演，和一面巨大的由海椒拼成的国旗，深受全体村民和游客的好评，扩大了孔村文化的影响力。

孔村文化建设，重点是将孔村文化表现出来，为此，规划建设一座以竹简为特色的孔村"夫子广场"，建设一座孔氏祖庙，展现孔村的历史变迁和孔子氏族的家谱、族谱、文物等；孔村依据现有的民营酒厂，开发系列"孔氏庄园"文化酒，开发一批竹艺、陶艺和孔氏文化的文创产品、旅游纪念品等。为宣传孔村文化，孔村打算每年举办"田园乡饮礼"、孔子祭祀大典、重大节日庆祝活动等。"最美乡村院子"的建设，增添孔村的文化元素，让文化孔村展现新貌，让"陋巷"展现其美。

最美乡村院子，其独立小院、艺术家大院、村落的景观改

图 5-10　孔村田园一角

造、装饰装修，艺术文化聚集和村落改造聚集形成的浓浓的文化氛围和独特魅力，吸引了远近游客。

三、打造"最美乡村园子"

孔村是一个典型的川西农业小村，发展生态农业是振兴孔村农业的必然选择。生态农业，涵盖了农业的全领域，为宽；孔村生态农业立足于传统农业的生态蔬菜、瓜果、水产、小家禽养殖，立足自产自销，规划建设一批生态蔬菜园、生态果园、生态鱼虾养殖、生态花卉园等。规划部分田地，分成五亩至十亩规模，形成微田园微景观，由艺术家承包，发展艺术农庄，为窄。通过"诚信"为本，扩大影响力，逐步树立自身的品牌，向深加工、对外营销发展，搞好生态"最美乡村园子"，既进行生态种养殖，又为学生提供自然教育、游学的基地，提高农民的收入。

四、开设"最美乡村桌子"

最美乡村桌子，包括了民宿、美食、休闲、娱乐的旅游配套设施。成都正在打造美食之都，这是孔村乡村美食的发展契机。发展田园美食，核心是找准自己的位置。孔村田园美食不追求高大上的大餐、洋餐，而是立足于自产自销的生态农副产品，从本地传统小吃、川西特色美食入手。

孔村的民宿休闲美食也是孔村文化的载体，他们规划将孔村文化融于民宿餐饮之中，风格以简陋为主，在简陋中展现文化，在"陋"中见美。他们将民宿与教育、文化、艺术、田园结合，与美食结合，建设推窗可见田园的主题民宿；建设充满书香味的阅读茶园，将微型图书馆融于茶摊茶坊之中，让游客和村民在休闲中享受阅读的乐趣；将孔子故事、古代先贤的事迹故事以卡通、绘画等方式与儿童乐园融合，让儿童在游玩中了解中华历史；将四川的文化元素融入餐饮美食之中，打造有先贤、有经典、有艺术品的用餐环境，推出有文化的菜谱菜名，如《论语》菜单、唐诗宋词菜单等。现在他们已推出了自

图 5-11 孔村最美坝坝宴

己的成都"好安一"餐饮品牌,结合四川的熊猫文化,形成自己的IP,已推出如生态鲫鱼、农家蹄髈、叶儿粑、家常小菜、泡椒等菜品,用祖传技法,使色香味、安全皆备,吸引村民、游客前来就餐,不断扩大影响力。随着孔村的文化影响力的逐步提高,游人的逐渐聚集,不断提高成都"好安一"餐饮品牌影响,并伴着各种节庆活动,帮助和扶持一大批村民开办自己的农家乐、渔家乐、果园乐等,举办田园餐、文化餐、林盘餐等,从传统川西美食,逐步发展多种多样的特色餐饮,开展"百桌、千桌"农家宴,不断开发一些农家土特产、可携带的传统小食品,形成自己的文化旅游纪念品。

最美乡村桌子,我们选择了孔村的鲫鱼。然后他们用了成都的"好安一"作为特色餐饮的名字。安逸是一种心里感觉,"好安一"这种谐音名称在四川人区域很有影响力,用这个代表最美乡村桌子,其中涉及的产业很多,可以拉宽。结合四川的泡椒(泡菜)和熊猫文化,让成都"好安一"成为人们喜欢的一个品牌,成为当地美食的代表,孔村的鲫鱼产业也可以通过这种方式发展,成为标志性美食,让"吃鲫鱼到崇州到孔村"形成一种风尚,同时通过鱼的产业发展,带动其他美食产业的发展。

五、塑造"最美乡村孔子"

乡村振兴的核心是人。孔子是中华民族的伟人,其思想影响了中华民族两千多年,被誉为"圣人""至圣先师",被评为世界"十大文化名人之首",孔子的历史地位无与伦

图 5-12　孔村国学讲堂

比,高高在上。孔村村民大都为孔子后人,迁来四川,埋首农业 300 年,知晓率很低,在下。但是,300 多年来,随着家族的壮大,发展到今天已有 350 多人,就区域人数为小,为窄,但他们秉持孔子的"仁义礼智信"家风家训,耕读传家,勤俭朴实,乐善好施,以诚待人,用家风影响了整个民风,这是很了不起的,不愧为孔子后人,为上、为大、为宽。在乡村振兴中,孔村村委会动员和组织了全体村民积极参与到乡村振兴中来,在孔村的乡村建设中,孔氏后人和其他村民一起,集资十多万元,改造了村级道路,增添了小花圃和绿化点,全体村民义务参与打扫清洁卫生、维护治安、整修小道小巷的活动;在文化活动中,村民们自愿无偿提供活动的场地,积极参与各项文化活动;在产业发展中,坚持以村级组织为管理核心,成立了以村委会为主的营运公司,村民通过以房屋、土地、用工等入股,坚持把"仁义礼智信"纳入村规民约中,自觉规范自己的行为;积极吸引社会资本参与孔村建设,帮助社会资本兴办教育、文化、旅游等产业，用诚信、热情和优质的服务迎接四方游客。孔村村民，用自己的行动赢得了客商、游客和各级领导的高度赞誉，他们用实际行动努力塑造了"最美乡村孔子"形象。

孔村规划在三到五年的时间里，村落建设基本完成，文化教育旅游产业发展初见成效，逐步将孔村建设成为一个远近驰名的文化村落。

第三节 乡村大舞台——成都孔村掀起盖头来

在田园牧歌首届崇州孔村文化旅游节的开幕式上，彩旗飞舞、歌声嘹亮，一面用辣椒制作的巨大的五星红旗贴在院墙上，一座简易的舞台搭在了已经收割了的田园正中，四面围满了喜气洋洋的村民，热切等待着即将开始的"田园牧歌首届崇州孔村文化旅游节"开幕典礼。

崇州孔村生活着 500 多位孔子后裔，从明末清初他们就来到这里生息繁衍，300 年来秉持孔氏的家风家训，诗礼传家，和睦邻里，造福乡邦，儒雅乡风浸润了这里的每一块田土，优秀传统文化影响着这里一代又一代人。为弘扬传统文化，建设美丽乡村，崇州孔村决定举办这次旅游节，这既是崇州孔村优秀文化的展示，又表现了崇州孔村追求更加美好生活的意愿和决心。

十点半钟，开幕典礼正式拉开序幕。开幕式上，由国内知名艺术家孙学平、全国十大民间艺术家司徒华先生向孔村捐献

图 5-13　孔村艺术节现场之一　　图 5-14　孔村艺术节现场之二

图 5-15　中央美院教授、著名画家孙学平教授捐赠作品　　图 5-16　全国十大民间艺术家之一司徒华先生向孔村捐献书画作品

图 5-17　孔村艺术团舞蹈表演　　图 5-18　孔村儿童表演茶艺

图5-19 "国学少年之星"张怀文（7岁）表演诗朗诵

图5-20 孔村群众和游客观看演出

图5-21 国内知名艺术家、民营企业家、国企代表，四川省、成都市和崇州市的各级领导共40余人参加了开幕典礼

图5-22 四川省内外著名画家、美术史学家孙学平、范澍宁、李江、唐林、林机等参与开幕式并参观孔村传统文化村落

图5-23 著名画家张达煜现场创作巨幅墙画

图5-24 白俄罗斯客人来到孔村

图 5-25 外国友人学习中国民乐器葫芦丝

书画作品。

由来自白俄罗斯的艺术家、国内知名歌手、舞蹈家与孔村艺术团农民演员一起表演了精彩的文艺节目。

这次文化旅游节,得到了许多知名人士和各级领导的关心支持。笔者作为田园牧歌理论创始人负责了文化旅游节总策划,知名画家张达煜现场创作了巨幅墙画,著名熊猫画家林机以及锦官堂蜀锦艺术家张露华系列熊猫艺术作品在孔村亮相展出;济协乡党委书记杨军挂帅参与筹备。

这次开幕式文艺演出中,国内外明星与当地群众在乡村大舞台同歌共舞,共祝国家 70 华诞。儒雅淳朴的乡风、朴实无华的村容、纯真好客的村民,慢慢进入了人们的视野,成为乡村振兴的又一范例。

孔村的乡村振兴,立足孔村的文化和各种资源,从田园味、乡土味入手,不追求高大全,逐步扩大影响力;在各级政府的支持下,通过乡村振兴的再塑造,力争通过十年努力,形成"北曲阜南崇州"的孔氏文化格局,成为成都一张亮眼的城市名片。目前,我们住在孔村,食在孔村,我与梁良、吴攀、梁建国、张烈、李林峰、钟卫、肖志新等组成孔村乡建团队,成为孔村的新村民。

第六章

文化软实力
与文化庄稼

文化是血液,承载和解读的是一个地方精神的基因;文化是生态,营造和美化一个地方生活的环境;文化是薪火,激活和唤醒一个地方的潜能;文化是IP,裂变出一个地方无限想象的产业。

人闲桂花落,
夜静春山空。
月出惊山鸟,
时鸣春涧中。

[唐]王维《鸟鸣涧》

"乡土"一词在汉语词典里的释义有两层：一是家乡、故土，二是地方、区域。这两层意思也正是现代田园牧歌的核心要义。"家乡和故土"表示乡土景观带给人们的宁静感、亲和感，建立在熟知基础上的安逸感，以及价值认同基础上的美感。"地方和区域"表示场地文脉，指的是地域特有的一种氛围，特别是在厌倦了城市生活后的一种向往场所。乡土性就是乡土的历史文化属性，因而，深厚的乡土情结、乡土文化是现代田园牧歌的最大特征。着眼于乡村振兴项目策划，首要的理念和情怀就是乡土情结。这是理论的逻辑、历史的必然和现实的需求。

当前，我国的城镇化率已经超过50%，并正在加速推进。但回望一个世纪以来的发展历程，城镇化大踏步前进不过是最近二三十年的事情，超过三代以上的城市人寥寥无几。"从基层看去，中国社会是乡土性的。"费孝通先生在《乡土中国》中，开门见山地给我们打开了认识中国的大门。虽然在制度改革与市场经济的叠加作用下，费孝通先生笔下当年的"乡"与"土"都在发生着深刻变化，乡村地区正在经历深刻转型。但是，长久以来，许多乡村仍然延续了自给自足的生活，秉承日出而作、日落而息的作息，形成了与城市人快节奏、忙碌生活相对应的闲散自由的生活方式。此外，乡土气息浓厚的民间艺术、绿水青山的乡村环境，为乡村旅游打上了更为鲜明的乡土烙印。可以说，乡土性越强，与城市形成的反差也就越强，对城市人的吸引力也就越强。遥远的乡愁、土生土长的乡趣,以及浓稠得化不开的乡情,已经成为都市人心头越来越热烈的向往。故土乡情、梦里老家是中国人内心深处的情感港湾。我的现代田园牧歌正是基于这一社会现实和人伦情感。

"每个人的心里,都有一方魂牵梦萦的土地。得意时想到它,失意时想到它。逢年逢节,触景生情,随时随地想到它。海天茫茫,风尘碌碌,酒阑灯灺人散后,良辰美景奈何天,洛阳秋风,巴山夜雨,都会情不自禁地惦念它。……辽阔的空间,悠邈的时间,都不会使这种感情褪色:这就是乡土情结。"著名现代散文家柯灵先生在《乡土情结》一文中把中国人固有的对故土老家的深厚情感非常深刻而细腻地表达出来。"人生旅途崎岖修远,起点站是童年。人第一眼看见的世界就是生我育我的乡土。"故乡的一切在每个人身上都打上了深深的烙印,每个人对故乡都有一种特别的感情,挥之不去的血脉之情。乡土情结每个人都会有,但它往往在人远离故乡时表现得更为强烈。在城镇化不断推进的今天,我们越来越多的人生活于城市,工作于城市,辗转于城市。城市改善了我们的生活,也改变了我们的自身。城市生活虽然丰富,却也经常使我们感到困顿,城市生活虽然多彩,却经常使我们迷茫。遭遇了城市的冷面孔,使我们更加珍视老家的热心肠,受够了城市的快节奏,使我们更加向往农村的慢生活。回到乡土农村,回到梦里老家,是当今城市人身心疗养的方式,也是我们心灵放假的地方。尽管我们往往不能回到生我养我的故乡,但我们却总希望抵达相似的地方。打开记忆的回放，寻找情感的寄托，放松我们的身心，释放工作的压力，缓解人际的紧张。我的现代田园牧歌，就是要唱响这样的旋律，营造这样的生活，满足切合这样的需求，提供这样的地方。

乡土性虽然是田园牧歌最专属的特征，但不仅体现在乡村地区，还作为中国重要的文化特色，在新型城镇化、乡镇振兴进程中发挥重要作用。在21世纪的全球化浪潮中，当我们回眸寻找有中国本土特色的文明方式时，自然而然就会关注到乡土性。2013年召开的中央城镇化工作会议上指出，要"把城市放在大自然中，把绿水青山保留给城市居民""让居民望得见山，看得见水，记得住乡愁"。乡土文化是传统的文化资源，已经成了我国乡村振兴战略的基本共识之一。

传统文化资源是人类除自然资源外最重要的资源，它存在于物质领域，又存在于精神领域，构成了人类赖以生存的基础，也是人类社会发展的重要推力。特别是在产业结构调整的今天，"绿色经济"受到了包括中国在内的全世界的关注，文化资源及其业态也得到了空前的重视。用传统文化资源提升地方软实力，推进乡村振兴，已成为区域发展的重要路径。

第一节　文化软实力的东西方文化背景及建构

一、文化软实力的东西方背景

软实力（Soft Power）概念是由美国哈佛大学教授约瑟

夫·奈在20世纪80年代提出来的。美国充当世界霸主的角色，一直运用两种手段，一个是胡萝卜，一个是大棒。但随后的发展并不尽如人意，就采用文化意识形态的输出来扩大美国在全球的影响力。由此形成了胡萝卜+大棒+文化软实力的全球战略。由此人们不禁会问：软实力是来源于西方？其实在中国文化中很早就有"软实力"的思想，如"得道者多助，失道者寡助""得民心者得天下""不战而屈人之兵"，楚汉战争中刘邦用"四面楚歌"瓦解楚霸王军心等。抗日战争和解放战争中，中国共产党高度重视文化建设，并成为运用文化软实力的高手。面临产业结构的转型和生态资源的大量破坏，以及东西方文化的碰撞，在这样的背景下，怎样保持党的先进性，让世界拥抱日益强大的中国，成为一个重要课题。在此背景下，文化软实力从民生上升到国家安全战略的高度。

图6-1 山水禾游仙故事牛肉馆

二、文化软实力的"四力合一"

文化软实力是相对于硬实力而言的,它包括意识形态、价值观、影响力、道德准则、文化感召力等无形的内容,分为内力和外力,二者相互联系,互为补充。其中,内力又分为凝聚力和创新力:凝聚力是一个国家和地区区别于其他地区的重要标志;同时,文化软实力的构建,还要随着社会的发展而不断创新才能体现其生命力。对外而言,文化软实力要传播出去,借助一定的媒介传播到其他地区,形成影响力,进一步巩固凝聚力。在传播出去扩大影响力的同时,还要形成吸引力,吸引资金和技术来投资,形成产业优势。只有四力合一,才能打造真正的软实力。

三、传统文化资源开发密码"12345"

传统文化资源无形金矿的开发,必须坚持一定的原则。笔者根据二十余年的文化经历和国内外文化事业发展的先进个案和失败教训,总结出传统文化资源开发密码"12345"。

"1"指的是一个中心,就是传统文化资源开发要坚持以社会主义的核心价值观理论为中心。

"2"指的是二性,不可垄断性和可再生性。指的就是传统文化资源的开发具有不可垄断性和可以复制再生。

"3"指的是三圈,核圈、体圈和壳圈。指的是传统文化资源开发要坚持走三个阶段,逐步展开,不可偏废。核圈指的是文化创作的结果、成品和内容;体圈指的是文化的六大产业,出版发行产业、报刊媒体产业、影视产业(动漫产业)、文化旅游、娱乐收藏产业、文化创意产业。任何一项创作的内容，都可以融入六大产业，形成文化产品，这是第二个阶段。壳圈就是第三个阶段，是文化和其他行业的结合，提升其他行业的附加值，如文化和农业的结合形成的实体山核桃之乡、柠檬之乡、竹文化之乡等就是文化与其他行业结合的结果。

"4"指的是四种关系：民族与世界、传统与现代、保护与开发、事业与产业。传统文化资源的开发要坚持处理好上面四种关系。

"5"指的是五要素，它是构成传统文化资源开发的五个重要环节：项目、产品、品牌、受众、企业。

（一）民族与世界

越是民族的，就越是世界的。这是鲁迅当年所说的话，在全球化的今天如何处理好地方文化和世界文化之间的关系显得尤为迫切。另一方面，"越是世界的，越是民族的"。提倡地方文化在融入世界过程中，要注意吸收世界元素，吸收世界的普世价值观，打造世界＋民族，熟悉＋陌生和传统＋现代，时尚的古典的优秀作品。

（二）传统与现代

文化具有非常重要的传承性。我国有 5000 年的历史，特别是在 2000 多年前的农耕时期，从诸子百家的战国到大师辈出的民国，中国优秀的传统文化一脉相承，代代相传；特别是辈辈相传的"温良恭俭让""仁义礼智信"成为中国人的民族精神之一。在传承传统文化的同时，也必须与时俱进，淘汰已不适应现代化的文化糟粕，去粗取精、去伪存真，将传统文化与现代化结合，发展符合时代特质的现代文化，为中华民族伟大复兴服务；在乡村振兴中，更要对传统优秀文化进行发掘，特别是非遗、古建筑，具有浓厚地方色彩的民风民俗、民族歌舞等，让这些传统文化为乡村振兴助力。

（三）保护与开发

传统文化资源的开发要处理好保护与开发的关系。一味地保护而不开发是假保护；不讲原则的开发就是破坏资源的盲目开发。传统文化资源应坚持科学开发的原则，科学的开发就是合理的保护。

（四）事业与产业

文化事业指以丰富和提高人们的审美水平、道德素养和才智能力，优化社会风气、行为规范以及价值趋向为目的的文化建设，包括文化管理体制、公共文化服务体系、群众性文化活动开展等，具有公益属性，需要财政支撑；文化产业指从事文化产品的生产、提供文化服务的经营行业。把文化事业变成人人参与的可营利、可支撑、可扩展的文化产业，是乡村文化振兴的重要内容。

（五）文化产业发展途中的曲折及失误

要正视当前文化产业所面临的激烈竞争，随着经济全球化，资源不再唯我独有，我们正面临着强大的竞争和资源外部掠夺。地域文化的竞争已不再是单纯地占有资源的竞争，在一定程度上，竞争还是要比开发力度、进入市场的速度以及市场运作能力等。然而产业化又是一把双刃剑,产业化以市场为基本取向,生产由市场进行调节,由于价值规律作用的自发性、盲目性和局限性,它既为民间文化的继承和弘扬带来良好的机遇,又使民间文化的保护面临着危机,带来负面作用。在近十几年的曲折发展过程中,我们积累了丰富的经验,同时也走了很多弯路,具体表现在:

一是在民间文化资源的开发上机械复古——迎合世俗。单纯机械地模仿前人,缺乏创造力和生命力,丧失了地域性这一民间文化的重要特色,导致一些民间文化产品品位和价值今不如昔,这在旅游品市场上表现最为明显。

二是掠夺破坏式开发——竭泽而渔,杀鸡取卵,使不少民间文化失去了原始生态特色,丧失了赖以生存和传承下去的意义。

三是抄袭模仿——雷同开发。以工业化的思路打造文化,一些民间文化产品雷同,失去了个性特色。

四是以文补文——满身补丁。没有深入挖掘地域文化,在以前粗浅开发的基础上,小打小闹,浅尝辄止,以文补文,满身补丁。

五是文化搭台,经济唱戏——文化没戏。文化只重视搭台的热闹而不注重经济的收益,文化没能形成事业及产业双轮驱动。

六是伪民俗——弄虚作假。传统文化开发必须是以传统文化为基础,传统文化的形成必然是一个长期的漫长的过程。有些地方为了哗众取宠,取得一时的眼球市场,制造伪民俗,弄虚作假。

七是脱离生产生活——遗产当遗体。传统文化来源于群众,必将为群众服务。传统文化资源的开发必将坚持"从群众中来,到群众中去"的方针政策,任何脱离群众生产生活,把遗产当遗体来供养的做法都将失去意义。

八是抢救故里文化——以信史代民俗。民俗是约定俗成的,然而历史上并不一定真有其人其事。民俗人物的故里也可能以信史的研究将民俗引入它途。

尽管文化软实力最先提出是国家战略之需要,但在区域竞争日益激烈的今天,谁先重视并加大文化软实力建设,谁就会走在发展的前列,从而迅速形成聚众效应和裂变效应。四川地处祖国的大西南,自古就有"天府之国"的美誉。一方面四川全省的文化软实力建设要放在两个文明(即泛义的黄河文明和长江文明)乃至世界文明的大格局中来定位,另一方面,四川全省的文化软实力建设要依托巴蜀文明传统文化的地域特色来思考,深刻挖掘巴蜀文化的内涵,形成自己独有的符号和标签,形成自己具有鲜明地域特色的文化事业和产业集群,形成聚众效应和裂变效应,让"软实力硬起来",提升地方文化软实力,实现区域文化经济的协调、可持续发展。

从古代田园诗,到田园生活,到现代田园牧歌文化的建设,贯穿着中国人一脉相承的诗意栖息的追求。从古代出世到现代入世的转变,是以现代农业产业为支撑的现代田园生活时

图 6-2　盐亭岐伯祭祀仪式

代的到来，从而建设出具有时代精神的现代田园牧歌文化。

乡村文化的区域特征，是乡村具有独特吸引力的来源，这要求我们在涉农项目的开发中要更多往内看，去寻找我们有什么。我们认为，从田园牧歌理论去寻找，就是提高地域的文化软实力。

传统文化资源是各地区的无形金矿和特殊的庄稼。把传统文化资源作为各地区无形的金矿，是指各地区传统文化资源能变成现实的生产力，给当地带来源源不断的财富和可持续性发展的巨大宝藏。把传统文化当作特殊的庄稼，是指伴随着农业文明的繁衍，传统文化是在各地区特殊的地脉基础上形成的文脉的一切特征的综合体。这些文化资源作为当地特殊的庄稼，是生产特殊粮食——精神文明的庄稼。但是现实情况是，地方文化系统尚未从"庄稼"的层面去研究。传统文化中，除了儒释道等传统文化和诗词、戏剧等极富格律的经典文化（规范文化）外，那就是由老百姓自发创造的文化——民间文化。民间文化是相对于经典文化而言的，是老百姓自己创造的文化，是植根于民间，和百姓的生活息息相关的文化，具有一定的传承性和程式性，有很强的民间影响力。近些年提出的非物质文化遗产，就是民间文化精华的体现，更是应对"城市化"进程和民间文化个性丢失的现状而提出的挽救民间文化，保持民族、区域个性的重要步骤。

非物质文化遗产，是和老百姓生活息息相关的文化资源，是牵动百姓生产、生活的重要元素。一项非物质文化遗产可能就是一个百年老店。笔者在遂宁打造观音文化的时候，曾经和一位著名的上市公司的老总开玩笑说："你的企业资金上百亿，但一百年后你的企业在不在就不知道了。但观音文化百年后仍将继续存在，并且对地方的贡献及影响力会与日俱增。"所以，一项非物质文化遗产，可能就是一个产业链、产业群，甚至大于一个上市企业。从这个意义上说，传统文化资源是无形的金矿和特殊的庄稼，是各地社会经济发展的重要引擎和载体。

2019年甘肃陇西邀我去陇西考察，我被陇西文旅资源的丰富、更被这里呈现的中华文化的璀璨惊呆了。这里有8000年前的彩陶，这里是唐王朝李氏的发源地，为此我激动万分，做了一个发言，对陇西的发展做了一些建议，如下：

图 6-3　陇西鼓楼

图 6-4　陇西威远楼

关于陇西文旅转型升位融合发展的思考

作为文旅方面的工作者，我在全国跑了很多地方，应该说不容易激动了，但今天看了陇西依然很激动，这是我内心的真实想法，我有话要说。

我发言的题目是"关于陇西文旅转型升位融合发展的思考"。

从八千年前的仰韶文化、马家窑彩陶文化，到四千年前左右青铜时代的齐家文化，到秦时明月的长城文化，到汉时的砖文化，到大唐开国天子的李家文化，到宋雕名城，到刘墉仇英于右任的书画墨宝，这一路看来，珍宝不断、感动连篇，我分明感到这是一座黄河之源的、有远古回声的城市，这是一座在丝路上有着深厚文化传承的城市，这是一座资源金矿刚刚露出端倪尚未开发的城市，这是一座将大有作为的城市，具体的我觉得可以在以下几个字上做文章，就是"高、大、强、活"四个字。

一、高——我们要做高，高举黄河之源的绿色发展旗帜

1.它是在黄河之源渭水流域的绿色经济强县。这个绿色经济强县就把我们的中医药材加进去了，就把我们的生态保护加进去了，就把我们的文化、科技的发展理念加进去了，但是，它是一个强县，需要强

在一个产业的支撑。

2. 它是一个在国内知名的文化旅游县。我们现在已经有了天下全国的东西，但我们在成都还不怎么知道，那么，要把已经定了的品牌变为国内知名的文化旅游的县。

3. 它要变成黄河之源最具光彩的田园城市，就要把它"激发"起来。我们知道，在甘肃敦煌古丝路有很多的宝贝，文明一大堆，但沉睡的不少，核心在于没有"激发"起来，只要我们抓住了"激发"两个字，那么我们就有了超越敦煌的路径和成果，我们就会真正地成为强县、名县。我们要用"田园城市"概念，因为我们这里是县的行政辖区，但是是市的格局，这样一个"田园城市"是一个宜居宜游的城市，是要让市上的人都要来居住的城市，它要成为山东的青岛、四川的遂宁。在这样一个"田园城市"的建设中，我们要考虑到生态的非城市化，即城市绿化的树木应该有花香、果香，在花果下居住，打造一种"陇上江南"的田园感觉，于是乎，就成了"最美绿色屏障"。我们把"最美绿色屏障"的保护功能，转变成了三张长卷：生态长卷、生活长卷、产业长卷。生态长卷，即满足了保护功能；生活长卷，即居民生活的美丽田园城市；产业长卷，即产值。

二、大——我们要做大 GDP，做大财政收益，这

就是发改局关心的需要一个大的项目库

1. 大名片。做大中药名片,做大李氏名片,做大城市名片,三张城市名片要亮出来。

2. 大产业。第一个大产业是中医药产业。把单纯的中医药种植交易变成一个产业,变成一个旅游的欣赏、健康的预防、中医药的治疗、旅游的康养和中医的康复,将赏、预、疗、康、养五大板块全面拉开,形成一个五位一体的、跨越一二三产业,尤其是形成农业产业和创意产业相融合的中医药产业。

第二个是"李氏"这张牌,在名气大的同时也要追求产业大。李家的酒产业、文创产业不够大,李家(如李时珍)的中医药融合产业不够大,还可以做大;李唐王朝的融合还不够大,这里面的文旅产业还有很多值得思考的空间。把李氏的宗亲会变成一个国家级的大产业集群,这次时间短,没做深度研究,但我推

图 6-5　陇西国家中医药博览会

测这样一个产业集群不会低于一百至三百个亿。

三、强——在项目库中要做强、做实一些项目

1. 药旅产业。中药和旅游要形成一个AAAA级以上的旅游景区，要形成一个观光欣赏，在中药材里面呼吸、打坐、禅修、交流，在空气的芬芳中感受中药材旅游景区。

2. 水旅融合。水是一种文化，中国的道家产生于水，水流万物而不争，水就是一种爱的文化，是一种奉献文化，水是一种奔流不息的文化，中华民族的文化都在水里面。因此，在水旅融合的项目上至少要思考"渭河画廊"。渭河画廊要把水、湿地、农业、远古文创、商业休闲街区、地产运作整个形成一个有生态、有田园、有文化IP、有产业的黄河源头最美渭河画廊。

除了渭河，还可以对山地周边的一些水库进行"水

图6-6 甘肃陇西李氏故里：天下李氏出陇西

图 6-7　陇西渭河河道

旅融合",打造一些小景点,打造国家水利部提出的"把水的功能化变为水的景观化和产业化"建设思路的示范城市。现在,简单硬化式的水资源利用已经落后,这一项我们要做在前面。

3.城旅融合。这个"城"是秦长城,融合秦长城和传统的古村落、渭河的梯田。我们设想假如在秦长城上插着古代的旗帜,在风中飘动,假如我们能在原始的古村落里生活,假如能在层层梯田上有目的地种出不同颜色的作物,那么"秦长城艺术古村落影视基地"就出来了,既可以申报国家古村落保护项目,又可以拍摄大规模的、场面宏大的影视剧,而且还可以打造"古城墙下种的粮食"这一农产品品牌。秦长城见证了几千年的烽火,将它与古村落相融合,这既是农耕文化,也是边塞文化、黄河文化的最好体现。

4.陇西堂。其完全有条件成为国家文化产业园区,

图 6-8　陇西战国秦长城遗址

图 6-9　陇西堂

成为国家级 AAAAA 景区。陇西堂的感觉，就和北京的恭王府、长安芙蓉园相类似，它可以连接长安，如果做好李唐的文章，可以将它和大唐芙蓉园结为姊妹的产业园。

5. 彩陶文化街、彩陶文化园。让做彩陶成为一种行业，至少培养一千人做彩陶，最后发展到一万人以上。雅安黑陶可以挑战紫砂,当今时代流行黑陶,黑代表了美学意义的庄严;但彩陶有更好的前景,将彩陶元素运用到街道建设,要在街道中看到彩陶纹路、陶片,感受彩陶的文化、彩陶的温度。另外建立彩陶文化园,在文化园建立多个文创企业,设置文创研究生基地、博士生基地。

这种彩陶让我们既看到了远古人的文化审美,又看到了像梵高画作那般旋转的、动感的美。这让我感到惊讶,为什么几千年来人们的审美都如此相通?原来美是可以跨越时空的,虽然古人不懂何谓现当代艺术,但是他们都会把花朵和水纹有机融合,以各种方式实实在在地描摹它。它是头脑中的一种形象,它是一种真诚的崇拜,原来,艺术来源于真诚,几千年前如此,现在也如此,只要你真诚,那你永远都是时尚

图6-10 陇西彩陶

图 6-11 陇西仁寿山

的。所以,彩陶是时尚的彩陶,也是古典的彩陶。

6.做好"李氏"和农业的融合,在每一个丰收节要做好"李氏"文章。据说,"李氏"的"李"与水果李子有关,倘若果真如此,则融合"李氏"与李子——"陇西李家,李氏自己的水果",可不可以卖给天下姓李的?"李氏李子,感受祖宗的味道。"在各个渠道进行宣传推广销售。这块农业品牌,可以思考。

7.做好红色旅游。陇西安家山,红军西路军在这里驻扎40多天,徐向前总指挥把指挥部设在文峰山的广泉寺30多天,建立了第一个陇西苏维埃政权,留下来西路军的很多珍贵遗迹。要充分利用国家建设长征国家文化公园的契机,将陇西融入进去,讲好红军故事,开发出系列红色文创产品,打好红色牌。

8.林旅融合。将火焰山和仁寿山纳入规划，这两座山要做林旅的融合，不要怕一个五年做不出来，"十四五"动起来，可以延伸到"十五五"，我们今后来的时候，山上都绿了，天下姓李的都来种棵树，都在渭河边上植棵树（戈壁滩上都可以绿化，它还缺水，我们山下就是水，虽然成本高一点）。我们可以直接对接省农大、农科院等科研院校作为科研项目，让山变绿起来，让山美起来了，这样它就成为城市的屏障，成为黄河岸边绿化和美化的奇迹。

四、活——让陇西的资源活起来

活，人才活力，市场活力，人气活力，开放活力。激活存量，裂变增量。活力是发展热土的创造力，是康养乐土的魅力，是渭河画廊旅游热土的凝聚力。

1.将大专院校变为职业学院，提升城市的人才比例，培养自己的人才，把人才真正留下来。

2.思考"李氏"的世界华人节，尤其与长安李氏对接互动，也可和采摘李子的农耕节结合起来。

3.唱响黄河的民歌艺术节。我感觉陕西的民歌已经很响了，也会偶尔听到青海的花儿，但甘肃这边说文化很兴盛、音乐做得好的城市还没感觉到。黄河民歌本来有名，假如黄河民歌节在我们渭河边唱起来了，我们就有声音。实际上文化馆组织一下，每个周末组织一些人在渭河边唱民歌，坚持下去就能形成我

图 6-12　陇西黄河之源，华能公司送文化下基层

们的民俗；每年可以在李氏大舞台也再唱起来，就自然形成了渭河的民歌艺术节，这个歌声就为我们陇西插上了飞腾的翅膀。

4.现有的药材博览会，可以与日本多交流，与日本方面的汉方汉药交流结合，形成"中日国际药材博览会"，打造国际化品牌。

5.夜晚文化。在渭水岸边、文化主题街区旁边的夜光杯，在古码头，结合彩陶和彩色灯光，配合葡萄酒、夜晚的音乐，打造一条知名街区。

6.打造彩陶艺术节，应马上开展，迅速占领高度，一届两届坚持下去，形成品牌，甚至可以成为国家级品牌。

最后，今天很感动，写了一首诗，表示我的心情。

陇西行

威名远扬巩昌城，天下李氏源此根。

彩陶绚烂八千岁，渭水长流万古声。

在陇西，我感受到了中华文化的博大，如何弘扬和继承中华文化优秀传统，也是我们现代田园牧歌的重要内容。

第二节　城乡结合文化范例：李杜祠诗意社区

在中国漫长的发展过程中，乡村和城市的区别没有现代社会这么明显和突出，生活方式和习惯大体相同。中国古代的城市是由乡村村落发展而来，城市作为政治经济文化的区域中心人口相对聚集。城，有较强的军事防御功能；市，是农产品、手工业品及其他物品的集中交换场所。从发展看，先有城后有市，有较为集中的商业店铺，有较多的手工作坊和手艺匠人，大多数城市（不含特大城市和省区中心城市）其普通居民与乡村农民除职业有相对差异外，其农耕文化的生活形态基本相近，日出而作，日落而息。在古代中国，占人口绝大多数的是农民。到了近现代，随着工业水平提高、经济的发展和观念的变化，城市与乡村出现了巨大的差异，城市居民与农民有着显著的区别。特别是改革开放以后，城市的发展突飞猛进，乡村的发展相对城市而言是缓慢的、滞后的。

过去的几十年，随着中国经济的迅猛发展，城市得到了快速的提升，人口从乡村向城市集聚，进入到了城镇化的时代。在市场经济的城市虹吸效应与城乡二元体制的政策安排之下，城乡关系逐渐走向失衡。巨大的经济推动效益让迅速发展的城市占据了人们的目光，我们对城市的创造与发展路径驾轻就熟。但是我们的城市发展经历的是一个"从无到有"的过程，彼时的开发建设几乎是在一张白纸上肆意挥洒。即使面对旧城改造，因为有了大规模拆迁的兜底，主导者依然可以延续这种"任性"的发展模式。其次，城市最主要的功能是为人提供居住、服务等，这些功能具有一定的标准性，例如容积率、绿化比例、配套设施安排、道路宽度的考量等等，只要按照这个标准就可以创造一个满足功能的城市空间。城市是工业文明的结晶，工业文明的内涵就是标准化与规模化。城市开发建设标准的存在，在一定程度上造成了同质化，也就形成了城市开发建设的"可复制性"。政府与企业等发展主体为了追求效率与收益，在城市开发建设中大量地采取"粘贴、复制"的方式，造成很多城市新区都一个样的"千城一面"。"任性的复制"成了城市发展的惯性。

中国的城市，每个城市都有自己的历史，都是由乡村村落慢慢发展起来的，在漫长的发展过程中，都有自己的独特的文化记忆，这是城市的独特个性。城市的建设开发重点应该在于其传承的历史文化，通过历史文化构成建设的重点，让历史文化成为城市建设的重要一环。我们在规划中时刻牢记这样的原

图 6-13　全国独一无二的李白杜甫合祠——李杜祠

则,通过对城市的历史文化再现,在这些基础上的延伸和打造,凸显出城市独有的品格和魅力。

　　城市的主体是城市居民,城市居民的文化性格是与其生活城市的发展历史密切相关的。城市的历史就是城中居民的生活故事,他们在平凡的日常生活中创造历史,在默默无闻中推动社会的发展。每个城市都有自己的历史故事,都有自己的辉煌,历史故事离不开历史人物,这些历史人物用才情、用牺牲奉献、用科技成就等等推动了社会发展,带给城市历史荣耀,给城市烙下不可磨灭的印痕,塑造了城市的永久的光环。田园牧歌理论揭示,城市的文化建设实际上就是利用曾经的城市故事,通过情境塑造,再现历史人物及其场景,恢复和再现城市的历史荣光,打造能够打动人心的"生活场",为城市居民在城市的喧嚣、忙碌、浮躁中,创造一片心灵的绿荫,为远方来客再现城市的骄傲。

　　近年来我们扎根绵阳李杜祠社区,推动社区牵手"山水禾农庄"进行城乡融合实践。

图6-14 李杜祠社区志愿者服务

富乐街道办处于游仙区的城乡接合部,辖区内既有城市社区——李杜祠社区、仙人路社区等,也有沈家坝农民拆迁社区。文化资源丰富,有全国唯一的李白、杜甫的共同祠堂李杜祠、珍稀的汉代平阳府君阙、丰富的三国文化、现代军工的红色记忆等文化资源,也有富乐山优美的风光、芙蓉溪旖旎的景色、悠久的历史故事。

尤其是辖区内的李杜祠是全国独一无二"诗仙诗圣"同在一起的祠堂。该祠堂建于1901年,距今一百多年。由于诗仙诗圣同在一祠,李白潇洒飘逸、激情豪迈,杜甫一生困顿、忧国忧民,他们的诗歌已经跨越古今,融进了中华文化的血液,生生不息;为此吸引了全世界无数的文人墨客来此参拜,据不完全统计,全国著名诗人就有20多位来此凭吊,他们被浓郁的历史文化氛围迷住,在此长住,流连不去。由于李杜祠具备了国家级的文物价值,李杜两人又代表了中国诗歌的最高成就,我们通过把李杜祠社区整体打造成中国诗意社区,创造出一个全国有影响力的社区文化精品,辐射乡村,带动乡村的

图 6-15 烟波柳堤

文化发展。

一、总体思路

总体打造李杜祠社区的思路是深入挖掘本地的文化资源，核心是中华文化中最瑰丽的唐诗代表人物李白、杜甫的诗歌，用诗歌的美、诗歌的意境、诗歌的影响，打造具有诗意环境、诗意产业、诗意生活形态的诗意社区；目标是通过诗意社区的打造，为社区居民创建充满诗情画意、充满想象、充满昂扬向上精神的生活场景、生活方式的幸福社区，为文化创新社会治理提供一个蓝本。

具体的举措是：以"四个一"为抓手，创建立体、全景式的"诗意社区"，将李杜祠作为诗意文化母体，打造一个文化核心；以芙蓉溪涪江入口断柳堤与墙面为载体，打造一条诗歌长廊；以现代商业综合体为载体打造一个现代诗意文化商业地标；以富乐中小学为依托，打造一张诗意校园品牌；以"琴棋书画诗酒茶花"八大诗意元素为重点，扶持街道、社区的集体和民营文化产业，开发出多种类的文化创意产品，打造中国艺术产业孵化区；结合游仙区建设"信义游仙"，诗贵真情，打造李杜祠社区"信义社区"的文化品牌，诗意栖居，创造社区居民满意的幸福社区。

二、实施路径

（一）芙蓉溪柳堤诗歌走廊

1. 烟波柳堤

整理芙蓉溪滨河长廊上的植物系统，种植优质柳树及配套花草植物，对滨河堤岸进行柔化、美化处理，形成绿色生态柳堤，以此来营造"十里烟波柳堤"的诗意氛围以及静怡、古味、闲适的河岸空间氛围。

根据实际情况，可以按照"诗歌里的节气"或者"诗歌里的四季"等等主题，以诗歌主题为引领，配合小广场以及配套景观小品对河堤道路进行统一主题下的分段景观打造，在柳树左右掩映的草坡及休憩空间通过布置条石、木台、亭台等设施，形成可供市民阅读、休憩、交流的场所。

2. 诗卷长廊

将滨河堤的临街墙面进行整理、打造和提升，结合现代排版理念，通过字体的大小、变形来增加文字的韵律感，呈现形态上可以模仿古代书卷摊开的画面形式，以浮雕、篆刻的技术刻上符合社会主义核心价值观的"李杜"诗词，让整个滨河堤墙面成为一本"开卷有益"的李杜诗歌长卷,让人行走在诗中,让行人驻足观诗,情不自禁地呢喃诗句,让滨河堤岸萦绕在诗声朗诵中。

(二)诗意街区

1. 文化墙

为提升社区风貌,将社区巷子的墙面进行翻新,以"李杜"诗书文化为主题引领,打造诗意社区文化墙。

各个巷子的文化墙在贯穿诗书文化的同时可以有相对独立的主题,不仅仅可以展现李杜为代表的传统诗词,更可以结合"富乐诗社"的打造、诗意校园的打造,充分发挥本区的文化优势、诗人优势,调动本地居民的积极性,让本地居民、本土诗人的作品"上墙",增强本地文化的参与感与获得感。

本地诗作的上墙可以通过召开"一年一度"的"富乐诗社"年会、评选会的方式,由本地居民评选出作品,进行上墙"展示",也可以联合富乐校园,让孩子在老师的指导下,创作诗书画作品,选择优秀作品上墙。

文化墙的形态有多种形式,可吸纳照片墙、3D立体画、立体浮雕、宣传刊板等形式。

2. 生态营造

小区是相对独立的封闭环境,但生态没有墙内墙外之分。诗书文化包含自然文化,诗意社区需要生态气息。可以协调、鼓励各小区在临巷、临街面种植高大、攀爬的绿色植物,如竹子、爬山虎等等,将绿色植物透出小区围墙,让巷口街道充满

图 6-16　诗卷长廊

图 6-17　文化墙之一　　　　图 6-18　文化墙之二

植物的生机。

3. 诗意便民景观

诗意社区不是浪漫的空想，而是生活的浪漫情怀。在街区景观的选择、打造上，尽量避免纯景观化，而代之以具有使用功能的基础设施。例如增加路灯和垃圾桶，改造路灯和垃圾桶的形态，让路灯变成灯笼、竹简、毛笔等等形态，既方便了居

图 6-19 更具趣味性的 3D 文化墙之"牧童"

民照明,又增强了文化氛围。

在文化墙下适当增设可供老年人娱乐休憩,孩子放学看书、做作业的凳子与桌子,在形态上可以选择大理石的材质将桌面设计成书卷,让便民设施成为文化景观。

(三)诗意产业

1. 打造"李杜"+乡村的城乡融合区

诗意社区要培育诗意产业,目前社区中产业多以粗放、无序发展的低端餐饮茶楼为主,文化氛围不浓、品位和档次不高。要改变产业现状,需要政府进行有计划的引导。例如,以"富乐诗社"的创建为抓手,在李杜祠核心范围内,通过"政府搭台、文人主导、社会助力"的方式,打造一个集交流展示、教育培训、休闲品茗为一体的富乐诗书协会形象门店,以此树立李杜文创产业的标杆。将李杜祠社区与新桥山水禾农庄融合,让村民与市民牵手,用文化包装农业。

在全面业态的布局上,引进和培育一批围绕"琴棋书画诗

图 6-20　毛笔造型路灯，增强诗书文化感　　图 6-21　唐风汉韵户外垃圾箱，增强诗歌文化氛围

酒茶"文化元素的在音乐文化培训、书店、古董店、文创工作室、文创产品店等等领域内有实力、有情怀的商家，通过有选择的市场化方式，例如组织成立文创产业协会、组织评选星级李杜商家、出台相应优惠激励措施的方式，逐步实现"良币驱逐劣币"的市场有序发展，通过系统布局与行业协同发展，力争创造出具有市场影响力的"李杜"文化品牌与"李杜"文化产业园区。用李杜文化在山水禾开发主题文化餐馆"游仙故事"，开发李白系列休闲牛肉，开发传统非遗养生美容保健村社服务，开发李白杜甫藤椒酱，开发城乡儿童田园牧歌研学基地。目前"游仙故事"、李白牛肉等项目已成为城乡生产生活纽带。

图 6-22　可以镌刻诗句的桌椅组合

2. 商社共建、打造诗意文化商圈

将区内已成熟并投入运营的商业体纳入"诗意社区"整体打造当中，通过各式激励手段增强大商业、大商户的社区文化共建意识，建议"商场、酒店"在公共区域提升文化元素景观的打造，紧紧围绕李杜诗书文化，打造诗书文化活动广场、诗书文化大堂、诗书文化主题餐饮装修风格、诗书文化主题酒店房间等等，形成"诗意社区"文化合力效应。

着力提升商业体的社区文化共生意识，引导商业体开放更多公共区域，积极参与到社区文化的建设当中，例如在商业体外围广场免费为群众文化活动搭建舞台，通过"赞助、冠名"的方式举办、协办"新年"诗歌朗诵会等等多种模式，让商业的发展与社区的文化共同繁荣。

（四）诗意校园

校园是诗意文化的摇篮，是营造"诗意社区"的重要载体。在"诗意社区"的构建中，更应该积极引导学校参与其

图 6-23　李杜祠和山水禾的书法联谊

中,用诗歌打通学校与社区的围墙。

在具体路径上,可以依托"富乐诗社",将诗歌带进校园,开展"诗书进校园"系列活动,利用第二课堂、课外时间,为学生开设诗词赏析课程、开展诗词创作大赛等等教学活动,培养学生的诗词兴趣,提高学生的诗词鉴赏能力,更可以启迪学生的诗书创作热情,发掘有诗歌创作理想和才华的学生,有组织地向外推出富乐小诗人。

同时,也可以让校园的诗意走出去,走进乡村、走进自然,结合自然教育,开展课堂外的现场教学活动,让同学们在春天走上河堤,沐浴在和煦的春日里学习《咏柳》,在秋天落叶的田野里学习《秋思》等等;让同学们加入或组成"富乐志愿者队伍"参与到社区文化墙的创作与维护中;以诗歌为桥梁,打通校园与社区、学校与乡村,常态化开展"为老人读

图 6-24　山水禾农庄亲子农耕活动

书""为盲人读书"等等活动，让诗歌成为爱心与奉献的载体，从而让诗歌文化成为富乐校园的特色名片，将富乐校园打造为"诗意校园"。

（五）诗意社区与诗意乡村

"诗意社区"的落脚点是人的诗意栖息，是以诗歌文化增强居民的生活幸福感，提高社区认同感和向心力。诗意乡村是李杜诗意在田园的再现。

"诗意社区"的构建需要有组织与人来共同推动。富乐街道可以在街道办事处下设"诗意社区"工作办公室，协同社会各界的力量，统筹辖区各组织，汇聚合力，共建"诗意社区"。在工作办公室的统领下，通过政府购买服务的方式，引进专业社会组织进入社区，在专业社会组织的帮助下孵化社区自身组织，成立"干部+文化队伍+志愿者+居民"的常态管理模式，在每个诗意景观节点，安排专人负责日常看护和修复工作。

(六) 城乡共建共享

由于处于城乡接合部,社区居民大部分为城市居民,也有部分为在城市打工的农民。通过与周边乡村的共建,形成诗意街区+诗意乡村,逐渐打破城乡壁垒;通过共同举办诗意活动、创办文化产业,共享李杜影响力,共享充满诗意的田园牧歌。

目前乡村的田园牧歌活动也是每月一次,乡村田园诗歌创作成为人民的生活常态。

第三节 新都区乡村文化振兴战略实践

当前,我国城市化正处在加速推进时期,城市化为乡村旅游带来了前所未有的机遇,然而机遇与挑战并存,在城市化的过程中对乡村旅游资源的破坏和损害的例子也很多。如贵州某县的县级文物保护单位——龙家民居一夜被拆,江苏某市的市级文物保护单位——牛市古民居因野蛮施工被损毁等等。这种由于城镇化建设的需要而拆掉古民居等建筑的现象在城市化过程中不断上演。更甚的是对某一区域内整个乡村的拆除,让乡村不复存在。例如有"中原第一文物古村落"之称的马固村为配合某产业园建设,全村整体迁移,让占地500余亩的千年古村落变成一片黄土和废墟。

城市化进程中乡村地区受到破坏的不只是我们能直观感受

到的物质文化景观。同时,城市的所谓"现代文明"是一种在市场经济条件下特别强势的文化,对乡村传统文化的冲击和消解也是不容忽视的。现在,以土地为依赖,以农耕生产方式为支撑,以血缘地缘关系为经纬的传统乡村社会面临解构的困境。人们不再主要依靠土地和农业生产经营来维持生计。人口城镇化和职业非农化,使得乡村空心化现象越来越严重。这一切都提醒我们,城市化可能带给乡村资源重大的破坏。这应当引起人们的反思和警惕。享受现代文明带来的更高生活水平与保护和传承乡村文化的平衡是一个需要长期探索的课题。

乡村的发展基础与城市面临的情况区别巨大。可以说乡村脆弱的生态、薄弱的产业、烦琐的乡风习俗与独特的生活形态都让乡村发展面临的情况更为复杂。乡村是一个具有独特性质的系统,系统内的社会、文化、经济、政治、生态因子相互影响,相互作用。因此,乡村的发展路径不能套版城市建设,更不能简单复制"它山之石",而要探索出一条能适应乡村复杂情况的路径。

我们在四川省成都市新都区的乡村振兴文化规划中就曾充分关注了在乡村振兴中城市与乡村的各个要素的充分协调和衔接,充分展现了乡村作为系统的各个因子的相互作用、相互促进,并在平衡享受现代文明带来的更高生活水平与保护和传承乡村文化这个需要长期探索的课题上进行了探索和尝试。

新都历史悠久,建制于春秋末期,距今近2800年历史,是省级历史文化名城,有宝光寺和升庵桂湖两处国家级重点文

图 6-25　在新都木兰举办的田园牧歌四川名家国画展

保单位。始建于东汉的宝光寺位列"长江流域四大佛教丛林"之一,"西蜀第一湖"升庵桂湖是明代状元、大学士杨升庵的祖居。宝光桂湖文化旅游区已列为国家级 AAAA 景区,全区有不可移动文物保护单位(点)430 处,其中国保单位 2 处,省保单位 4 处,区保单位 9 处;有国家级非物质文化遗产保护项目 1 个,省级非物质文化遗产保护项目 1 个,市级非物质文化遗产保护项目 7 个,县级非物质文化遗产保护项目 2 个;省级非物质文化遗产代表性传承人 3 个,市级非物质文化遗产代表性传承人 6 个。

　　新都文化浓郁,厚土溢香,丰富的文化遗产与可贵的人文传统让新都人崇尚文化,并将自然与历史、人文与现代城市相融合,凝练出了新都独具特色的文化品牌。

　　1. 农耕民俗文化:新都北星干道地处成都平原百里长轴,毗河灌溉滋润,水旱从人,土地肥沃,形成悠久农耕文化。

"中国汉代第一俑"东汉击鼓说唱俑、马家战国蜀王墓见证了古蜀文明的悠久历史;棕编等川西民间传统手工技艺、马家"三月三"民俗文化至今经久不衰,传承了川西古蜀人的生活画卷;宝光寺的鼎盛香火点燃的是川人对美好生活的向往;作为南丝绸之路起点的新都是天府文化的重要组成部分。

2. 历史名人文化:新都不新,古蜀三都,2800年"城名未改、城址未变";新都不老,浪淘尽多少英雄。杨廷和是明代政治家,杨升庵作为四川在明清唯一状元入选"四川省十大历史名人",艾芜是著名的中国现当代作家、爱国诗人。新都的文化名人为历史底蕴深厚的新都增添了独特的人文气质,散发着诗书的墨香。

3. 自然生态文化:新都区位于四川盆地西部,位于成都市中心区的上风向,是重要通风廊道。区内水网密布,水系发达,生态环境良好,动植物资源丰富,五龙山、木兰山构建起了新都"绿色生态屏障",毗河、清白江生态水系发展成为新都特色鲜明的"生态水文体系",以桂湖、东湖为基础形成了新都"城市生态园林系统"。新都耕地资源丰富,耕地面积约40余万亩,占全区土地面积的54.6%。独特的生态本底为新都的文化增添了山青水绿的底色,为新都乡村振兴的可持续发展、绿色发展营造了优美的生态环境。

4. 现代创意文化:随着"成都国际友城青年音乐周"新都区分会场音乐活动的举办、多届的"热波(成都)国际音乐节"的连续举办、常态亲民的"快乐周末·百姓舞台"文化品牌活动的开展以及从新都走出去的音乐文化名人的不断走红，新都区形成了参与性较强的音乐文化氛围。在成都市提出建设西部文创中心与中国音乐之都之后，《成都市人民政府关于支持音乐产业发展的意见》更是进一步明确要求，"城北依托四川音乐学院（新都校区）、凤凰山公园和保利198音乐公园，建设音乐产业集聚区和音乐主体公园"。新都依托四川音乐学院、西南石油大学在区高校以及四川传媒大学等毗邻高校资源，整合新都人才、品牌、资源优势，大力推动了产学研的对接，展开了全面的战略合作，将音乐产业作为文化创意产业的发展重点，把握大势，顺势而为，正在形成以音乐为主题的，具有城市精神气质的现代创意文化。

在实施路径方面，进一步优化文化关联产业布局体系，依托新都区独特资源本底，以市场需求为导向，深入推进文化产业与旅游等相关产业融合发展，培育新业态、新产品，推动文化产业结构升级、供给升级、规模升级，提升文化产业竞争力、支撑力、辐射力，以新都区文化产业的大发展，增强新都区乡村文化自身造血能力。

一、龙桥镇——特色宠物生活小镇

深度扩展"保护黑熊"背后所蕴含的爱心文化，将对黑熊的爱延伸到人类对动物、对自然的爱。以"黑熊自然保护基地"为中心，打造中西部唯一的以宠物为特色的主题小镇。

在产业形态上，"爱宠小镇"可发展宠物用品产业，并以此为核心，融合发展休闲旅游业。建设宠物客栈、宠物培训基地和秀场、宠物主题游乐园等宠物主题旅游项目。在产业项目上可包含宠物用品小微园、宠物用品生产示范园、宠物用品科创园等创新平台，为新都特色小镇发展增添新亮点，提升新形象，吸引新客流。

在打造路径上，与相关的宠物行业协会合作，通过举办宠物相关赛事，例如宠物选美比赛、宠物运动比赛迅速吸引市场人群的关注。再通过"遛狗公园""宠物民宿""宠物咖啡厅"等相关主题基础设施的打造，为爱宠人士及其宠物提供既可供宠物游憩，更可提供宠物照料、喂食服务，让爱宠人士也可获得放松、社交的旅游生活目的地。

发展园区经济，构架"川工家具"品牌：发展园区经济，开展工业旅游。打破行政区域界限，传承发扬新都家具的"匠心精神"，整体化打造新都区"川工家具产业园区"，以行业协会为运作机制，培育家具行业龙头企业，依托现有的家具厂房，以二三产业联动的方式，开发川工家具主题工业旅游，规划打造集生产、展览、游览、体验于一体的"川工家具文化主题园"，普及川工家具知识，展示川工家具生产过程，让游人参与其中，打造"川工家具品牌"。

发展定制家具电子商务。通过企业合并整合、行业协会+龙头企业的运行机制，实现家具行业的转型升级。树立"互联网+"思维，注重对大数据的运用，提升家具设计、邮购、品牌研发能力，大力推进传统售卖家具向定制家具转型升级、功能家具向智能家具转型升级。一方面，以工业旅游为渠道，实现体验向订单的转换；另一方面，通过"互联网"营销中心的设立，大力扩展定制家具电子商务。

"会展＋旅游"。以行业协会协调各家具企业，引进或培育专业的会展策划经营团队，结合各种节日热点组织开展形态多样的家具展会（例如新春家具展会），面向大成都市场进行营销投放，以合力的方式提高新都家具城在成都市场的知名度，通过展会迅速聚集市场人气，结合家具园区，开发"展会＋园区＋旅游"的体验线路。

二、斑竹园镇——打造音乐田园风情小镇

借势新都区"天府文化音乐文创中心"创建行动，依托斑竹园的广阔田园林盘资源本底，以"三河村"为中心，以"音乐·田园·生活"为主题品牌，通过休闲设施音乐主题景观化（例如乐器造型的休闲椅）、房屋风貌改造音乐主题景观化（例如音符主题景观墙）及音乐主题节点打造措施（例如田园露天音乐舞台）等手段，全域化渗透乡村音乐文化主题，形成斑竹园镇全域空间乡村音乐景观化的格局，将斑竹园镇打造为中国最具"音乐气质"的特色小镇。

积极推广集"聆听乡村音乐、欣赏田园风光、销售绿色蔬果、品尝品质美食、体验舒适生活"等丰富体验于一体的高品位"乡村田园咖啡厅"，走精品化路线，将其做成斑竹园独特的风景线。

以全域音乐主题景观化为背景、以精品"乡村田园咖啡"为承载项目极致化营造"音乐小镇"氛围，以"田园＋咖啡

+音乐+生活"的策略组合为独特市场定位，目标客户瞄准大成都范围的大众客户群体，为都市家庭提供周末休闲、放松、亲子、会朋新去处，以舒缓的乡村音乐、悠然的田园风光、高品位的"乡村田园咖啡厅"、绿色蔬菜瓜果为游客提供放松身心、悠闲生活的体验，以此打造大成都周末30小时旅游经济产业生态圈。

进一步延伸"乡村音乐"文创品牌链条，开发系列主题田园露天音乐节，以斑竹园镇的田园林盘为舞台，引进专业演绎公司策划运营，探索乡村田园主题音乐会、原创歌手音乐会、节庆音乐会等等，进一步丰富斑竹园"音乐小镇"的品牌内涵。

"音乐+农业"，提高农业产品附加值：进一步拓展"乡村音乐"品牌外延，以"音乐文创+农业生产"为理念，将"乡村音乐"从旅游扩展到农业生产，升级斑竹园镇现有的新都蔬果生产体系，实验性地创造音乐培育蔬果的现代化农业生产园（花香果居），开放音乐培育生产过程，邀请游人参观、参与其中，引进文创设计团队，以创意升级果蔬品牌包装设计。

促进"乡村田园咖啡厅"和"音乐农场"的互动共融，加强"音乐果蔬"宣传，逐步建立新都斑竹园"音乐果蔬"品牌，使其成为高品质果蔬的代名词，为新都果蔬增加品牌附加值，将斑竹园"乡村音乐"文创主题发挥到极致。

以"足球"带动乡村旅游：常态化继续举办三河村"宝袖

杯"青少年足球赛、业余俱乐部足球赛、专业俱乐部交流赛等赛事，吸引周围人士到三河，再利用足球赛事制造的热度，延伸三河足球文化产业链，协同相关足球俱乐部、足球培训机构，依托三河村乡村民宿作为住宿区，开发青少年假期封闭式足球训练营。

三、新繁镇

新繁集厚重的历史沉淀、绚烂的民俗、独特的饮食文化于一身，依托新繁独特文化，进一步挖掘文化内涵，构建集游览、体验、美食消费于一体的特色小城市，将新繁打造成独具特色的"美味小城"。

促进"文旅融合"，建设文化旅游目的地，激活文化底蕴。挖掘新繁名人故事，收集新繁文化典故（例如"清白江"的故事）编制新繁文化故事册，以文化故事册为内容库，借助"二维码"扫码技术、全息投影技术，将文化故事贯穿于旅游体验的始终，增加旅游的文化体验，激活新繁深厚的文化魅力。

依托东湖公园城市核心区，打造兼具唐代文化特色和休闲旅游体验功能的东湖文化商业环廊。以古镇恬静、悠闲的生活方式为主导，在风貌打造的基础上将古蜀文化多元化的诠释融入景观建筑中，将东湖公园与周边建筑进行整体打造，使东湖唐风古韵的园林风格和周围承载城市商业的现代建筑完美融合，汇集购物、餐饮、娱乐、休闲、商务办公等多种业态，将商业融入民居，以生活承载商业，营造出全方位、互动型、体验式的唐代文化特色商业街区。

设计文化旅游线路。核心构建以东湖公园、繁江书院、龙藏寺、观音阁为主的历史文化游线路，加强各个园区之间的交通互通建设；并以东湖文化旅游为核心，积极融入新都桂湖、宝光、广汉三星堆博物馆文化旅游线路，共建共推区域文化旅游路线。

打造"美味小城"：深度挖掘新繁美食资源，着力打造美食品牌。依托新繁著名的"豆瓣抄手""叶儿粑"等小吃开发新繁休闲小吃品牌；以新繁传统宴席菜肴、传统饮食习惯为依托，融入新繁相关文化，开发面向大众的新繁系列美食菜单；发挥新繁高端餐饮人才优势，组织新繁美食餐饮协会。一方面瞄准高端人群，嵌入新繁相关的历史文化，开发系列东湖主题菜品，再现历史人物用餐情景与菜品，将美食与文化充分结合，增强游人的立体式体验；另一方面，通过美食餐饮协会加强新繁美食系列产品的设计开发，规范新繁美食产品的生产与销售，策划组织系列面向市场的"新繁美食节""美食推荐会"、绘制新繁美食地图等营销活动，提升新繁美食口碑，真正建立起新繁的"文化美食品牌"，营造"游在新都、吃在新繁"的市场氛围。协同美食风情街的打造、主题文化美食名店的创建、乡村美食院落的培育、特色美食产品的推出，将新繁打造成为"舌尖上的小镇"、特色美食文化小镇。

四、清流镇

用好清流良好的生态本底与艾芜文化资源，发展泉水果蔬产业、生态康养产业、文创基地产业，将清流打造为区域内最宜居的生态小镇、四川现代文学小镇。

打造清流生态农产品品牌：依托"乌木泉、黄龙泉、佛陀寺泉"天然"三泉"为代表的特色泉水生态资源，将清流梨等农产品与"泉水"文化融为一体，讲好清流泉水培育生态果蔬的产品故事，培育精品农业产品，引进文创团队创意升级"泉水果蔬"包装设计，建立乡村电子商务中心，引进或培育营销团队，积极拓展"泉水果蔬"电子商务销售渠道，用"互联网+"的方式发展现代生态有机农业。

培育提升连片打造集赏花休闲、鲜果采摘、餐饮娱乐于一体的"千亩梨园赏花基地"，构建清流"泉水果蔬"生态农庄品牌，发展具有生态体验功能的乡村旅游业。

打造四川"文创小镇"：以艾芜文化为号召，利用艾芜清流的文化氛围和清流优美的自然环境，由政府主导出台相关优惠政策，完善相关配套设施，搭建文创团队交流平台、文创产品交易平台，建立艺术家院落、文创基地社区、院校实习基地，吸引艺术家工作室、文创团队入驻清流，以环境导向发展文创基地产业，丰富拓展"清流文创"内涵和知名度。

发展健康服务产业：挖掘清流生态文化资源，依托清泉、果蔬、文化资源，依托成都医学院，引进专业健康服务团队，开展高端医疗、健康教育、健康管理、健康养老等服务。统筹医疗服务与养老服务资源，形成规模适宜、功能互补、安全便捷的健康养生养老服务网络。

五、新民

依据田园城市理念,大力保护田园生态资源本底,扩大城镇绿地和休憩场地面积,以特色农业种植为基础,组团式搭配,打造农业观光渗透带,构建新民农产品品牌,以大地艺术为手法,融合农业产业链条,将新民打造为区域内最具土地气息的五彩田园小镇。

——升级扩展产业园。

升级扩展现有农家乐,在葡萄园种植基地开设葡萄种植体验区和葡萄酒制作体验区,创建区域葡萄酒品牌;引进中药种植,在中药种植园种植各种具有药用价值的农作物并让游客亲自品摘购买、体验中医文化;利用有美容效果的植物让游客在技师的指导下享受全天然美容;聚合不同主题的农业园区,将农业项目按照农业特色种植园、农业文化博览园与农业科技示范园三种不同的主题围合成不同风情的片区,之间通过一条绿色农业通廊串联,游客只要通过该线路即可到达各主题区参观游览,沿观光带充分欣赏多彩农业,从而构建新民五彩田园小镇的品牌。

——依托农业园区,发展多形态旅游形式。

以田园风情生态游为载体,通过建设游客互动体验区、鉴赏展示区等多种形式,将传统单一的种植业延伸为"种植—加工—展销—观光—体验—餐饮"一条龙式的产业链条,发展农业园区经济。

依托农业园区,拓展园区体验项目,探索奖励旅游、会议旅游、运动旅游等多样化旅游形式，如与知名户外拓展公司进行合作，开发建设企业拓展培训基地；依托新都丰富的历史文化资源，开展寻宝、密室逃脱等趣味智力活动；利用丰富的农业资源和连片发展区，开展如采摘食材、远足露营、户外生存等活动；联系城区学校开办农业科普夏令营，让城市孩子走进乡间田头，了解农业知识，体验农耕滋味；开展亲身采摘水果、果园奥运会等趣味活动等。

——抢抓市场注意力。

以五彩田园吸引热爱摄影、绘画、音乐、民俗等艺术活动的爱好者、艺术家来到田间地头采风，提高新民五彩田园小镇知名度、美誉度。

六、泰兴

以白鹤文化为主题，将泰兴打造成为成都观鸟生态小镇。

生态文化旅游：依托泰兴白鹤岛与毗河两岸的独特生态景观，在以协调生态与发展、保护生态为前提的理念下，集中在泰兴长达8千米的毗河两岸，打造形成千亩白鹤岛生态旅游区，推动生态文化与旅游产业链条的融合。

康养民宿经济：依托自然冲积而成的河心岛屿，以"白鹤栖息区"为核心资源，统一规划、引进、培育一批高标准、高品位的民宿业主，发展针对中高端市场的民宿聚集区，以规模效应形成泰兴"青山绿水、江岸岛上"的康养民宿品牌形象，打造成都康养民宿高地。

休闲运动产业链：依托泰兴生态资源本底，携手恒大，以

图 6-26 木兰文化大舞台

毗河河岸的生态绿地为空间，发展高尔夫、草地足球、草坪网球等休闲运动，开发休闲运动体验、运动培训、运动俱乐部等项目，延伸泰兴休闲运动产业链。

七、木兰

构筑"蜀中木兰"民俗文化品牌：深度挖掘木兰"蜀中木兰"文化内涵，收集、整理木兰从军相关传奇故事、文化典故，编订"蜀中木兰"系列文化作品，创作"蜀中木兰"等民谣歌曲、树立整合营销思维，利用人际传播、网络传播等多种渠道积极推荐宣传"蜀中木兰"故事，让"蜀中木兰"文化形象深入人心。

统一规划改造木兰现有污染砖厂，利用砖厂厂房独特的格局场景，引进高标准的民宿经营业主，利用艺术手法对厂房格局进行升级改造，融入木兰文化形象和客家文化风俗，打造木兰镇独具特色的集休闲、民俗体验、民俗演绎于一体的文化民宿聚集区。

对木兰独特的蛮洞进行保护性的探索开发，挖掘蛮洞背后的文化故事，将蛮洞打造为另一个具有独特吸引力的文化资源。

以木兰山的生态环境为依托，串联木兰寺、精品文化民宿、蛮洞等资源，组织策划"木兰民谣音乐节""二月二木兰文化旅游节""木兰山实景演出"等一系列民俗演绎项目，改善民俗文化空间载体现状，通过木兰主题游步道串联木兰山花卉资源，打造蕴含生态游憩的木兰文化体验片区，做透木兰文化品牌产业链。

八、马家镇

打造四川"状元第一镇"文化旅游品牌：依托马家镇的"状元文化"资源，通过深挖本土名人文化和杨升庵家风家规宝贵历史遗产，融合古代科举文化、国学诗书文化、耕读文化进一步拓展状元文化内涵，配套建设相关主题项目，打造四川"状元第一镇"文化旅游品牌。

打造状元文化旅游核心区：在现有杨升庵故居的基础上，进一步挖掘杨升庵读书以及杨家生活故事细节，以杨升庵家祠为核心，配套建设杨升庵故宅、院坝、耕地，恢复打造杨升庵书房、杨升庵读书亭、杨升庵读书小径、竹林等场景，在场景中放置形象人偶，配之以相应的故事或作品，用"场景＋人物＋故事"的手法，再现状元读书的历史生活场景，让杨升庵发奋读书考取功名的奋斗经历以及明朝书香门第的日常生活鲜活地展现在人们面前,让状元文化"可看、可感"。

打造状元书院,开展研学游:依托杨升庵"状元文化",在核心区打造一个状元坊,引进相应的培训机构,建立状元书院,一方面可以作为科举文化的展示陈列馆、杨升庵状元文化研究基地、百姓文化活动中心等多功能的文化设施,另一方面可以利用暑假或者周末等假期,开展国学主题的青少年游学夏令营,以模拟状元杨升庵读书方法为特色,设置国学、琴棋诗书画等技艺、简单的农事耕作等等系统课程,再结合暑期课业辅导,让孩子有协同劳作、躬耕乐读的体验,让状元精神激励学习中的青少年为理想奋斗,让耕读文化在时代中传承国学中的美德,以研学游、亲子体验游的方式让状元文化"可体验、可学习"。

打造状元主题演绎剧目:深入挖掘升庵文化中(特别是与新都相关的)符合社会主义价值观以及时代精神并且具有市场号召力的故事,对其进行艺术化的处理,以升庵故居实体场景为依托,配合以灯光舞美的舞台效果,编排一出状元文化实景剧或一出舞台剧,在重大节假日庆典中进行表演,让状元文化"可听可演"。

创作状元主题文创产品:引进文创团队,以杨升庵文化为蓝本,设计状元文化形象标识,将文化形象标识植入,创作相应的状元书签、玩偶、笔墨纸砚、古书籍等等文创旅游特色产品,让状元文化"可带走"。

完善元素体统,打造状元文化主题街区:进一步挖掘升庵状元文化中的饮食文化、服饰文化、民俗文化等生活文化，创作独具状元文化特色的状元宴、状元茶、状元小食，将状元文化赋予其中，让每一道菜、每一碗茶背后都有状元的故事；走精品化的路线布局状元主题餐厅、主题茶坊、主题小食店、主题民宿，让状元文化从杨升庵的个人经历扩展到明代书香门第的生活长卷，营造书香门第与日常生活相得益彰的氛围；打造状元文化主题街区，完善状元文化旅游的"吃、住、行、游、购、娱、展、商、演"元素体系，真正让状元文化"活起来"。

九、军屯镇

打造花卉主题小镇：依托现有紫薇花相关资源本底，深入挖掘传统文化和花卉文化，进行文化产业创意设计，全面启动升级中国紫薇花小镇建设项目，培育或引进专业小镇旅游开发公司投资开发运营，打造一个以"紫薇花"为主题、各种配套花卉为补充的中国紫薇花小镇，构建一个集旅游观光、生物加工、健康养老等多业态于一体的紫薇花生态产业链条项目。

打造爱情主题园区：进一步延伸花卉文化所具有的浪漫内涵，以"爱情"为主题，将"爱情"元素融入景区建设中，分区打造适合不同年龄段、不同人群喜好的主题爱情花海，例如增加风车、小城堡等打造西式爱情花海主题区；增加湖心亭、小桥、闺房等打造中式爱情花海主题区。通过花卉造型技术打造"花卉爱心""花瓣桥""同心锁花海小径"等爱情主题花卉景观，以此吸引大成都市场的夫妻、情侣到紫薇小镇来倾诉爱情、收获甜蜜，发展情侣游、蜜月游。

——做透"婚礼经济"。

与大成都市场婚庆机构、婚纱摄影机构建立良好的关系，或引进其入驻军屯，将军屯"紫薇花小镇"构建成一个"爱情圣地"，以"花卉""爱情"吸引游客到来；同时配套以高标准的主题农庄、星级酒店等等，利用情侣游客，针对不同消费群体积极推进花海露天婚礼、室内婚礼、花卉主题婚房等婚礼业务；依托军屯有实力的食品公司，开发鲜花主题食品，例如紫薇花饼等等，同样瞄准"婚礼"市场，以花卉的浪漫氛围为切入点，做透"婚礼经济"。

十、石板滩

挖掘石板滩客家民俗文化，结合东山丘陵自然生态环境，在石板滩农业产业园区及土城城乡统筹示范点等区域，打造集观光休闲、文化体验于一体的客家"乡愁"水乡。

打造客家"乡愁"水乡：恢复性修建火神庙、文昌宫，梳理其与客家文化的关系，进行串联呈现。对客家围拢屋以及客家文化进行进一步的挖掘，以文化墙、客家博物馆、文化浮雕等多种形式尽情展现，结合时代精神编织客家人入川垦土的故事，开展客家人恳亲大会，彰显客家风情，营造客家"乡愁"文化氛围。

结合生态农业，以土楼（乡村休闲综合体）为特色，挖掘、演绎、再现客家传统民间习俗，可以移植广东籍客家人的传统饮食技艺，开发有别于川菜的美食产品，以"客家文化、土楼、广东风味"为策略，以休闲体验为主题，逐步建设客家农庄、乡村酒店、水上会议中心、客家文化街，构建以客家文化为特色、生态农业为景的原生态度假基地，打造集居住、休闲、旅游、观光、文化体验一体的成都周边生态游中高端游览度假目的地。

打造农机、中车主题文化园：依托石板滩境内的四川现代农机产业园以及中车产业园，积极寻求"政府＋产业园＋企业"的合作模式，探索"文化＋产业＋旅游"的路径。依托现代农机产业园，建设集生态培育、农业生产、旅游度假于一体的"现代田园综合体"项目；依托中车产业园，全面论证实施中车文化街区建设工作，包括建设"火车博物馆"、停放废旧火车头、营造火车主题景点，探索小火车游览、车厢咖啡、车厢餐厅、车厢酒店等火车创意经营项目，引进文创团队开发系列火车精品文创物，以独特的"火车"品牌，引爆市场，发展火车产业主题旅游。

十一、大丰街道

打造城市新商圈：加快优品道时代广场、绿地城商业地标、保利商业综合体、龙湖听蓝湾等项目建设，引进中高端购物品牌及电影院，完善都市购物娱乐体系，尽快形成新的城市商圈，打造新的经济增长点。

构建双创产业链：通过整合创投机构、银行、产业协会、专业服务机构等资源，集聚网商、电商、大学生创业、创新型企业等，构建"咨询培训服务、专业服务、公共服务、增值服务"等服务体系，打造一个项目、资本、资源、服务四位一体的创新创业生态链。

打造创谷·双创综合体：以统一规划、统一招商、统一运营的管理模式分两期打造一个可持续、有竞争力的创新创业产业园。一期重点打造 3 万平方米的创新型企业孵化平台、电商孵化平台、大学生创业孵化平台、公共服务平台、配套服务空间、项目路演中心、企业加速器和 2 万平方米的餐饮、会议、休闲、酒店住宿等商务配套设施，为产业园的整体发展起到服务配套及带动作用，形成完善的创业生态体系。二期重心投入于多功能会议中心、创新创业交易体验中心、众创空间、产业基金孵化平台、企业加速器、知名企业办公区以及创新创业办公所需的餐饮、休闲、商务、住宿等配套的建设，形成完善的创新创业生态圈。

十二、三河街道

发展夜间娱乐，做靓夜晚经济：以"音乐+火锅"为范本，引进或培育 LIVEHOUSE（演艺酒吧）、精品音乐 KTV、音乐主题酒店等多形态音乐主题娱乐项目以及三和特色餐饮、小酒馆等，以集群化发展的方式在选址适宜的空间打造"美食街区""酒吧街区""娱乐演绎街区"，利用各色灯光灯烛营造夜间娱乐氛围，充分运用现有的音乐公园演出场所，引进或培育专业运营策划团队规律化开展多样多主题的音乐演出，以"音乐+"为号召吸引大成都市场的年轻群体，将三河打造成城北夜间娱乐聚集地。

打造区域旅游"沸腾小镇"大品牌：借势成都熊猫基地、成都植物园，推动漫花庄园、香城湿地公园、五龙山百花谷、中洲·gugu农庄等项目的山水、花卉、湿地等生态旅游资源合作共享，打造蜀龙区域生态旅游带。

深度挖掘三河文化底蕴，串联展现锦门丝绸非遗文化、海峡茶城茶艺棋艺民族文化、二台子驿站说唱俑历史文化和198现代音乐文化，促进文化、旅游互动融合、提升发展，整体推动城北生态精品旅游区建设。

积极引导漫花庄园、五龙山百花谷申创国家A级景区，聚合国家AAAA级景区熊猫基地、锦门，共同塑造区域旅游"沸腾小镇"大品牌。

十三、新都街道

发展音乐文创教育培训业：支持创办具有全国影响力的艺术院校或开办文化艺术学科，大力发展音乐、舞蹈、美术、国学、文史、科普等教育机构，扩展对中学生的艺术教育，开展民办文化教育培训学校分类定级工作，培养一批发扬传承优秀文化、创新性发展的艺术人才。加强职业培训，规范各类培训学校办学条件和办学行为，培育品牌培训学校，认定一批民办学校特色品牌项目，引导社会各类职业培训机构积极参与职业技能培训。

打造文化社区创建范本：充分挖掘新都街道社区的传统文化资源，同时赋予其新的文化内容，打造不同主题的文化社区（如川音小区、石油小区），将文化植根于社区建设、社区治

图 6-27 成都知名画家杨学宁的芙蓉油画现身乡村

理的过程中。一是加强社区文化基础设施建设，整体规划社区布局、建设风格、公共设施，做到社区文化的展示；二是大力调动居民追求文化享受的热情，注重培养社区文化活动积极分子，发挥其带头作用，搭建各类文化活动平台，创建各种丰富多彩的文化娱乐活动；三是引进专业社工团队或社区运营公司，开发运营"社区便民服务中心""社区服务十分钟商业圈""特色人群照料"等便民服务，以"政府购买＋企业运营"的方式，为基层社区文化治理增添持续造血能力，将新都街道建设成为基层社区文化建设的示范标准，增强社区的文化美感，丰富城市的文化基因。

开展街头艺人演艺：政府主动规划一批城市街头艺人表演点，并充分利用川音等院校或者独立音乐学院等的音乐人才资源，组织培育一批街头歌者队伍。街头歌者由相关机构统一认证，统一协调分配到相应的街头艺人表演点，并给予适当的补贴。组织街头艺人队伍，提供城市街头演艺场地，一方面，为艺人获得社会认可提供展示舞台，提供潜在的发展机遇；另一方面，街头艺人可以成为新都城市的独特风景线，促进观光旅游业的发展，进一步增强城市魅力，丰富大众的文化生活。

发展赏花休闲旅游：依托新都街道"芳华桂城"桂花赏花基地项目，进一步完善游步道等项目配套设施，培育相关配套产业；利用仿古建筑经营特色文化餐厅、文化民宿，开发"桂花状元宴""桂花状元酒"等旅游产品；引进游览"小火车"项目，开发花海摄影景观点、花卉造型景观，植入新都状元文化元素，组织策划"花海咏诗"等主题文化活动，瞄准成都市场，将其打造成为游客赏花、闻香、赏文的休闲旅游目的地。

新都区乡村文化体系构建包括：

（一）深化乡村道德建设

培育和践行社会主义核心价值观。坚持以社会主义核心价值观凝心聚力，创新开展村民道德实践和精神文明创建活动，大力弘扬爱国主义、集体主义、社会主义思想，培育向上向善、诚信互助的现代农村社会新风尚，将社会主义核心价值观融入农村社会生活、农村教育、农村社区精神文明建设全过程，充分发挥引领、激励作用。

弘扬新都文化名人的先进事迹，提炼新都名人精神，以抗日爱国将领王铭章、著名爱国诗人艾芜精神为激励开展爱国主

图 6-28　新都木兰山谷牡丹花展

义教育,以状元文化为内涵开展青少年励志教育。利用家风、校风、企业精神,以文化人,创新发展乡贤文化,发挥农村知客作用,以亲切具体的健康文化活动浸润人心。

　　善用群众喜闻乐见的教育引导方式,使社会主义核心价值观入脑入心,充分利用农村广播、电视等新闻媒体的重要版面、重要时段开设宣传社会主义核心价值观专题专栏,利用农村阅报栏等宣传平台,大力开展核心价值观宣传普及行动,广泛培育群众周知、通识社会主义核心价值观;启动社会主义核心价值观示范镇打造工作,深入开展"好家风好家训"及"新乡贤"挖掘工作,落实"好家风好家训"示范试点相关任务,发挥"新乡贤"的带动作用,提高农民思想道德和文明素质,优化区域发展人文环境,不断传承天府文化,坚定农村文化自信。

（二）大力推进农村文明建设

以道德实践活动开展，强化天府文化传统美德传承，培育农村社会良好风尚。以文化人，推进农村文明建设，大力整合新都独特的"诗书状元文化""天府民俗文化"等多元文化，依托政治性节日和民族传统节日等，举办形式多样的群众性节庆和纪念活动，进一步弘扬和传承新都精神，让广大乡民形成强烈的认同感和归属感。

加强乡村精神文明建设，普及科学知识，弘扬科学精神，倡导移风易俗，抵制封建迷信。以"乡规民约"创建行动和"农村生活垃圾治理"行动为抓手，针对群众反映的问题开展专项文明行动。全面开展文明村（镇）、文明院落、文明家庭

图6-29 四川画家吴泽全、卢加强、林机合画的梅、竹、熊猫现身农村院坝

等群众性精神文明创建活动，深入推进"三美四好示范村"建设工作，大力提升村镇文明程度。

修订完善各类测评体系，建立健全社区道德评议机制，开展先进典型宣传行动，常态化开展"道德模范""最美新都人""最美家庭"等活动，用身边的故事感染人，培育农村良好社会风尚，让文明乡风滋润美丽农村。

（三）扩大现代农村公共文化有效供给

1.深化公共文化标准化建设

进一步完善农村社区公共文化服务体系基础设施建设，把城乡公共文化服务一体化纳入经济社会发展总体规划和新型城镇化、新农村建设规划。坚持查漏补缺、精准施策、补齐短板、兜好底线，建立现代农村公共文化服务标准动态调整机制，科学调整具体指标，规范现代农村公共文化服务项目和服务流程。推进香城文化中心、文化馆新馆、图书馆新馆、博物馆新馆、美术馆"一中心四馆"建设工程。全面完成镇（街道）全民健身活动中心建设任务，着力布局"十里文化圈"，做到所有乡镇有综合文化站，行政村（社区）普遍建有基层综合文化服务中心（文化院坝），力争每个村都有村史馆、村文化长廊等多样化文化载体。

2.推进文化惠民，深化公共文化服务均等化建设

建立城乡联动机制，以公共文化基础设施提档升级，广播电视服务网络、数字化服务、流动文化服务等建设为契机，落实文化惠民政策，加大文化精准扶贫力度，建设乡镇出版物数

图 6-30　新都乡村演出

字化发行网点、乡镇固定电影放映点、乡镇广播影视公共服务网点、村级文化活动室和"视听农村""宽带农村"工程，建设一批农民工文化驿站、留守儿童文化之家，依托川音优势资源，大力推动文艺院团、学生文艺组织演出服务购买配送工程、文化志愿者"三个一"计划、"情系农民工，关爱留守儿童"行动，支持多种形式的文艺院团深入基层进行公益性展演、巡演以及多形式开展艺术普及教育活动；扎实开展文艺表演、体育赛事、家风传承、全民阅读、书画摄影等各类群众性文化体育活动，扩大农民群体享有的基本现代公共文化服务。

3.搭建公共文化服务供需平台，提供公共文化服务能力

鼓励支持社会力量通过共建、合作、赞助、捐赠等方式参与公共文化服务，鼓励支持社会力量建设非国有文化场馆。积极培育社会文化组织，鼓励成立各类公共文化服务行业协会，

促进文化类社会团体、基金会、民办非企业单位等规范有序发展，特别鼓励在区高校大学生文化社团参与其中。建立健全政府购买公共文化服务机制，实现镇（街道）文化站（中心）公共文化服务外包完成100%，引导帮助社会力量深入基层、扎根群众、参与到乡村文化振兴中。

常态化了解村民文化所需，建立健全文化服务项目数据库，制定公共文化服务提供目录，开展"菜单式""订单式"服务。整合不同行业、不同区域、不同部门公共文化资源，建立图书馆（室）、文化馆（站）服务联盟，深入开展区域内文化联动、文化巡演等文化交流活动，实现区域文化互联互通、共建共享。逐步扩大公共文化设施免费开放范围，推广公共图书馆文化馆总馆分馆制，镇（街道）文化站（中心）公共文化提档升级，基层文化阵地实现资源整合、综合利用，打造"一体化"的服务平台，实现资源优化配置和传播效果最大化，提高公共文化机构服务效能。

（四）全面提升农村文化队伍素质

全面提升全区农村文化队伍素质，为农村文化现代化建设提供坚实的人才支撑。有计划地对全区文化队伍进行主题培训：全面培训全区文化馆馆长、图书馆馆长，每年培训时间不少于30学时；全员培训全区乡镇文化员，每人不少于40学时；全区每年培训基层业余文艺队伍骨干100人，每人不少于10学时；组织1/3村文化管理员进行培训，每人不少于20学时。

按照省、市相关规定，结合新都农村现代文化发展的实际情况，确定培训第一责任单位，选好教材，确保师资，采取课堂讲授、座谈交流、作品加工、文艺观摩、田野采风等多种形式，坚持理论与实践相结合，普及与提升并举，既注重基础知识和基本技能的传授，又关注专业素养和实际应用能力的提高，切实保证培训的针对性和时效性。

常态化组织知识竞赛、技能比赛及演出等展示全区文化队伍素质，提升他们的职业道德素养、专业技术水平和实际工作能力，形成覆盖全区的群众文化队伍网络，构建农村现代文化人才服务体系。

新都区乡村文化推广营销方案是：

（一）培育营销团队

在区级层面引进、建立专业的营销团队或引进专业人才负责新都区的宣传活动资源的收集、整理、加工，维系与各种媒体资源的合作关系。依托营销团队，打造丰富的旅游项目及活动，达到月月有活动、宣传有料的效果。培育具有影响力、具有丰富内容和切实营销技术的新媒体平台，例如新都区营销微信公众号，常态化公众号建设和运营，整合新都区的相关资源，提炼文化符号，做到主动化、常态化宣传。

（二）构筑城市文化品牌

大力塑造独具魅力的城市个性。深入挖掘"三香"历史文化底蕴，进一步加大宝光寺和升庵文化研究，推进杨氏宗祠的整体规划和恢复重建，打造国家级廉政文化教育基地；加强校地合作，推进青少年艺术、生命、人文教育基地建设。加强与四川音乐学院的合作，积极打造新都文化创业产业园区。提升"快乐周末·百姓舞台"品牌活动，争创文化部"群星奖"；加快《芙蓉花仙》剧目复拍，促进传统舞台艺术创新发展。

（三）构建宣传项目体系

完成宣传营销项目建设工程，建立新都文化旅游形象识别系统，提升新都文化旅游相关产业的知名度和吸引力，打造新都宣传营销的"一组新都形象标识""一张新都文化旅游地图""一本新都文化旅游画册""一个新都城市推介形象片"。

（四）打造立体化传播平台

建立与省内外主流知名媒体（新媒体）的广泛合作宣传机制，通过联合开发专题营销、包装主题路线、营销共赢等手段，推动媒体提升"手拉手"水平，邀请各类媒体来新都采访，拓展新都宣传营销的各类媒体阵地，打造立体化的对外传播平台。提升重点媒体的整合传播能力，围绕新都文化旅游相关产业工作策划重大外宣议题，把讲好新都故事作为对外宣传的基本方法，精确定位传播产品和传播对象，加强项目实施效果评估。

如今，新都文化振兴乡村的规划已全面实施，成为全国乡村振兴又一知名区域。

第七章

一人一面的形态之美

乡村振兴的时代要求，催生了乡村建设的热潮，美丽乡村建设的任务和目标落到了各级党政部门的肩上，新农村建设的热潮风起云涌，如何建设新农村，如何做好乡村振兴的"形态"，成为当前及今后一段时间的重要任务。

斜阳照墟落,

穷巷牛羊归。

野老念牧童,

倚杖候荆扉。

[唐]王维《渭川田家》

第一节　美丽乡村建设的乡村味道

工业时代的特征是大规模的机器生产，标准化的生产方式可以获取更高效率且意味着更低边际成本，为社会带来更为琳琅满目的商品，极大地便利和丰富了社会生活。但是，标准化必然带来的弊端则是个性化的缺失。正是在这种文明形态影响下，改革开放40多年来，中国快速的城市化进程在极大地推动经济增长的同时，也带来了缺乏特色、千城一面的弊端。"千城一面"有其时代的适应性和局限性，其产生有诸多原因。但不论原因为何，其结果都令人产生视觉疲劳，曾经丰富多彩的地方民俗也随着外部环境与内在思想的改变渐渐"雷同"，使得大量的地区丧失自我的个性，从而偏离了自然多元的本性。

同时，伴随着城市和经济的快速发展和以城市为侧重点的政策实施，乡村与城市的关系逐渐失衡，乡村作为城市反哺的对象，被动地吸收着城市发展的辐射和转移而处于一种弱势地位。同时，在这种失衡的关系中，强势的城市思维、资本、文化以及生活方式进入乡村，一些乡村片面追求所谓现代化城市生活，建造了外表上与城市无差异的社区，农民也逐步上楼进社区，但是城市应有的相关服务又不能完全进入，乡村发展又逐渐失去了原有的乡土气息和文化。这种粗暴的乡村城市化现象已经被实践证明是错误的，并让人忧虑"千城一面"输出下已见端倪的"千村一面"。

既然有了对"粗暴城市化"的反思，那么就应该清楚，乡村振兴的蓝图不应该再是工业文明下标准的流水线产品，不应该再是城市的简单复制，更不应该再是城市的从属。

要修复失衡的城乡关系，避免从"千城一面"到"千村一面"的悲剧，实现"城乡一体化"而不是"城乡一样化"，走出属于乡村的振兴，就要激发乡村内生动力，建构乡村的真景，找到乡村的真美。

目前一些乡村建设及发展通常将重点更多地投入于基础设施的建设，而忽视了乡土文化在乡村建设过程中所承载的物质与精神价值，致使乡土文化的典型性特征不断消亡，承载形式与生存空间逐步发生变异。对乡土文化抱有敬畏之心，去了解乡土文化，是乡村发展能够传承乡土文化的基础。而体现乡土文化是一个路径操作层面的问题，笔者认为在乡村建设及发展中应该把握住以下原则：

首先是保持、创新地域乡土建筑。针对具有保护价值的村落，应以整体性保护为根本，最大程度保留原有村落结构与聚落空间环境等要素，充分考虑村落的历史沿革，继承、创新乡土村落环境的布局、结构、样式、色彩、材质等构成要素。

其次，延续、传承乡土文化资源。以村落为载体，对优秀乡土文化资源进行整体性保护、利用，尽可能避免因过度建设、开发所带来的破坏。在乡村建设及发展中应充分挖掘地域乡土文化本质与内涵，结合村落现状进行合理规划改造设计，将乡土文化的传承与体现与村落规划布局、民居形态、乡土景观、产业布局等问题进行整体考虑。乡村文化是一种文化生态，具有季节特征、区域文化特征和系统化特征。田园牧歌理论认为，美丽乡村建设必须有乡村的历史文化刻痕，有乡土的味道。

在全国最美的村庄建设案例中，有许多成功的经验值得借鉴。

成都宝山村

一、天地之心，宜养宜业，清爽宝山

在乡村振兴的背景下，发挥山川地貌、气候宜人等资源优势，在"清爽"上做足文章，坚持价值驱动，以人为本，推动生态价值创造性转化，促进人与自然、人与乡村和谐共生，构建现代化的康养度假乡村。

二、民本之心，共治共富，和美宝山

在村干部的带领下，以集体经济为主导、家庭经营为补充的农村新型双层经营体制为核心，以产村融合的场景运营和服务为支撑，构建乡村治理与集体经济发展融合支撑能力体系，

图 7-1 成都宝山村之一　　图 7-2 成都宝山村之二

图 7-3　成都宝山村之三

图 7-5　成都宝山村之五

图 7-4　成都宝山村之四

推动乡村振兴动力之变、能级之变。村民形成了"土地股权收入＋投资股份收入＋工资收入＋集体福利收入＋个人房屋租金"多元化的稳定收入结构，集体利益和个体利益的平衡保障宝山村庄和谐发展与共同致富。

在宝山村的千家万户集群带，村集体企业扮演着"链主"的角色，集成整合联结，带动整个村的分工协作，村集体大数据把千家万户及市场串联起来，进行价值链上的利益共享。

三、创新之心，活力奔涌，创新宝山

宝山村以"集体控股、村民职工参股"股份合作为纽带，统筹效率与公平收入分配机制，整合资源、资金、技术、人

图 7-6　成都宝山村之六

才，走"以工业化龙头，旅游为重点，进而率先推进农业农村现代化"的发展道路，创新推出宝山十大场景：深度融合的产业场景；山水表达的绿色场景；优化价值叠加的绿道场景；人居和谐的宜居场景；医养结合的健康场景；产学研合的教育场景；邻里互助的社区场景；便捷交互的服务场景；数字赋能的治理场景。近年来，宝山村的干部活力、群众活力、产业活动都充分激发出来。

四、奋进之心，砥砺前行，奋斗宝山

宝心村坚持生态优先，推动生态价值转化与共享，推动产业全面振兴、乡村全面发展、乡村治理高效，在高质量发展中创造高品质生活。今天的宝山村，集体经济繁荣，生态环境优美，农民富裕富足，文化生活丰富，集体资产积累110亿元，人均收入实现81265元。宝山村继往开来，作中国式现代化的受益者、践行者和攀登者。

乡村是村民生活生产的根据地，在乡村不断膨胀、延伸和创新中，永恒不变的是乡愁，是在村民灵魂的根据地。在农业强国和成都迈入世界城市的弘大战略下，宝山村咬定青山不放松，为实现中国式现代化注入"心"能量。

第二节 从洛带到西平

乡镇是乡村振兴的重要内容。古镇的打造就是把历史传统文化中的古代建筑、传统习俗、传统非遗等文化元素整体展示出来，用文化滋养，用文化促进产业的裂变。

近年来，我到过的古镇很多很多，有成功的，如乌镇。乌镇隶属浙江省嘉兴市桐乡，地处江浙沪"金三角"之地、杭嘉湖平原腹地，距杭州、苏州均为 80 千米，距上海 140 千米。乌镇属太湖流域水系，河流纵横交织，京杭大运河依镇而过。

乌镇是首批中国历史文化名镇、中国十大魅力名镇、全国环境优美乡镇、国家 AAAAA 级景区，素有"中国最后的枕水人家"之誉，拥有 7000 多年文明史和 1300 年建镇史。其"中国江南水乡古镇""世界互联网大会永久会址"的荣誉举世闻名，是全国二十个黄金周预报景点及江南六大古镇之一。

乌镇具有其难得的旅游优势。一是地理位置优越。处于上海、南京、杭州三大城的大三角中心位置，陆上交通发达，经公路可与省道盐湖公路，国道 320 公路、318 公路，宁沪高速、沪杭高速相衔接。二是规划运作合理。由中青旅斥资打造，大企业市场化运作。基础设施功能完善，规划布局合理有序。整个西栅分为传统作坊区、传统民居区、传统文化区、传统餐饮区、传统商铺区和水乡风情区六大景区，彼此协调搭配，整齐和谐，不过度商业化。三是深厚的文化底蕴。文化古镇，人才辈出，景区有历代名人纪念馆和故居；皮影戏、香市、染坊、酱坊等地方民俗被精彩呈现，为景区注入与众不同的韵味和吸引力。四是针对性宣传。对不同客源市场，乌镇采取不同的宣传策略。对城市居民，打乡土牌；对北方游客，打江南牌；对海外游客，则努力宣传历史古韵和传统文化。

在四川也有打造较为成功的，如洛带古镇、龙凤古镇。

洛带古镇地处成都市龙泉驿区内，是国家 AAAA 级旅游景区。这里的居民近九成都是客家人，是成都近郊保存最完整的客家古镇。

古镇内有着"四大会馆"和客家博物馆、客家公园，都是国家级重点文物保护单位。其文化底蕴非常厚重，行走在古镇中会有一种时间倒流的错觉，迎面走来的客家人面带微笑热情地招呼着远道而来的朋友们，会让游客觉得宾至如归。

小镇呈现"一街七巷子"的空间格局。"一街"即上下街，是古镇的主干道，"七巷"指北巷子、凤仪巷、槐树巷、江西馆巷、柴市巷、马槽堰巷、糠市巷。古镇主要景点为"寺+会馆+博物馆+公园"。三寺为燃灯寺、桃花寺、药王庙（已毁）；四会馆为广东会馆、江西会馆、湖广会馆、川北会馆；博物馆为客家文化博物馆；公园即洛带公园。

洛带古镇的特色是鲜明的客家文化，这是洛带古镇的灵魂。古镇客家文化资源丰富，客家婚俗、客家民歌、火龙节、水龙节等远近闻名。

龙凤古镇旅游区位于四川省遂宁市船山区以南，东临涪江，与大白塔村接壤，南临永石桥村，西临彰德桥村，北边与天星坝村和张飞梁村接壤，隶属南强街道龙凤村境内，是总占地面积约为148.22公顷的国家AAAA级景区。

龙凤古镇在规划设计上依托古西汉妙庄王城这一文化脉络，营造"穿越千年，感受王爷生活细节"的氛围。同时秉承"净化心灵，寻找精神依托"的理念，把"中国观音文化之乡"的吉祥祈福圣地这一品牌效应充分发挥。酒店以佛教文化、龙凤古镇文化为主题，将"禅宗"理念融入酒店设计当中。开发遂宁当地和四川非遗传承人为主的一系列手工艺品店铺，例如遂宁观音绣、舒牛肉、遂宁福锦手工编织品、竹编等，形成地方特色文化产品。舒牛肉是我的家乡的一个乡村土特产，把一款美食做成家乡的一棵老树，扎根乡愁的土壤，把一份工艺作为心灵的修行，在心与心之间分享，这是我家乡舒牛肉长盛不衰之谜。

2014年，受绵阳市三台县政府之邀，我们参与了西平镇的乡村振兴。

西平镇地处三台县西部边缘，面积77.01平方千米。西距成都80余千米，北距绵阳77千米，东距三台县城33千米，西距中江县城20余千米，自古是潼川（西平镇城）到成都的官道和水陆交通的中转站及人流物流集散地。

西平镇是四川历史文化名城三台县的西路重镇。该镇先后被列入市小城镇建设试点镇，市政建设日新月异，面积扩大，现代文明氛围渐浓。人口5.6万，有85%以上是清初"湖广填四川"时，从福建、广东、湖南、江西等省迁进的移民后裔。西平镇拥有多个文物保护单位，如吴氏宗祠、建林驿站、峨落山寨、古城门及城墙、盘龙寺观音殿、四大会馆、观音庙。

西平的区位优势和自古以来的交通枢纽地位成就了其文化的包容性和多样性。以观音山、观音殿、观音庙为主要载体所承载的观音文化，反映的是大慈大悲的大爱文化、修心养生的康养文化和拔苦予乐的奉献精神。祠堂文化体现的是家风家训的家庭文化，邻里和睦、乡贤带动的社区文化。客家文化展示出耕读传家的传统和团结奋进的精神。西平历来被称为"戏窝子"，戏曲文化经久不衰。随着乡村旅游的兴起，农家菜得到开发，乡村美食嘉年华正在探索，形成了一定影响力的美食文化。西平文化丰富多彩，在新时代重塑西平文化，需要锁定其重点和核心。我们认为"自得其乐，上善若水"的乐善文化是西平观音民俗的文化之根、文化之魂。

根据西平镇的自然禀赋与文化资源，我认为，西平镇能够充分利用自身资源优势打造特色项目，融合健康的生产、生活理念，融入观音文化和外延的生态环境氛围，营造优美的自然风光，以文化为主轴吸引游客，以旅游带动农业产品，农旅结合，优化产业结构。

对形象定位的支撑包含六大文化体系：西平民间观音三大

节庆文化、耕读传家的祠堂文化、团结友爱同乡创业的会馆文化、修身养性的生态康养文化、观音素食糕点美食文化、观音陶及观音书画文化。

西平镇旅游场镇总面积3.02平方千米。根据城镇特性，保护及开发古镇区域，结合古镇旅游延伸旅游产业至周边场镇，活跃场镇气氛，体现现代休闲旅游的要义。五个村以观音康养文化为主，打造慢生活修身养性的现代农庄，以此带动所在扶贫村的产业发展。整体功能分区总括为"一心一带三区"。

一心：即祠堂文化游客中心。

一带：滨河花果休闲带。

三区：古镇体验区、百家祠堂文化区、环观音山观光农业区。

西平镇吴氏宗祠是川北地区保存最完好的客家宗祠，它坐落在川北潼川府三台观音场大东门外凯江河畔，是祠堂文化的瑰宝。以吴氏宗祠为基础，根据周边建筑现状建立游客中心，作为西平古镇的门户接待游客、展示祠堂文化，也让其成为西平最具代表性的建筑之一，使古镇更具历史底蕴沉淀。凯江两岸分别建立姓氏研究基地和观音文化交流中心。

祠堂文化游客中心主要由服务区、办公区和附属区组成。

服务区包括咨询处、临时休息处、展示宣传处和信息查询设备、书籍和纪念品展示处及公共厕所。在游客中心内部设置电脑触摸屏及影视厅，内容丰富，信息充足，包括各项景点、设施及服务介绍。并且服务区的建筑面积大于或等于游客中心建筑面积的 60%。

办公区为工作人员办公、休息和资料储存的空间。办公区不对外开放,与服务区相对分离,既有联系又互不干扰。

附属区包括室外铺装、绿地和室外设施。

游客中心提供下列服务:

一是基本游客服务:免费为游客提供包括厕所、寄存、无障碍设施、科普环保书籍和纪念品展示等服务。

二是旅游咨询:为游客提供相关咨询服务,包括景区及旅游资源介绍、景区形象展示、区域交通信息、游程信息、天气询问、住宿咨询、旅行社服务情况问询及应注意事项提醒。

三是旅游投诉:旅游者向旅游行政管理部门提出的对旅游

图 7-7　鸟瞰西平古镇

服务质量不满意的口头或书面上的表示。

四是旅游管理：对游客中心服务半径范围内的各类旅游事务及游客中心本身进行管理，包括旅游投诉联网受理、定期巡视服务半径范围、经济救难收容及临时医疗协调等。

五是其他游客服务：雨伞租借、免费充电、小件物品寄存、失物招领、寻人广播；邮政明信片、投递、纪念币和纪念戳服务；公用电话电讯服务、移动信号全覆盖；设立医务室，配备专职医护人员，备日常用药、急救箱和急救担架。

沿河两侧开发滨河花果休闲带，种植月季花、柚子、橘子。月季花花期长，自然花期为8月到次年4月，易于栽培，其色鲜味香，适于大规模种植。种植月季，不仅能够陶冶游客情操，也能让游客认识更多的月季品种，还能作为小博览地图。柚子、橘子有花有果，可观赏可食用，让花果休闲走廊有着别样风采，提供较好的城镇观光体验，也提升城镇文化形象。同时，为提升经济价值和绿地景观占比，可以种植麦冬。

果树打造景观：果树无论是花期还是果期都有较好的观赏性，同时也具有较高的经济价值。

莲花湿地模式的打造方式有多种，根据当地的地理环境，进行打造。可打造模式大致分为三类：A类为木栈道走廊湿地，B类叠水景观莲花湿地，C类亲水景观湿地。

A类木栈道走廊湿地打造优势：木栈道走廊的搭建，利于全面的观赏景观，局限性较小，根据地理状况建设，可更好地欣赏莲花景色，蜿蜒曲折的木道也能提升游览品质。

B类叠水景观莲花湿地打造优势：叠水效果是目前比较常用的一种艺术效果，打造景观的方式较多，能够更加体现灵动之美，与观音灵气相互呼应。

C类亲水景观湿地打造优势：亲水空间是目前比较火热的打造模式，利用水、自然、人三者间的和谐共存模式，缩小距离，让人置身其中，娱乐其中，感悟其中，与观音莲的搭配，彰显康养、大爱。

一是水栖花卉种植：在水面种植水栖的花卉（如莲花），通过水生花卉的外观、生长习性的不同来创造微妙变化。荷花及莲花等的浮叶和根部外露的植物，为青蛙等动物创造良好的栖息场所。

二是深水区域种植（300毫米水深）：主要物种包括香蒲，硬枝的纸莎草、芦苇、野生水稻、水草及莲花。整个植物群落在生长期能抵御70—150毫米或更高的水位以满足水坝防水或蓄水。

三是浅水区域种植（150—200毫米水深）：主要物种包括香蒲、纸莎草、苔类植物等。浅水区的水生植物在生长期大部分时间都有充足的土壤来抵御低于15厘米的水位。

将古镇按AAAA级旅游区保护性建设，引入业态。古镇体验区分为三大功能区：古镇艺术家公社、古镇花街（民宿客栈区）和古镇民俗美食商业街。

项目位置在小东门以南方向成片打造，结合客栈民宿的方式进行打造，参考丽江民宿打造模式，创造特有的西平客家民宿、天蓝、水绿、人和在客家民宿文化融入下，更加相得益彰。清新小调模式，游客可租赁客栈进行打造，装修成为具有自我风格的文艺清新民宿乐园。在此区域内注重北门与广东会馆及其他会馆建设（四大会馆）。

古镇北门为保持传统商业形式，进行风貌提升，建设北门牌坊，与古镇环境统一。

广东会馆及其他会馆建设项目原地修建。广东会馆是目前保存较好的会馆，建筑目前还在使用，体现了当地的古镇文化及特色，具有较好的历史保护价值，根据现有的房屋进行保护及风貌提升，保留历史使用属性。其余三个会馆因历史问题已经损毁或者被拆除，设置修建提升时间序列，对其余三处建筑就地重建。

项目位置在北门以东街道，整体打造。为游客提供休闲娱乐场所，在这里，游客可以享受古镇美食小吃，可以体验购物的乐趣，还可以放松一下，进行一些娱乐活动，在美食的做法上，进行阳光的传统工艺展示，让游客在吃的同时，体会"做"的乐趣。

项目位置在古镇东门东南方位，邀请各大艺术家到古镇参与创作，如雕刻艺术家、绘画艺术家等，谱写西平古镇的别样韵味。特别设置艺术家街区进行专项打造，形成西平艺术家联盟公社，在街区展示自己的艺术作品，将艺术融入西平，西平展现艺术。可设置艺术家作品展览馆（创作如观音雕刻、观音绘画、客家风情艺术国画、衣料创意画作等）、艺术名人堂等。此区域内还有南门和古镇观音文化码头需要维护与改造。

对南门结合古镇特色进行修复打造，与码头文化相呼应，根据文化特色及人群聚集度，设置特色商业街区。

对古镇观音文化码头，结合观音主题进行打造，设立观音小品，充分利用凯江景观进行美景打造，将古时码头的繁荣景象再现，提升城镇品质。

百家姓祠堂文化区以我国姓氏文化与祠堂文化为主题，设置有客家文化展示厅、观音广场、祠堂街区、祠堂文化陈列馆、总祠堂院落等，根据姓氏，打造一家一户特色品牌文化（如张家书法、李家米酒、周家旗袍等），让区域集旅游休闲、社区商业及产业于一体。

祠堂文化陈列馆：陈列各种文化作品，包括关于三台县西平祠堂的历史起源的作品，让游客对三台西平祠堂文化有更全面的了解。

观音广场：设置标志性莲花雕塑于此，表示观音文化的聚集地，也是游客集散、休闲、活动广场，是一个敞开的文化活动空间，可定期在此地开展观音祭祀等活动。

客家文化展示厅：展览厅主要展览客家的相关文化，如客家发源及传统服饰、农耕文化等，延续传统客家历史文化脉络。

总祠堂院落：此项目是百家姓祠堂的总聚集地，是百家祠堂的文化中心，将各姓氏祠堂的介绍、作品展览于此，让游客更加一目了然，对此地有初步了解。

祠堂街区：祠堂街区主要是销售百家姓商品，根据姓氏不同销售不同产品，业态丰富且传统，形成独具一格的祠堂文化，打造绵阳乃至四川最具特色的街区。

环观音山观光农业区的整体思路是以观音山为文化地标，以扶贫为抓手，将五个行政村打造成为中国慢生活示范村，形成"五村一山"的环观音山观光农业走廊；并在环观音山观光农业区培育十个休闲康养庄园，最终打造成"观音山"AAAA级旅游区和"中国慢村"AAAA级旅游区。

环观音山观光农业走廊以观音山为中心，将山脚上河村、古房沟村、核桃沟村、白果沟村、青云观村连成一线，集中发展渔业、养殖业，种植一批果树形成果林，打造一批有特色的庭院、村落风貌。走廊还将打造以康养为目标的康养中心，为都市快节奏生活的人提供健康栖息地，形成一个AAAA级中国慢生活示范村旅游区和十个农业产业特色农庄。

一是打造生态渔业产业链。充分利用村落水资源，打造生态渔业，形成规模产业，丰富观音文化村落业态。

二是打造乌骨鸡产业链。借助现有林业资源，形成生态产品产业，打造观音乌骨鸡全宴。打造集养殖、餐饮、销售于一体的基地。

三是打造麦冬种植体验基地。充分利用现有土地资源，开展现代作物培育、传统农业生产、传统农村生活体验等活动，打造为观光、农业休闲体验基地。

环观音山观光农业走廊景观节点设置以观音三十二生相打造景观节点，放大观音山文化内涵，与农耕文化有机结合。在村落中设置随处可见的三十二种观音雕像，让游客到此感悟观音文化。

慢生活以耕读田园、养生修心为文化底蕴，打造农家乐和现代农业庄园，提升其"慢生活"接待能力，培育慢生活康养产业，注重食疗与药疗的结合，形成"庄稼慢慢长，人要慢慢老"的理念。慢生活形态以慢运动、慢标志、慢符号为标志。

构建慢生活示范村田园综合体，形成景观吸引区、休闲聚集区、农业生产区、居住发展区、社会服务区五区融合的现代田园综合体，全面体现以生活场打造旅游场，符合三产融合发展方向和城镇化发展趋势，在实现生活现代化的过程中缩小城乡差距，特别是公共服务方面。

慢生活示范村田园综合体着力构建核心产业、支撑产业、配套产业、衍生产业四业互动的现代田园综合体产业体系。

1. 鱼趣亲水庄园

规划思路是依托古房沟村现有的地块及水资源，打造鱼跃垂钓、水上游乐场。增设娱乐项目，大人可垂钓，小孩可游乐，增加五村业态及活力。

2. 黑牡丹观光庄园

黑牡丹为现有产业，根据产业特点，打造观光旅游庄园。在庄园可设置茶座等，以观音茶文化为主打品牌。

根据规划主题，以观音文化为基础，打造主题客家民宿。融入禅意理念，展现观音情怀。

满足部分游客吃素需求，通过观音素食餐饮，让游客在虔诚中感悟文化，素食食材丰富多样，打造西平特色观音素食盛宴。

3. 观音祈福庄园

观音祈福庄园内部主题核心为"大爱"，通过放生锦鲤、乌龟等方式，展现观音大爱文化。

4. 核桃采摘体验庄园

目前古房沟村大量种植核桃，拥有丰富的现有资源。旅客采摘体验，不仅能促进核桃销售，同时也增加了此地丰富的山地林间娱乐项目。

为丰富其庄园娱乐性，设置休闲精品茶舍，体验核桃类相关产品，如加工的核桃仁等。西平有黑陶艺打造基础，将传统工艺发扬，建造陶艺工坊，将观音文化元素和陶有机融合形成观音陶品牌。

5. 甜柚采摘庄园

在甜柚成熟季节开展采摘活动，让游客体验丰富的农家采摘生活与乐趣，打造儿童亲子采摘等一系列充满客家风情意味的体验项目。同时结合现有资源，融入观音文化，宣传观音文化。

6. 登山运动基地

依托该区地貌特点，建设登山运动基地。在此游客可以体验在山水田园间，尽情呼吸新鲜空气，进行畅快淋漓的户外运动，与自然亲密邂逅。从身、心、灵打造多维山水田园康体项目。设置帐篷营地和露天营地，重点吸引成德绵亲子家庭和成德绵大学生前来自助旅游。

7. 麦冬体验庄园

目前该处已经大量种植麦冬，根据产业形态及考虑未来销量，将产业与旅游结合，以旅增收。适时增设麦冬养生中药材工坊和麦冬体验制作工坊，建设麦冬生态酒庄。

8. 亲子休闲庄园

亲子休闲农场以基地一年四季都有水果或蔬菜等作为基础进行采摘，可丰富业态形式，设置亲子拓展活动、亲子DIY制作、亲子家庭赛场、亲子农作体验、亲子农场认购、爱心动物喂养、绿道亲子自行车赛等项目，增强游客家庭的亲子体验。

9. 花海庄园

打造面积为大致2000亩，青云观村的山地，种植月季花更能体现出别样美感，不仅形成独特风景线，也能增加产业业态，如月季茶等月季再加工产品。通过建设花海交易中心，将月季相关产品展览及售卖。

在花海庄园根据客家文化打造客家风情的星级乡村酒店，结合观音文化，搭配温泉，让游客感悟客家的热情时，也感受客家的温馨。

10. 观音文化村落

在该地区中，打造观音文化，将观音的大爱文化、康养文化、奉献精神体现其中。同时，村落有田园休闲疗养中心，集养生文化、康复理疗、保健医疗、休闲娱乐等功能于一体，通过提供高品质个性化服务，主要体现于民宿项目，让入住的游客享受到时尚健康的养生方式，也感受充满禅意的客家文化。

11. 客家文化民宿

区别于客家星级酒店，此打造模式的重点是客家农户房屋风貌提升打造，能够适当提高当地居民收入。

将传统的客家农耕技术及工具进行展览，保留传统的耕作模式及工具，设立客家农事博物馆，让游客参观。

12. 乌鸡庄园

规划思路：结合乌骨鸡林下养殖方式，设置乡村逮猎场，游客可以感悟古老客家文化，体验徒手逮猎的乐趣。狩猎场有成群结队的放养乌鸡可供逮猎，同时游客可以凭借逮猎的数量获得购买猎物的折扣优惠。既丰富了游客的乡村体验，又促进了销售，形成独具特色的娱乐活动。

畅通外部交通：抓住"对外交通干线"。西平镇对外连接成巴高速，有省道 S401 穿过，对省道 S401 在城镇范围进行维修黑化，解决西平镇对外交通出口狭窄难题。将西平镇古房沟村、青云观村、白果沟村、核桃沟村、上河村交通连线，作为五村游览出入的主要通道，对道路实施局部拓宽，方便车辆通过，形成内外畅通的交通环线。同时，建设招呼站，完善安防设施，实施道路美化。

健全内部交通：西平古镇及场镇交通较好，建议修复及提升，其中到西平古镇的旅游环线设置两个主要出入口。在游览主路上，拓宽改造村道公路，按宽度 6.5 米、沥青混凝土路面翻新。行道树种植果树，如橘树等，搭配红花檵木或鸢尾等有色灌木或草木植物。在游览支路上，改造村道，按宽度4.5米实施通村通畅工程，连接已建成干道，形成村内干道环网。同时，安装波形护栏，增设错车道40—50个。道路两旁植物主要配置金叶女贞等灌木。在游览次路上，在各个旅游功能区，按照需求，就地取材修建石制游步道或仿生态栈道，道路两侧进行景观打造，主要配置麦冬等草本植物。乡村旅游景点景象万千，加之浅丘显山露水的生态肌理，有很好的视觉效果——景随车动。规划在乡村旅游节点上建设观景台，并拓宽道路形成临时停车点。

1. 餐饮设施规划——观音客家民宿特色餐饮

积极引导地方居民发展观音文化民宿，通过主题化与散点式布局，形成包括乡村民宿、休闲农庄、特色餐厅、主题餐馆、乡村酒店等多级餐饮体系，高中低档互为补充的餐饮结构，中餐及地方美食相互结合的餐饮品类。并且引入知名品牌餐饮企业，鼓励各客家民宿、餐馆结合当地绿色蔬菜、地方特产等开发具有浓郁地方风味的招牌菜。营造人员服务态度良好、菜式丰富、菜品有特色、价格合理的就餐环境。

2. 住宿接待设施

积极引导当地居民开展住宿接待。旅游的住宿以中档为主，中高档为辅，帐篷为补充。其中中高档住宿有观音主题酒店（3星）、休闲农庄；中档住宿有客家文化民宿、主题客栈；帐篷为补充住宿。规划在旅游综合服务中心发展文化酒店，各个功能区根据需要发展主题酒店和休闲农庄，并发展由民俗客栈、客家民宿与特色宿营地等构成的旅游住宿接待体系。

规划观音文化主题酒店，提倡酒店硬件环境的个性化、特色化，建筑外貌上要突显观音文化风格，并与周围的环境相融合。

休闲农庄是以乡村为背景，结合餐饮、休闲娱乐、住宿于一体的接待设施。规划休闲农庄提倡占地规划略大，在设施环境上要求舒适、自然，服务质量高，建筑外貌上要突显客家文化风格，并与周围环境协调。

民俗客栈用现房改造或新建，贴合主题，突出民族特色，内里设施达到2星标准。客家民宿利用村民自家闲置房屋改造，改造要求突出观音及客家文化特色，按统一风貌改造。要求干净整洁，经济实惠。

西平旅游建立在以观音民俗文化为核心，以2个AAAA级旅游区（古镇AAAA级旅游区、中国慢村AAAA级旅游区）和十个休闲产业主题农庄为旅游集群，以观音三大香会节（二月十九日、六月十九日、九月十九日）和春节为活动载体基础，将特色文化和特色产业有机融合，将西平人民生活场和游客旅游场有机融合，通过规划、招商、孵化培育、市场营销，整合政府、企业、农民三方利益机制，致力于形成文态、业态、生态相互促进的西部一流、中国知名的特色旅游小镇。

西平旅游营销必须实现三大目标。一是打造精品项目，树立"中国观音民俗文化古镇、中国百家祠堂文化之乡、南丝绸之路的康养小镇"的品牌形象，有效提升品牌认知度和美誉度。二是提升旅游产品对国内外客源市场的影响力，巩固和拓展国内外目标客源市场。三是促进旅游投资、旅游消费和旅游综合收益的增长，使目的地成为国内一流的旅游目的地。其立体营销策略包括品牌营销、事件营销、整合营销和差异营销四个主要方面。

1. 品牌营销。以"三台县"作为目的地总体品牌，将西平镇品牌以"小"融"大"，积极实施"大市场、大品牌"战略，深入推进以品牌为核心的营销资源配置及推广，彰显目的地风格特色，树立品牌形象，提高品牌信誉，增强品牌核心竞争力。以"中国观音民俗文化古镇、中国百家祠堂文化之乡、川北耕读康养小镇"作为目的地总体品牌，加大品牌培育力度，发挥市场营销对培育知名品牌的基础和引领作用。

2. 事件营销。通过举办节庆、营造特殊事件的方式，利用消费者的节事消费心理，综合运用广告、公演、现场售卖等营销手段，进行产品、品牌推介活动，旨在提高当地的旅游竞争能力和知名度，弥补旅游淡季供给与需求不足。

3. 整合营销。构建政府牵头、企业实施、居民参与、费用共担、各司其职的整合化营销组织管理体系，有序推进目的地内外的营销宣传的各层面工作。由政府主导，大力开发建设区域旅游产品和旅游线路，主动与周围的景区进行合作，形成区域联动营销机制。

4. 差异营销。对基础市场，着重开展面对公众的直接促销活动，刺激市场需求的增长，拓宽客源层；对重要市场和其他市场，着重开展高端度假旅游产品促销活动，积极发挥市场中介、国内外主流宣传媒体的作用；对自驾游群体、康体休闲群体、大众旅游等开发专项旅游产品，加强具有针对性的宣传促销工作。

从调研到规划，从规划到建设，从项目到产业，从产业到生活，我们经历了西平的变化，看到了一个乡镇在田园牧歌大合唱中如何转型发展，从思维裂变到产业裂变。

第三节　打造慢生活的大英后坝村

现代田园牧歌理论体系认为，乡村的规划建设必须坚持保护传统民居、保护传统村居格局和传统生活方式。要从当地历史文化传承、民族习惯、地理位置、农业产业发展、村民生活舒适方便等多种要素出发，规划设计新农村建设，因地制宜，决不能搞一刀切，决不能按城市标准建设乡村。保护传统的建筑风格、村居格局、文化风俗习惯，就是保护村民已经习惯的传统生活方式形成的生活场。

我们受委托对大英后坝村进行规划，充分利用该村丰富的自然资源和人文景观，为村级经济发展进行探索。

大英县地处四川盆地中部、涪江中游，与四地市六县（区）接壤，东隔涪江与蓬溪县相望，南与遂宁市船山区、安居区接壤，西南与资阳市乐至县连接，西毗德阳市中江县，西北与绵阳市三台县交接，北与遂宁市射洪市为邻。县城位于成南高速旁，距成都114千米约50分钟车程，距重庆210千米约90分钟车程，距绵阳227千米约120分钟车程。

后坝村位于四川省遂宁市至大英县快速通道旁边，面积约40公顷，距离遂宁和大英都只有10千米，距城南高速公路出口也只有10千米，是成都、遂宁、大英的后花园。

该村拥有极为丰富的自然资源。后坝村山水资源丰富，百家河横贯全村，百家水库紧邻其边。百家河上自然形成了两个小岛，河段附近湿地景观优美，常常可见白鹤栖息其上；人们靠山而居，山上沿山坡形成了几个自然水塘，临水而住，具有原生态的田野乡村，宜人舒适的气候环境，堪称世外田园。

后坝村土质疏松，土地肥沃，盛产泥鳅，种植农作物优产度高、果蔬丰硕度好；传统种植中药材，并与四川省中医学院结盟。

在文化资源上，后坝村自古流传着"老君担担上龙头，白鹤追鳅水倒流"的俗语，流传着太上老君的传说故事，与白鹤栖息地相连，具有白鹤文化与道家养生文化的底蕴；这里的百家河水不是向东流而是向西流，流传白鹤追泥鳅使水倒流的传说，文化底蕴深厚。

在人脉上，这里产生了一些有影响的企业家，这些企业家对家乡的发展给予了极大的支持，并有企业家愿意投资家乡的建设开发。

基于上述因素，我们将大英后坝村定位为：田园综合体、四川生态泥鳅养殖示范基地、四川中药材养生基地、四川乡贤文化建设基地、中国企业家乡村康养培训基地。

将项目形象定位为：纯净的慢生活，倒流的旧时光。

项目产业定位为：以生态泥鳅养殖、中药材种植加工产业为基础，以乡村旅游产业为卖点，以养生养老产业为特色，以企业区块链服务产业为龙头，形成"四业共融"的乡村振兴产业集群。

1. 生态泥鳅养殖、中药材种植加工产业；

2. 乡村旅游产业；

3. 养生养老产业；

4. 企业区块链服务产业。

项目营销口号：酒是陈的香，人是旧的好；中国老不出川长寿村。

主要的路径是：

一、文化构建

构建四大文化体系：以天人合一道家文化、泥鳅美食养生文化、中医中药体验文化、祠堂忠孝乡贤文化四大元素构建乡村文化综合体。

（一）渲染白鹤形象，彰显吉祥长寿符号

后坝村生态环境优美，山连着水，水环绕着山，人们靠山而居，临水而住，自古流传着"老君担担上龙头，白鹤追鳅水倒流"的俗语。由于白鹤在中国文化中象征吉祥长寿，羽毛洁白，体现了白鹤纯真之雅，也代表着吉祥如意。在道教中，鹤是长寿的象征,因此有仙鹤的说法,而道教的仙人大都是以仙鹤为坐骑。在中国、朝鲜和日本,人们常把仙鹤和挺拔苍劲的古松画在一起,作为益年长寿的象征。

有关赞美白鹤的成语很多,如:鹤立鸡群、鹤发童颜、鹤鸣九皋等。有关白鹤的诗句也很多,如:丹顶宜承日,霜翎不染泥;羽翼光明欺积雪,风神洒落占高秋;丹砂作顶耀朝日,白玉为羽明衣裳;翱翔一万里,来去几千年等。

为此重点渲染白鹤的形象。

1. 在围墙、庭院、住房的砖墙立面、门厅张贴与白鹤相关的剪纸或作画。

2. 在田野、山坡、路边、水田、太极小岛制作白鹤的雕塑。

3. 在地面用简洁明了的图案制作砖雕砖画,表现白鹤活动的情态形象和白鹤追鳅的传说故事。

4. 在太极岛以上河段圈养白鹤,让游客和居住在那里的人们充分了解白鹤的习性,聆听白鹤追鳅的传说,感受白鹤代表吉祥长寿的文化意义。

(二)修建恢复百家河桥,构建乡贤文化

百家河桥是一座20世纪初由全体村民集资修建的行人桥,横跨百家河,由于年久失修已经破败。但由于其是大家集资所建,蕴含了中华文化中的传统美德,形成了文化传承。

修建恢复百家河桥、百家祠堂,收集百家河桥修建时期及现在的有为、有德之士的事迹并将其撰写出来,彰显于内,让后人知晓,以构建乡贤文化,传承弘扬良好风尚,砥砺后世子孙。

同时要大力引进新村民，发展文创产业，构建新乡贤文化。

（三）修建太上老君庙，尊重道家文化

尊重道家文化，恢复重建太上老君庙，收集"老君担担、白鹤追鳅"的故事传说，镌刻于内，传播养生文化。

（四）构建百家河桥民俗体系

1. 百家河桥民俗节；

2. 百家长寿宴——百家同席美食长卷；

3. 百家姓祠堂村；

4. 百岁老人养生酒庄，以当地种植的原生态中草药、花卉酿制药酒、花酒，让游客、老人品尝最天然的康养饮品。

（五）修建太极广场，传播中医太极养生文化

太极是中国道家文化史上的一个重要哲学概念、范畴。这种思维方式本身，包含着清醒睿智的哲思，其终极目的是希望人类活动顺应大道至德和自然规律，不为外物所拘，"无为而无不为"，最终到达一种无所不容的宁静和谐的精神境界。养生太极拳对人的身体起到的健康作用也极大。

由于后坝村的水域中自然形成了两个形似太极图的岛屿，再加上"老君担担"的传说，因此可以在两个岛屿的附近修建一个太极广场，邀请专家学者来宣传道家文化，请武术教练来教授养生太极拳，吸引太极拳爱好者聚集这里，形成远近闻名的太极场，让人们愿意主动来这里练习养生太极拳，学习康

养，锻炼身体，颐养身心。

（六）打造百家河景观

在百家河河段，按东晋陶渊明《桃花源记》描绘的"缘溪行，忘路之远近。忽逢桃花林，夹岸数百步，中无杂树，芳草鲜美，落英缤纷"来修建湿地风景区。两岸种植桃树或樱花，湿地任水草生长，小洲任白鹤栖息，远处修建木栈道，河流水面上摆放白鹤形竹筏，由鹤发童颜的老人撑着竹篙，随水漂流，可供游人乘坐、摄影；建造洞穴，营造穿过洞穴即进入陶渊明笔下的世外桃源的感觉，在太极岛以上河段建设后坝秘境，方便白鹤停留栖息，同时打造白鹤观鸟区。

二、修建企业家康养中心和培训学校

当地外出务工人员和企业家长期在外打拼，有广泛的人脉和雄厚的经济实力。可通过招商引资，吸引全国各地在外拼搏奋斗的企业界人士前来共同建设，休闲度假，调养身心，获取企业创新的灵感，共商企业的发展大事；还可以招揽退休赋闲的各界人士前来这个自然生态、山水秀美之地休闲度假长期居住，享受闲云野鹤的日子，颐养天年。

三、田园综合体

（一）打造全国有名的生态泥鳅宴

当地自然生态环境好，自然生长的泥鳅多，品质好。这里自古以来就流传着"老君担担、白鹤追鳅"的有名的故事传说，说明泥鳅是太上老君和白鹤的美食，是健康长寿食品，因此可以利用广阔的自然水域放养生态泥鳅，形成泥鳅产业，致富当地百姓。再聘请全国有名的烹饪大师制作全国有名的生态泥鳅宴，吸引各地的游客前来品尝，聚集人气财气。

（二）建中医养生汤池馆

与四川省中医药科学院联办，利用他们的中医资源优势和当地的中药材，开展中医汤浴、中医按摩理疗美容特色服务，挖掘中医和道家的养生文化，让来到这里的人有一种逆龄感，实现传说中的"水倒流"式的逆龄生长。

为不同年龄、不同性别的游客提供不同的药浴汤池，开发中医中药产业。

（三）建中药种植区，打造中药材基地

种植石斛、芍药、佛手、菊花、连翘、玉兰为当地特色中药材，其中以石斛、芍药为主，均兼具药、花特性，打造食药融合、花果药融合、草本木本融合、养生观赏融合的中药种植区。

（四）建立休闲生态农业示范区

1. 围绕隆盛镇打造大英至遂宁快速通道生态农业经济旅游带，可建设自然生态泥鳅放养保护区和优质中药材基地，构筑休闲生态农业示范区。做到不使用农药化肥、不焚烧秸秆，保护白鹤、小鱼、小虾、小鸟和青蛙，形成良好的生态链条，让泥鳅在保护放养区内自然生长成生态的餐饮食物；种植可观可赏可用于养生美容的绿色生态中药材，用于泥鳅宴煲汤、泡浴和观赏，种植适合泥鳅宴烹饪用的各种绿色有机蔬菜瓜果，让来到后坝村的游客吃到口中的都是绿色无公害的食品。

2. 种植四季盛开的鲜花

选择在山上种植木本各季鲜花；在平坝种植药花，以石斛、芍药为主，包括佛手、菊花、连翘、玉兰等，形成四季花盛、错落有致的独特景观。

3. 改建房屋风貌

改建区域内较为破旧的房屋风貌，体现川中民居特色风貌。在路边、庭院种植四季都能盛开的鲜花，建小型庭院、微菜园，美化村庄环境。

大英后坝村正按照我们的规划蓝图积极筹备，加快实施，将会成为西南丘陵地区开启乡村振兴篇章的序曲。

第八章

田园牧歌书院

与四维教育

稚子金盆脱晓冰,

彩丝穿取当银铮。

敲成玉磬穿林响,

忽作玻璃碎地声。

[宋]杨万里《稚子弄冰》

图 8-1 "中国少年·田园牧歌行"作品展示

"自然教育"是以自然环境为背景,以人类为媒介,利用科学有效的方法,使儿童融入大自然,通过系统的手段,实现儿童对自然信息的有效采集、整理、编织,形成社会生活有效逻辑思维的教育过程。真实有效的大自然教育,应当遵循"融入、系统、平衡"的三大法则。从教育形式上说,自然教育,是以自然为师的教育形式。人,只是作为媒介存在。自然教育应该有明确的教育目的、合理的教育过程、可测评的教育结果,实现儿童与自然的有效联结,从而维护儿童的智慧成长、身心健康发展。

第一节 田园牧歌书院

现代田园牧歌的自然教育,就是融教育于田园之中,参与、体验农业生产劳动,将无垠的大地、田野、山川、河谷、森林等作为教室，将丰硕的农村农业资源、各种农作物、各种农业生产方式作为教具，将参与农业生产劳动、学会感受自然、认识自然作为教学过程，培养学生自立、自强、自信、自理等综合素养，树立正确的世界观、人生观、价值观，全面提高学生素质。

鉴于此理论，我们设立了现代田园牧歌书院，以乡村田园为基地，与北京田园牧歌书院携手培植自然教育农庄，融家庭教育、学校教育、社会教育于自然教育，四维互生，四轮同行，变培训为体验，变学习为游戏，变知识为生活，变课堂为田园。续私塾之文脉，融国际之理念，尊孔子老子之祖训，从陶行知、叶圣陶的足音。对当今教育与其抱怨喋喋，不如起而振之。鼓励和吸引有爱之人、有心之士，趋之聚之，志趣同梦，携手偕行。

将魔法森林、飞猪农场、五彩熊猫、唐诗宋词之路、川剧小镇、作文园地、数字王国、中国武术八大板块融为一体，以学生的自我选择为主，全程实施双语教育，全方位培养学生的综合能力。

田园牧歌书院开展自然教育，将采用导师加辅导老师制度。担任导师的均是专家教授，带领辅导老师团队，在统一的自然教学大纲的基础上，自主研究教育方式、方法，教材教具，针对每一位学生实行独立施教，每一个阶段进行能力素质测评，动态掌握每一个学生的成长进步过程。

田园牧歌书院将森林教育、农耕体验、传统国学、书法绘画、语文的听说读写、舞蹈武术融为一体，全方位培养学生的综合素质和能力，对幼儿、小学、中学生的自然教育进行有益的探索和实践。

国外已经在自然教育方面进行过很多有益的探索实践，我们可以借鉴。

一、德国"森林幼儿园"

森林幼儿园在德国非常流行。在森林幼儿园中，森林就是教室，大自然就是老师，森林里的原木、石头就是课桌椅。老师只进行看护和引导，孩子才是学习的主人，在游戏（瞎玩）中发展身心。你会难以想象，一群3—6岁的孩子在没有任何大人的协助下搭了一个避雪小屋，他们会自己点篝火，并且在火快灭的时候往里面添加木材。这里的孩子很少接触商业性的玩具，而是就地取材，在森林中寻找玩具，森林里的树枝、泥巴、小虫等更能发挥孩子的想象力、语言描绘能力。

二、日本的特别活动与修学旅行

在日本，修学旅行一般是在山区，出发集合地点不是在学校，而是在目的地的车站，就是为了锻炼学生们自己查时刻表、查路线的能力；住宿也不是集中住在某个旅馆，而是去农家民宿。期间，学生除了体验农活、山谷行走、野营外，还会到寺庙体验坐禅、参观博物馆等等。自然学习中的体验和快乐往往是孩子们学校生活中最难忘的事。

三、美国的农场教育

"4H"教育在美国极为流行，"4H"就是 Hand、Head、

Health、Heart 的简写,这种教育强调"手、脑、身、心"的和谐发展,鼓励孩子们从大自然和日常生活中撷取知识和掌握技能,进而在生活中创建积极的人生观。通常,4H 教育大部分是在农场开展,按照孩子的年龄分配不同的任务,有的喂养动物,有的学习作物种植,还有的通过绘图、水彩、黏土塑形来描述农场地形……从七年级起,学生们开始通过探险拓宽他们已经熟悉的领域。孩子们在连续的层面上学习了解世界,在往复上升的过程中风景没有变,但孩子们的视角和认知方式却是全新的。

总结启示:围绕乡村的土地和花草树木,去设计孩子对自然认知、融入自然的活动。把枯燥知识变得有趣,把有意思的游戏融入教育,让孩子健康地成长。一是学知识,感知触摸自然律动;二是增灵性,丰富想象让孩子更有灵性;三是促勤劳,五谷能分四体变勤。

第二节 断山村第一村小

我们受三台县政府相关部门的邀请,为三台县乐安镇断山村作了乡村教育规划。

三台县乐安镇断山村位于绵阳市三台县西北方向,距乐安场镇 3 千米,距县城 5 千米,距绵阳 58 千米,距成都 139 千米,省道 S101 线贯穿全境。县道三中路(三台—中江)是镇域主要的对外交通道路,水泥路面,路面宽 10 米。对外交通条件良好。村内主干道为 3 米硬化路面，路网基本健全，但路面比较狭窄。

断山村全村辖 11 个村民小组，面积 2.55 平方千米，耕地面积 1442 亩（人均耕地 0.86 亩），其中水田 100 亩，林地面积 985 亩。通信、电力和广播已实现全覆盖。全村有总户数 525 户，总人口 1763 人，有劳动力 1142 个，常年外出务工人员 660 人。

我们规划区总面积 2.55 平方千米，现有用地类型以农林用地为主，主要种植农田、果林等；其他还有村庄建设用地、设施农用地及水域。农作物主要有水稻、玉米、小麦、油菜、果桑、藤椒等。

农业资源是休闲农业园区产品的形成基础。休闲农业园区的发展很大程度上依赖农业资源的开发利用。农业资源具有生产价值、知识价值、游憩价值、审美价值、生态价值、社会稳定价值等，但以旅游为导向的农业资源的利用首要的必然是其游乐休憩方面的价值。通过分析规划区拥有的农业资源禀赋与多样化游憩发展特征，规划区适宜发展"丘区乡村生活体验""主题产业体验""乡野田园修养"为主，"多主题游憩机会"为辅的农业休闲项目。

文化资源以"尊天法祖"三台文化为主，一是农耕文化，包括耕读文化、农耕农具、自然农法、二十四节气；二是民俗文化，包括饮食习俗、服饰习俗、节庆活动、历史遗产；三是宗教文化，包括拜庙会习俗、民间信仰；四是驿道文化等。

我们认为这些文化资源的发掘有利于田园自然教育体验、田园观光与体验、农具展示与体验、二十四节气文化的应用、特色农家美食和烹饪手法以及特色节庆活动开发。

根据对断山村自然和经济社会状况的分析，我率团队提出依托三台县"中国麦冬之乡""国家级农业标准化示范区""四川省精品农业标准化示范区""中国米枣之乡"和"四川足球之乡"等品牌，结合断山村高品质、多类型的优势农业资源，充分发挥交通区位优势，突出断山村的自然、休闲之态，以同心、爱心为特色，以自然教育为文化主题，以产业为支撑，有针对性地引导发展乡村旅游合作社，打造农旅结合全域乡村旅游，开发高品质生态休闲体验及特色旅游产品，构建以自然教育为主题的"第一村小"自然农业教育品牌，全力打造"第一村小"农业综合体示范村、自然教育主题示范村和三台城郊农业示范区，增强旅游业的竞争实力，实现旅游产业的转型升级。

这一规划思路的突破口在"教育+农业"综合发展模式。其发展理念为体现乡村振兴中多功能农业教育功能，以自然教育、农耕教育、历史文化教育为主；其目标导向是要村民做教师，村长做校长，最终建成中国最大的"开放式村小"。这样做是基于农业是基础、农村是根脉这一文化认知，寻找根脉，亲近自然，锻炼意志。哪怕只是象征性的体验，也比什么都不知、什么都不做要强上一百倍。

这样规划的发展策略基于两个结合，一是"中得心源，外法自然",将人文之心和自然之心相融合;二是"心连心城市牵手乡村",将资助者、建设者的心和乡村百姓的淳朴之心紧紧联系在一起。围绕中国"第一村小"这一形象定位,着力强调引导以自然为师,建设孩子的天地,倡导乐学乐游,打造教育的天堂。最终把断山村打造成中国自然教育主题示范村、国家 AAAA 级旅游区、三台生态农业种植示范区。特别突出中国"第一村小"形象品牌,打造研学教育之旅、运动休闲之旅、美食购物之旅、田园乡愁之旅四大乡村旅游精品,构筑旅游吸引物体系,创建创新业态,建立一批特色鲜明、竞争力强的乡村旅游合作社,优化提升乡村旅游环境,把旅游产业做大做强。同时带动新型城镇化、农业现代化及相关产业融合,实现县域经济跨越式发展。建成中国"第一村小"、三台自然教育主题示范村和三台县近郊休闲旅游目的地。

综合上述发展思路,确定断山村的旅游战略重点,与空间结构相结合,打造一个自然教育基地核心,培育两大发展片区,构建五个发展组团,简称"一心两区五组团"。

"一心":"第一村小"自然教育基地。

"两区":山地运动休闲度假旅游区和生态田园观光采摘体验区。

"五组团":梓州渔翁垂钓园、雾里水乡乐园、藤椒产业园、四季花果园、田鲜美食园。

我们以自然教育理论为指引,将整个村打造为一个开放的乡村村小,集耕读文化、家庭教育、校外课堂、自然教育、有机农业于一体的自然体验基地，开放教育内容，濡染乡土文化，寓学于乐，寓练于乐，不仅能让小朋友亲近大自然，也能让大朋友回到童年时光。让大家通过亲身体验与感受，享受自然和生命的神奇和乐趣，并在快乐中学习、感悟和传承传统文化，实现情感、意志、心灵和谐发展。

1. 八大爱心"教室"——爱心共建，教育庄园

根据"家家是教室，人人是教师"的理念，在现有农家基础上分片建设语文农家乐、趣味数学农家乐、奇妙地理农家乐、历史文化农家乐、物理科普农家乐、美术农庄、生物农庄和外语农庄。将相关主题教育内容与教育元素体现在建筑、设施和用具上。

2. 绿道生态科普园

在道路两旁设置动物、植物形状的科普牌，增添绿道的趣味性和生动性，让孩子们在走路的过程中学到知识。

3. 庭院改造

按教育＋民居的模式形成系列具有"第一村小"文化主题的庭院。

（1）房屋主体改造。断山村家家户户都有大小不等的院落可以利用，在保持原有川东民居特色基础上将其加以美化改造，充分利用基础资源提升当地整体美观度，为休闲旅游者提供一个观赏点和休息环境，进一步推进以庭院经济为基础的农村合作化、规模化、特色化、生态化和社区化建设。

（2）庭院栅栏。可以在栅栏里外侧粘贴或者雕刻图画、

文字，包括科普小知识、猜字游戏、数字游戏和漫画故事等。

（3）室外生态厨房。打造开放式厨房，让全家一起都参与到美食的制作中，让孩子们认识食物的本来面貌，以及它是如何一步一步被加工成美食的，并且学会健康饮食。

（4）庭院小径。用枕木和砾石结合或者直接用石板铺设。一切都是就近取材，一切都是随意而为，一切都是随遇而安，清新而自然，简朴而大方，既整洁美观，又不做作，还不浪费。

4. 中国乡村小学博物馆

收集三台各乡村小学的资料并展示，包括建校历程、校举办活动、学校优秀教师资料和成果，打造中国乡村小学博物馆。

5. "春泥护花"系列主题讲座区

图 8-2 "春泥护花"系列主题讲座

在室外设置一块大黑板，并设计座椅，既可以作为整个区域的标志，也可以作为系列主题讲座区。主讲人为志愿者队伍，包括优秀教师和游客、大学生支教团体。创新组织形式，向外借力，补充"春泥护花"活动的师资力量。讲座主题紧扣学生身心特质，开设手工制作、棋类辅导、民俗文化、趣味英语、安全知识、生活科学等多元化"春泥套餐"。

6. "X-Change"活动街区

我们本着"你的多余，我的需要"理念，通过旧物循环利用、以物换物或以钱换物的方式，推广"循环经济"思想。孩子们将闲置的书籍、文化用品、玩具、书画作品、小制作、小发明、小收藏等各种物品拿到市场上进行展示、交换、销售或拍卖，不仅可以培养孩子节约资源、爱护环境的意识和良好的行为习惯，还能让孩子体验"公平买卖""劳动快乐"，丰富了孩子的周末活动。这类交易让孩子们初步树立市场经济下的交易意识，感受市场经济，给孩子创设理财平台，学会推销、购买商品，设计促销标语、广告、海报，增强团队意识，培养和加强孩子们的合作、动手、交流创造等能力。

7. 同心共筑中国梦展示馆

展示馆包括会议厅、报告厅和"同心共筑中国梦"成果展示厅，为党政机关、企事业单位培训学习、会议交流、成绩展演等提供活动场所。

建设原床育苗区、营养袋育苗区、大田排栽区、示范栽植区，重点打造良种繁育基地、高产示范基地、观光休闲基地，藤椒产业发展培训中心、藤椒文化博物馆和藤椒产品展示销售区，建成一个集观赏采摘、休养娱乐、生产示范、科普教育等于一体的精品生态产业园，实现生态藤椒园的经济效益、生态效益和科技效益的统一，引领全县藤椒产业的发展。设计"藤椒足迹"科普路线，让孩子们认识藤椒的生长过程，了解藤椒的生长环境，近距离观察藤椒生长足迹。

以藤椒主题的各种美食为名，游客可以自己采摘食材，在厨师指导下制作美食。延续了藤椒博览园中设计的"藤椒足迹"，让孩子们参与藤椒美食制作过程，认识到藤椒以及其他原料所发挥的大作用，引导孩子们健康饮食。

1. 森林课堂

打造森林课堂，由课堂讲解员带领孩子们认识和了解树木种类、树木的生长习性以及树木带来的空气质量指数的变化，引导孩子记录和观察森林里的动植物，通过观察、制图、描述等方式来记录森林中的自然元素，独立完成自然笔记，让孩子们了解环境知识，从小培养爱护森林、保护环境的理念。

2. 草地游戏

以原生木材为主要材料，进行打磨光滑防腐阻燃等处理，搭建高低错落的构筑物，装备在草地和丛林，形成探险过关的游乐体验。保持材料的原貌，使之与环境更好地融合，体现绿色环保的设计理念。

3. 森林探险

家长和孩子一起活动其中，双向沟通，相互鼓励和关心，可以促进家长和孩子的相互了解,挖掘出在平常生活中难以发现的一些特长和短处,其活动带给家庭的心灵体验极为美妙!

4. 奇妙森林音乐派对

在清风、绿草和森林里,通过肢体游戏、奥尔夫音乐和环境舞蹈等好玩的活动,开启孩子以大自然为媒,打开身心,在大自然提供的舞台上表达自己,点亮和激活身上每一个艺术细胞的欢乐派对。

5. 森林故事会

森林故事会系列之《太阳巫师》《铁巨人》《好心的克拉拉与自由之被》《神秘屋》等,通过故事讲述和表演过程,让孩子的性格变得开朗,开阔孩子的视野,让孩子的知识变得更加地丰富,提升想象能力和创造能力。

一、刺激与舒缓同在的雾里水乡乐园

主要建设主题漂流河、浮潜池、大型水寨、多组合滑道和造浪池。

1. 主题漂流河:在1.2米的水中可以享受浮潜乐趣,游客感觉进入了海底,可以看、摸形形色色的鱼类。

2. 大型水寨:冲浪池和水寨链接,水寨装饰以龙宫中娇小可爱的贝壳岛为主题元素来设计,使各种海螺和贝壳的形态空间相结合。可以在水寨尽情使用阀门、水炮、水枪、鱼模型的水桶。

3. 成人游泳池

打造生态成人游泳池,利用植物遮挡作用,将池塘视线分割；泳池周围环境均用绿植营造，遮阴避阳，提高环境品质，打造出度假休闲的游泳氛围；泳池地面可采用木质或石板材料，主要功能为美观、防滑、安全。沿泳池四周放上度假风格的伞椅供游客休憩、养神、补水。

4. 儿童戏水区

打造儿童泳池，装点儿童喜爱的高饱和度色彩，配置安全性强、尺度适宜、边角圆润的小型游乐设施。

5. 绿意休闲长廊

在水上乐园空地修建绿意休闲长廊，修筑绿意包围的廊亭。廊亭本身作为一个景观，与环境相融合，少不了藤蔓植物的点缀。整个长廊泛滥绿色，为避免单调，可种植花卉进行装饰。长廊内可设置桌椅，供客人休憩玩乐、聊天饮茶。

二、万紫千红的同心百花园

以断山村"心"形元宝山为中心建设同心百花园。元宝山为同心桃花园，将周围的四个小山坡分别建造为同心芙蓉园、同心金桂园、同心蜡梅园、同心蔷薇园，并且建设相应的观景亭、赏花小径和花园雕塑等基础设施，增加相关花的科普标识牌、诗词歌赋展示牌和花园雕塑，以满足游客赏花、画花、摄花和品花的多样化需求，在花园中开设亲子手工作坊，让孩子体验手工制作的乐趣。建设环村道路，道路拓宽1.33千米，由原有路面拓宽到6—8米路基，硬化至5米宽，将车行与人行分离。道路两旁通过栽种树木花草进行景观打造，形成同心产业路。在环村同心产业路两边栽植藤椒，间种芙蓉、映山红等花木，形成藤椒走廊。

1. 同心桃花园

在"心形"元宝山打造同心桃花园，种植观赏性桃花，在桃花林下栽种油菜花等矮株植物，打造立体、彩色景观，巧妙地将桃树种植与桃文化相融合，让游客置身桃花海亲近桃花，登高远眺，穿越桃花走廊观赏桃花，品读桃花历史。

（1）连心亭

桃花往往象征爱情，因此桃花园也是爱情誓言的见证之园，在同心桃花园设计连心亭，寓意为来这里的情侣、夫妻会心连心，象征爱情的永恒。

（2）历史文化长廊

深度挖掘桃花文化，以"人面桃花"历史故事为依托打造传统历史文化教育长廊，集中有关桃花的6个传奇传说和若干个小故事，延伸拓展为6个既独立又相连的文化区域，分别是：人面桃花、百合园、桃花岛、爱情岛、结义园、桃花庵。长廊采用木质结构，将6个文化区域以雕刻形式展现在长廊中，供游客观赏、研读。

（3）桃花圃

桃花是学生、弟子的象征，开辟平地打造桃花圃，周围以李树点缀，象征"桃李满天下""桃李不言，下自成蹊"，用以歌颂老师的业绩。游客可在此休憩、赏桃、品茶。

2. 同心金桂园

在青杠嘴栽种金桂树，打造20亩同心金桂园。在其中打造百艺坊，修建手工艺长廊，以及花间饮茶休闲区，游客可在其中采摘、赏花、饮茶等，感受自然的舒适与惬意。

（1）桂花坊

在青杠嘴山顶打造桂花手工坊，用茅草铺顶即可，不仅通风避雨，而且可以让游客更接近自然，方便拾取材料。开展亲子桂花采摘、酿制和泡茶等活动项目，游客可带走茶品，也可就地品尝。

（2）环形观光道

在同心金桂园打造两条上山道路，采用石板或草材料铺成。修环行观光道328米。

（3）花间茶饮

在桂花林下摆放木制桌椅，为游客提供赏花、休憩、饮茶服务。以展板形式展示桂花的知识和中国桂花文化，游客可通过展板展示了解桂花。游客自己亲手采摘桂花，在专业制茶人员指导之下制茶、品茶。

（4）半山木屋

在半山坡选取视野开阔、地势平坦的区域修建独栋木屋。房屋随山就势、因地制宜构建隐于丛林之中的聚落式木屋布局，满足游客对野趣和舒适度的双重需求；木屋设计应小巧精致，屋内生活设施配备齐全，部分木屋内可提供全套厨房用品，方便家庭出游；木屋建筑形态应与自然地势融为一体，建筑材料可选用山石、木材、茅草等原生自然材料，突出自然古朴，弱化人工痕迹。

3. 同心玫瑰园

种植玫瑰花，利用廊架、墙体、栅栏、座椅等景观小品打造休闲、温馨、浪漫的玫瑰花园。在山脚下修建玫瑰影社，为游客提供外景拍摄、租赁服装、照片打印等服务，游客可租赁服饰和设备在各处拍摄照片和小短片。

4. 同心蜡梅园

在断山村玉台山种植蜡梅，打造同心蜡梅园。蜡梅傲寒盛开，可开展蜡梅文化节，游客可前去赏蜡梅、品农家风味、游"第一村小"、购生态年货，感受冬日独具一格的乡村旅游。依托蜡梅园，搭建亲子手工艺坊，以展板形式展示蜡梅的起源和中国蜡梅文化，并配专业人员讲解。开展亲子采摘、植物拓印、手工编织、树枝手工、工艺插花等创意亲子活动项目，鼓励孩子们利用森林环境中自然材料进行艺术创作，制作各种树枝相框、树枝风铃、植物吊灯等。

5. 同德莲花湖

在断山村赵家沟建设"同德莲花湖"，依山形走势建一个面积在 50 亩以内的"同德湖"观赏性荷塘，种植多种品种荷花，呈现彩色荷塘的美景。

（1）荷塘观景亭

在观赏性荷塘中搭建观景亭，修建生态步道，把观景亭与岸边茶舍相连。建筑材料以木质为主，方便游客休息、观赏。

（2）彩荷艺术舞台

在荷塘中搭建彩荷艺术舞台，定期举行荷花歌舞艺术汇演。在湖畔修建艺术长廊,定期举行荷花书画艺术展览。

(3)荷田灯光秀

在夜间原本毫无变化的荷田,经过地灯的装饰后便有了仙气。通过规模效应,无数小灯在夜间将漫天繁星搬到荷田,成排的夜灯如繁星,如银河,如嵌入大地的精灵。灯光设计主要包括:地坪灯、路灯、景观灯、射灯和灯饰小品等。

三、产业融合发展的四季花果园

1. 蚕桑博览园

以种植果桑为主,樱桃、草莓、米枣等为辅,形成游桑园、品桑果、观养蚕、吃蚕桑菜为主题的观光休闲生态园。园内建有蚕桑科普区、蚕桑特色美食体验区、蚕桑系列特色产品展览、销售区等,是体验蚕桑特色、感受田园风光、休闲度假旅游的理想乐园,为游客提供种植、采摘和制作成桑葚茶、桑葚酒等系列工具和技术指导,专为孩子设计"果桑足迹"的体验路线,让孩子们体验果桑从种植幼苗到结果,再到采摘,最后制成果桑产品的一系列活动。

2. 草莓童话教育园

以"草莓+教育+休闲"的理念打造草莓童话教育园,种植不同种类的草莓,进行采摘售卖,开发多种草莓衍生产品,将草莓与观光、美食、咖啡等融为一体,还可以做草莓酒庄。在市场动作上使用育苗杯提前上市,占据一开始的价格优势;根据草莓大小品质分级销售;创建经济体制,研发衍生产品,打造各种DIY项目;注重细节,让游客在草莓田间自由

图 8-3 创意农园

穿行。

3. 创意农园

开展亲子园艺活动，和孩子一起仔细阅读种子包上面的说明，开展观察与绘画等一系列活动，让孩子获取很多信息：这个植物是多年生的还是一年生的？为什么有些植物要等到天气暖和一点再移栽到室外去？什么是这种植物的最适宜环境？这个过程可让孩子学会阅读说明书，同时扩大他们的词汇量。

四、"第一村小"市场攻略

1. 三大旅游产品体系构建

我们按照市场导向、自然生态、情景体验、精品打造、可持续发展、社区参与的理念，结合自身的优势旅游资源特征，结合交通条件、基础设施、市场需求等因素，有针对性地进行旅游产品开发设计，形成以研学教育、运动休闲旅游产品为引领，以田园乡愁、度假康养、购物美食旅游产品为支撑的多元化、复合型旅游产品体系。

旅游线路设计总体依照"同心产业路"路线，沿断山村藤椒产业带形成全区旅游环线，由动态山地运动休闲度假旅游区形成山地运动休闲度假旅游线路，由静态生态田园观光采摘体验区形成生态田园观光采摘体验线路。

2. 特色商品设计与开发

在旅游政策和旅游管理部门的引导和规划管理下，深入挖掘地方资源特色，发挥文化底蕴优势，并结合地方产业特点，推出一系列富有特色的旅游商品，提高断山村旅游业的整体效益和市场吸引力。

3. 营销战略

我们以乡村旅游节庆活动为主题，以研学教育、休闲度假、农业观光、美食体验等系列乡村旅游产品为抓手，通过整体营销、全域营销，塑造并推广"中国第一村小"的断山村主题形象，提升断山村的区位价值与旅游价值，塑造区域旅游发展的知名度、影响力与品牌效应。

（1）整合营销

把断山村田园风光、农业产业园区、山水资源、文化景观等进行整合，构建区域旅游整体营销模式，树立起区域旅游品牌形象。

（2）全域营销

将乐安镇其他村的节庆营销、乡村旅游营销与断山村的进行整合，实现全域乡村旅游整体营销。从分散且高同质性的粗暴营销模式转为整合营销、捆绑营销，使区域旅游产品形成纽带。

（3）全时营销

在断山村乡村旅游营销中，信息宣传平台的构建可延长旅游周期、平衡旅游淡旺季，做到"月月有活动、季季有节庆"，避免节庆活动的"断档"。

（4）品牌营销

实施整体品牌战略，实现旅游产品品牌化、旅游企业管理服务流程高标准化，塑造绵阳市乃至全国乡村旅游目的地新品牌。

4. 特色主题营销活动设计

以乡村旅游节庆活动为主题，以研学教育、休闲度假、农业观光、美食体验等系列乡村旅游产品为抓手，通过整体营销、全域营销，塑造并推广"中国第一村小"的断山村主题形象，提升断山村的区位价值与旅游价值，塑造区域旅游发展的知名度、影响力与品牌效应。

（1）第一村小儿童节

在每年6月举办，以儿童活动为主题，将实践体验与互动表演等融为一体，让儿童过一个跟以往不一样的节日。

（2）第一村小教师节

在每年9月举办，将三台内所有教师的教育成果、教育资料收集、展示、陈列，将其中优秀教师的事迹在主题讲座上进行宣传。

（3）农耕民俗文化节

在每年11月举办，以传统民俗文化为背景，开展民俗文化展览、民俗事项参与、民间故事讲演等多项体验性旅游项目。

(4) 腊月刨汤节（杀年猪）

在每年腊月举办，活动内容：开设杀年猪比赛、乡村风情文化演出、篝火晚会等节目，让游客在喝刨汤、看大戏、品乡情中继承传统的刨汤文化。

第三节 杜甫草堂农庄

杜甫草堂农庄位于绵阳市三台县中太镇邹家寨村 5 社。杜甫草堂农庄核心地区 25 亩，辐射面积达到 300 亩。项目地位于绵盐公路旁，距离 G23 绵西高速中太出口直线距离 7 千米，塔山收费站直线距离 8 千米。

一、根据空间统筹及项目特色布局

我们将杜甫草堂农庄及周边地区规划为三大区：杜甫草堂农庄区、生态养殖区、池塘水域区。

（一）杜甫草堂农庄区

在现有的房屋基础上进行升级改造，沿着绵盐公路对房屋采取围栏的模式形成庭院，对房屋的内部进行提档升级，装裱杜甫字画，增添艺术气息，作为少年乡村艺术宫。在房屋的后面建设一个大约在五分地面积的小鱼塘，在围栏内进行环境改造，为农庄提供一个良好的用餐环境。

（二）生态养殖区

种植果树，在果林下进行生态养殖，养殖家禽，为农庄的餐饮品质提供有力的保障。

(三) 池塘水域区

儿童游乐鱼塘：用于儿童玩耍。在公路对面的岸边起一个二层堤坝，规划一个一亩左右的浅水区域用于儿童游乐，儿童在里面摸鱼、抓虾，体验乡村田园风光。在岸的两边搭建用来休息的凉亭。

垂钓赏景区域（浅水区）：规划一片浅水区，保证水质清澈，利用现有的水塘，沿塘种植荷花，养殖生态鱼、龙虾，可供垂钓。

绿色走廊：在深水区与浅水区之间设置一片绿色的过道，用于隔离深水区和浅水区。

深水区：打造生态湿地，形成集钓鱼、观光、林下休闲于一体的乡村生态大环境。

图 8-4　学生们表演节目

杜甫草堂：杜甫草堂的这片区域主要发展休闲垂钓，在岸边设立垂钓台、遮阳伞。

水果林：在池塘与公路的间隙处种植一片水果林，既隔离了公路带来的噪音又美化农庄环境，丰富了儿童体验玩耍项目。

环形游线：在农庄里面修一条游步道方便人们的通行。

二、杜甫草堂乡村艺术宫

唐代伟大诗人杜甫流寓梓州1年零8个月，写下了包括不少名篇的100余首诗。杜甫草堂乡村艺术宫让孩子们在乡野里快乐学习，让前来感受古代文学、自然教育、传统工艺的孩子体验不一样的乡村风情，让孩子展现最灿烂的笑脸。

设置现代田园牧歌书院教学课程，北京田园牧歌书院与杜甫草堂农庄携手培植自然教育农庄，融家庭教育、学校教育、社会教育于自然教育，四维互生，四轮同行，变培训为体验，变学习为游戏，变知识为生活，变课堂为田园。采用导师加辅导老师制度。担任导师的均是专家教授，带领辅导老师团队，在统一的自然教学大纲的基础上，自主研究教育方式、方法、教材、教具，因材施教，每一个阶段进行能力素质测评，动态掌握每一个学生的成长进步过程。

三、项目策划

（一）好安逸砂锅鱼

打造好安逸砂锅鱼品牌餐厅，以连锁店的形式思考，后期逐渐形成三台县的顶尖品牌。

(二) 夏桑菊麦冬采摘及中药饮品

在水岸的两边种植中药植物，一是作为经济农作物，二是作为观赏植物。涪城麦冬含氨基酸，三种以上寡糖，一种以上中性多糖，九种以上高异黄酮类化合物及葡萄糖苷，七种以上甾体皂苷和维生素A、B、C、D等30余种对人体有益的化合物，具有润肺养阴、益胃生津、清心除烦、凉血止血、美颜益肤、强身健体等功效。入药可治病，入茶可防疾，美颜益肤。还可深度加工配伍针剂、饮片、饮品，以满足人们多方面生活的需要，是纯天然保健、滋补珍品。

夏桑菊源自清代吴鞠通《温病条辨》的经典名方"桑菊饮"，味道甘甜，气味芳香，可以清热解毒。夏桑菊不是一种植物，夏即夏枯草，桑即冬桑叶，菊即甘菊。

(三) 土鸡系列

土鸡也叫草鸡、笨鸡，是指放养在山野林间、果园的肉鸡，具有耐粗饲、就巢性强和抗病力强等特性。土鸡的鸡蛋在城乡市场上非常畅销，且蛋价也高于普通鸡蛋，营养价值高。鸡肉口味鲜美，蛋品质优良，市场需求前景广阔。且由于大多数是在林间或果园内放养，更贴近绿色环保的要求，故而更受消费者的青睐。

(四) 生态鱼塘

生态鱼池是将生态修复技术与锦鲤池科学地结合起来，利用生态学的原理，将锦鲤池过滤后的水再进行生态修复，通过高等水生植物的吸附作用，清除或降低水中硝酸盐及亚硝酸盐

图 8-5　学生在大自然中学习农耕

的含量，保证进入鱼池的是干净无污染的水，减少了鱼病的发生，同时也降低了换水的频率和清洗过滤材料的次数，降低了工作强度。

四、微景观打造

（一）杜甫鲜花泥土雕塑

用挖鱼塘的多余的泥土做成杜甫的雕像，在雕像上面种满鲜花，既生态绿色，又是农庄的文化符号。

（二）杜甫文化亭

在杜甫故居、杜甫草堂、三台杜甫草堂对应的三个池塘区域，每一个池塘设立一个草亭，每一个草亭都有对应区域的文化符号、文化氛围。

（三）房屋微景观打造

近年来，我们在成都、绵阳、遂宁、德阳等地开展学生的田园牧歌教育，建立了多座田园牧歌书院。在具体的实践中，我们深刻地认识到，田园教育的核心离不开田园的自然教育，我们认为：

第一，田园牧歌教育变一维教育为多维教育。单一的学校教育是独轮的一维教育，是不完全的教育，既不利于孩子的全面发展，也很难让孩子怀梦走远，在后期的学习工作中，教育单一、成长期营养不良的后果逐渐显现，不少孩子、家长正在或已经尝到"偏食"教育的苦果。让孩子走进大自然，融家庭教育、学校教育、社会教育于自然教育，不失为一种更能让孩子全面发展的优秀教育方式。

在一个维度的时空无法看到另一个维度的世界，多维度时空教育，给孩子一个真实的、全面的、立体的世界，培养出多维度眼光、多维度思维、多维度心智的健全强大人格。

第二，田园牧歌教育还给孩子一个释放天性的童年。"生活即教育、教学做合一"是早年著名教育家陶行知的教育理念。忙于城里培训，忙于从房子转场到房子，孩子的天性禁锢于灰色的空子，孩子成了装在书包里的人，失去自然发展。在乡村是自然到自然，在自然中给孩子一个美好的童年，在自然中释放孩子天性。天人合一，把乡村的花鸟树木、清风流水、田园农舍、蓝天白云……请进课本，又从课本到自然，三五成群的小伙伴团队，形成一个院坝式、田园式童年，让他们找到最优秀的小伙伴、最放飞自我的新天地。

第三，田园牧歌教育思想是传统与现代的集成创新。田园牧歌书院引入现代教育团队及理念，聚集国内教育家、科学家、学者、作家、艺术家及教育博士，形成既有国际视野，又有教育传承底蕴的团队，从自然教材运用中做到因材施教、因地施教、因时施教，培养孩子的创新思维，发掘孩子潜力，让每个孩子适应社会，使其具备强大的创新力、适应力、发展力。

田园是真正的大课堂，是慈爱的母亲，是有力量的父亲。田园从不辜负热爱它的人，用"春种一粒粟，秋收万颗子"回报每一个耕耘者。孩子在田园的每一棵树上，每一朵花上，每一块泥土里，每一条小溪里，都收获到美妙绝伦的体验和美的熏陶，聆听到大自然的教诲，揭示大自然的奥妙。在与田园耕读共生中，童心与自然结合产生智慧，滋长真善美，放飞想象力。田园牧歌教育以传统与现代相结合的理念，把田园变成孩子的名师、孩子的童话。

第四，田园牧歌教育把家长和孩子从被动的培训与作业中解放出来。这种寓教于乐的乡村体验式教育是陶行知的乡村教育理论在今天的发扬创新，是以人为本，以天人合一为核心，融合语文、数学、英语、美学、科学五大内容于自然中，于生活中，传承中国私塾的教育精华，并将亚洲、欧美等地国际教育理念有机融会贯通，形成自我独特的教材及教育模式，真正做到让每个孩子都精彩，把家长从繁重的培训中解放出来，把孩子从枯燥的作业中解放出来，让孩子真正体会到"最好玩的是学习"。

第九章

筑牢田园牧歌的基石

昼出耘田夜绩麻,
村庄儿女各当家。
童孙未解供耕织,
也傍桑阴学种瓜。
　［宋］范成大《四时田园杂兴·其三十一》

乡村振兴，产业兴旺是基础。要坚持质量兴农、绿色兴农，以农业供给侧结构性改革为主线，加快构建现代农业产业体系、生产体系、经营体系，提高农业创新力、竞争力和全要素生产率，加快实现由农业大国向农业强国转变，从夯实农业生产能力基础、实施质量兴农战略、构建农业对外开放新格局、促进小农户和现代农业发展有机衔接等几个方面推动乡村产业振兴，构建农村一二三产业融合发展体系。

如今我们的农业已经从"锄禾日当午，汗滴禾下土"的艰辛，变成了"采菊东篱下，悠然见南山"的乡村美学、乡村旅游的体验。我们的传统农业面临向现代农业、创意农业、精品农业、多产融合的综合体提升转变。现代农业与传统农业相比，已从一业向多业协同发展，呈现出复合团队、三态基地、多维产品、地理商品、季节均衡、三级市场、文化农夫和组织

图9-1　天伦葡萄园——炊烟升起时，故园葡萄甜

体系八大显著特征。

产业兴旺是农民增收的重要途径，是乡村盘活发展要素、激活内生动能的重要手段，更是乡村焕发生机的重要抓手。许多乡村建设与发展的问题多出在产业上。

乡村发展一定要构建完善的产业体系，这是对乡村发展主导者的挑战，更是乡村发展必须完成的使命。现在很多乡村产业体系构建陷入"假、大、空"的陷阱。为什么说假？因为很多产业脱离了农业。农业是农村产业体系的主干，农业形成了农耕文明与农村耕作形态。现在诸多的乡村提到产业就是康养，就是旅游，甚至有的乡村完全规划为高档的度假小区，将大棚改造为房屋，完全忽视了基础的农业。为什么说大？现在一些乡村片面追求大规模、大效益，一提就是"万亩葡萄园""亿级中药材产业园"，忽视了市场需求，更忽视了劳动力、资金、土地等要素条件。没有考虑在规模化现代化手段还不健全的时候，农村劳动力资源的流动半径及劳动产品辐射市场半径。为什么说空？脱离了农业，片面追求大规模、大效益产业发展项目就如空中楼阁，无法实现，即使硬性上马，也是大面积的滞销。

农业是整个国民经济发展的基础，无论在西方还是中国都是政策性非常强的产业。因而对农业发展的规划与展望，没有不关注国家政策取向与趋势的。多年与农业农村打交道的实践，让我自觉对每一个项目的调查与分析，都是把它置于党和国家发展大势下进行，都是紧密结合政府政策给出建议意见，这是官员与企业家经历练就的着眼于可行性与操作性的思维出发点与追求逻辑与理性完善的学者不一样的地方。

我近年来参与组织策划和实施的一系列项目正是这一思路的典型体现。

第一节 案例：宁夏枸杞"中国红"

受宁夏农林科学院的委托，对如何做大做强枸杞产业进行研究，我们一如既往地先进行宏观政策分析。

我国目前已成为世界第二大经济体，经济实力大幅提升，为加速传统农业转型升级提供了更多支撑；而农业供给侧改革、新型城镇化等惠及三农发展战略的实施，信息技术、生物技术、新材料、新能源等领域的新技术的突破创新和"互联网+"等新业态的快速发展，更是加快了一二三产业深度融合和农业的持续发展。伴随着国家向西开放、"一带一路"经济带建设，宁夏作为我国首个内陆开放型经济试验区，迎来了现代农业发展和走出去的千载难逢的机遇期。而在宁夏举办的中阿博览会上，我国唯一的回族自治区和独特的民族文化等越来越吸引世界的眼球，宁夏提出了打造"西部独具特色国际旅游目的地"的战略目标，并制定"十三五"全域旅游发展规划，成为继海南之后全国第二个全域旅游示范省区。

我们认为，枸杞产业是宁夏最具地方特色和品牌优势的战略性主导产业和富民产业，以其独特的品牌优势、产业优势、区位优势和道地中药材优势，已经成为宁夏面向全国走向世界的一张"红色名片"。为提高宁夏枸杞产业的市场竞争优势和影响力，维护宁夏枸杞品牌信誉，规范市场行为，促进宁夏枸杞产业持续健康发展，2015年年底宁夏回族自治区十一届人大常委会第二十次会议审议通过了《宁夏回族自治区枸杞产业促进条例》，对枸杞产业规划、扶持、品牌保护等都作了具体规定。2016年初，宁夏回族自治区人民政府通过了《再造宁夏枸杞产业发展新优势规划（2016—2020年）》，吹响了再造宁夏枸杞产业发展新优势，打造"中国枸杞之都"的奋进号角。

枸杞是宁夏最具地方优势特色的产业，在促进全区农业增效、农民增收致富方面的效益日益凸显。在此基础上，宁夏提出将在未来五年"再造枸杞产业发展新优势"，形成"一核、两带、七板块"的产业发展新格局，打造枸杞产业"升级版"。近年来，宁夏围绕农民增收，立足资源禀赋，突出发展优质粮食、草畜、瓜菜、枸杞、葡萄"1+4"特色优势产业，坚持特色、高效、高质、高端"一特三高"的现代农业发展思路，从政策、项目、资金、人才、科技等多方面给予枸杞产业扶持，全区枸杞规模化标准种植、病虫害监测预报及防治、集约化经营等水平进一步提高，宁夏已成为全国枸杞产业基础最好、生产要素最全、品牌优势最突出的核心产区。截至2015年末，宁夏枸杞种植面积达到90万亩，占全国枸杞种植面积的45%以上，枸杞干果总产量约占全国总产量的55%，年综合产值达 100 亿元。

宁夏农林科学院作为宁夏回族自治区人民政府直属的农业科研机构，是自治区唯一一所综合性的农业科研机构，担负着全区农业重大基础、应用研究和高新技术产业开发任务。全院现有在职职工 1200 余人，其中高级农业专家 100 余人，设有 12 家非营利科研机构、6 家企业，经过 50 余年的发展，已成为在动植物育种及病虫害防治、耕作栽培、土壤改良及荒漠化治理、肉羊改良、生物技术、核辐射防护、农产品质量监督检测及枸杞研究开发等方面具有一定实力和优势的省级农科院之一。

宁夏农林科学院枸杞研究所（有限公司）隶属于宁夏农林科学院，其前身是始建于 1958 年的宁夏芦花台园林场和成立于 1985 年的宁夏农林科学院枸杞研究所。2002 年在宁夏科研院所改制时由宁夏农林科学院枸杞研究所转制为股份制企业，是专业从事枸杞研究、试验、示范生产、推广的技术开发型科技企业，注册资本 6390 万元，总资产 8846 万元。现有在职职工 189 人，离退休职工 455 人。公司按照集团化发展模式运行管理，总部设有 3 个职能部门，下设 5 个独立分、子公司。

公司作为隶属于农科院的科技企业，与农科院和各兄弟院所长期保持着密切的联系，在枸杞种苗繁育、病虫害预测预报、农业信息、农产品检测等领域建立了强强联合的合作机制和科研设备仪器共享机制，且长期与区内外多家科研院所、我区主要枸杞基地保持着密切的科企合作。同时公司在枸杞新品种试验、示范和推广，有机枸杞，枸杞农机农艺，质量追溯等领域有着较强的领先优势。

公司位于银川市西夏区西北角，东与农垦南梁农场接壤，南与贺兰山农牧场毗邻，西与贺兰金山村隔渠相望。公司现有土地 3.2 万亩，东西长约 4.9 千米，南北宽约 4.5 千米，呈平行四边形地理分布，形成了四纵七横的沟渠井林田路配套的生产网络设施布局。

公司已建有枸杞高科技示范园区 1 万亩、酿酒葡萄示范园区 1 万亩和宁夏农科院现代农业综合实验基地 2000 亩，形成了以枸杞、酿酒葡萄为主导产业，以枸杞新品种选育、精品林果、设施农业、畜牧养殖、农副产品加工为技术核心，宁夏枸杞种源基地、枸杞苗木繁育合作社、农业科技服务公司等 20 余家科研机构和企业参与的现代农业高科技示范园区，拥有玉西、麓合缘等自主品牌，生产枸杞、葡萄酒等 40 余种加工产品。公司先后被授予国家中药材现代化科技产业示范基地、自治区酿酒葡萄高科技示范园区、自治区枸杞种植高科技示范园区、宁夏现代农业示范基地、宁夏枸杞优质基地等荣誉称号。

在 20 世纪 60 年代初期公司就开始开展枸杞新品种选育和配套栽培技术研究、示范推广、生产加工工作，50 余年的探索积累了丰富的实践经验，奠定了扎实的理论基础，形成了 40 余人的研究队伍，培养出 200 余名技术骨干和 2000 名熟练的技术工人，先后承担完成了国家、自治区及银川市枸杞科研项目，取得科技成果近 40 项，成立了枸杞工程技术研究中心和枸杞繁育与加工国家地方联合工程研究中心。选育的枸杞新品种推广至全国，为我国枸杞产业持续发展发挥了十分重要的作用。

2017年国家公布的《关于深入推进农业供给侧结构性改革加快培育农业农村发展新动能的若干意见》中央1号文件中首次提出了田园综合体的概念，农业综合体发展迎来了发展的春天。公司的发展目标是打造中国枸杞生产科研基地，构建农业、文化、旅游、科普、康养、地产、商贸、娱乐多业融合的现代农业综合体和田园综合体。这一战略目标与国家产业政策相吻合。公司同时是一个多民族融合迁居人口共存的基层社会单位。公司现有常住人口908户，近3000人，其中外来人口696户，近2300人，占比76.65%。公司每年可对外提供2000个以上的就业岗位，每年可创造上千万元的就业收入。

公司拥有50余年从事枸杞科研的历史，明确占有枸杞和葡萄两大产业，现有1万亩枸杞规范化种植基地，是公司二大主导产业之一，是宁夏枸杞产业重要的示范园区和技术依托单位。

"十二五"期间宁夏旅游接待量和旅游收入连续五年呈现出高速发展态势，累计接待游客1839万人次，旅游收入161亿元，旅游业发展速度明显优于其他产业，成为宁夏经济社会发展的有力支撑。"十三五"期间宁夏旅游由景区旅游向全境旅游转变，并把其作为宁夏战略性支柱产业打造，提出"全景、全业、全时、全民"模式，确定了"一核两带三廊七板块"的全域旅游空间发展新格局。

公司有多元、丰富、独特的旅游资源，拥有3.2万亩规模化的土地资源，是银川近邻珍稀的万亩枸杞基地和酿酒葡萄基地，融合农业、工业、文化、园林、商贸等多产业、行业；处于我区旅游核心区、贺兰山东麓葡萄文化旅游廊道和贺兰山东麓旅游风景道，紧邻西夏文化旅游板块，食住游购娱等旅游业要素提升空间巨大。

公司位于宁夏政治、经济、文化和全域旅游中心城市——银川的西北郊，紧邻火车站和高速公路，交通便利；地处银川冲积扇平原上，头枕贺兰山，脚踏黄河水，坐拥贺兰山东麓独特的地理坐标；处于宁夏全域旅游的一核——银川区旅游核心区、三廊之一——贺兰山东麓葡萄文化旅游廊道、宁夏五大国家旅游风景道之一——贺兰山东麓旅游风景道；近邻西夏文化旅游板块和大沙湖度假休闲板块。

根据公司的发展历史、资源禀赋和战略目标，我团队为其确立了"中国红农场综合体"这一形象定位。中国红农场综合体是一个以枸杞特色农业为基础，以科技产业为核心，以绿色发展为导向，以红色文化为特色，融合现代农业、科研示范、产业运营、观光休闲、科普教育、养生度假、商务会议、地产娱乐等多种功能于一体的特色农业综合体和现代田园综合体，打造生态循环的智慧农业、全产业链的多元产品、休闲体验的旅游度假、绿色健康的康养养老、枸杞文化为主的红色文化，满足枸杞产业和现代农业对科技服务的需要，市场对健康食品的个性需求，都市人回归自然、现代人追忆历史的文化情结。把景区及农场最终建成国家级康养旅游度假区、国家标准化种植示范区、国家AAAA级旅游景区、国家现代农业庄园和国家农业公园。

建设特色生态的美丽乡村，应突出全境旅游的规划特色，围绕道路、住房、水源、林网、产业、文明等内容开展整体提升工程，努力打造风景美丽、整洁有特色、生态环保、文明富裕、宜居宜业的美丽乡村。

充分发挥农科院整体科研优势，运用物质循环再生原理和物质多层次利用技术，实现较少废弃物的生产和提高资源利用效率的农业生产方式，集中展示生态农业、循环农业、数字农业等领域最新的科研技术成果，引领全区现代生态智慧农业和环境友好型循环农业发展。

紧紧围绕枸杞产业做大文章，打造枸杞选育、种苗繁育、科研示范、农机农艺、技术服务、制干检测、精深加工、产品集散、地产开发、技术培训、旅游观光、流通物流、膳食康养等特色鲜明的全产业链枸杞产业，建设宁夏枸杞科技、产品、文化的集散中心。

品质是枸杞小镇的必要条件，按照高于国标的企业标准规范产品准入门槛，带动公司基地及周边种植基地高标准枸杞产品的销售，形成企业主导、市场选择、消费者认可的枸杞集散交易中心，并衍生出其他系列产品，促进农产品加工和休闲旅游品牌的形成。

打造最具特色、最具潜力的科学康养之谷，联动发挥公司在生态康养产业上的优势，探索建立康养产业链和新型健康发展模式，深度挖掘在环境、居住、膳食、医疗、服务、文化等六个维度上的特色资源，建设多功能康养度假区、养老托管中心。

打造独具特色的红色文化主题农场。大力开发枸杞、葡萄酒、西夏陶艺、知青文化等红色文化内涵，打造独具特色的红色文化主题农场。

将中国红农场与贺兰山沿线的文化旅游景区结合形成旅游环线，突出特色，市场共享，开发以枸杞为主要特色的半日游精品旅游线。

以成都、西安、重庆等远程养生养老游人和南方反季节避暑托养游客为目标，开拓5日游、半月游、一月游、季度游，结合客栈、康养酒店、民宿开发春夏秋冬不同季节的康养项目，形成以枸杞养生为特色的康养度假旅游。

打响中国杞谷的科研品牌，充分发挥中国红农场作为科研、康养、农业综合体的引领示范作用，面向宁夏乃至全国、国外举办不同规格的培训、论坛、博览会，开拓以会晤营销为主题的商务客源市场。

将中国红农场作为银川品城融合的城市近郊休闲地、历史情怀的主题公园，打造银川城市的生态会客厅，成为银川市民周末出游的首选地。

依托公司科技实力和产业优势，运用"互联网+"的技术开发虚拟游客，通过产品多样化、个性化、定制化和高端化的手段，最终实现向铁杆粉丝和现实游客的转变。

我率团队根据公司现有的资源与条件，结合公司发展战略，以一二三产业融合发展的思路，展望未来现代产业体系构建，确立中国红农场的整体空间布局由"1273"组成与衔接。即：一核两带七板块三精品线。

一核就是一个核心展示区，即以公司中心地带作为核心集成展示区，充分利用现有的枸杞种植资源圃、枸杞种源基地、农科院综合试验基地、枸杞烘干房、深加工企业、精品林果园等，规划新建特色中国红大门、高标准枸杞馆、枸杞核心科技展示区、枸杞双喜迷宫、百年野生枸杞园、七彩枸杞园、乡愁文创园、多功能连栋温室、西夏陶艺馆、休闲自驾房车营地、农场文化康养酒店、自然生态养老公寓等，构建中国红农场的食品加工、农业科普、观光体验、智慧农业、文化创意、休闲娱乐、商品流通、康养度假等旅游内涵。

两带就是两个规模化种植带，即枸杞规模化种植带和酿酒葡萄规模化种植带。以公司万亩枸杞规范化种植基地和酿酒葡萄高科技示范园区作为规模种植带，紧紧围绕公司枸杞、酿酒葡萄两大主导产业的规模化种植、规范化管理进行二次开发，规划土地条块分布，建设规模化种植远眺观景台，进行农田水利设施景观化、农田林网园艺化，开发现代农业、生态农业、循环农业、特色农业等观光旅游内涵。

七板块就是七个发展板块融合提升。

以核心区为中心，以循环农业、生态农业、智慧农业为主题，以现代信息化手段，通过网络、数据和应用融合，发展科研展示、科技示范、科普教育、会展培训等，提升对我区枸杞、酿酒葡萄等优势产业和智慧化科研、生产、服务的认知。

以二区、五区、六区、七区、八区、十区、十一区的枸杞、酿酒葡萄规模化种植带为核心，通过农事体验、生产再现、参观观摩等手段，强化对两大主导产业规模化、规范化、科技化和高质化的印象，放大中国红农场两大主导产业的传统优势。

以公司现有的4个加工区和1个拟建的加工区为中心，展示枸杞、葡萄等的初级和精深加工过程，开展参观讲解、加工再现、品尝体验、个性订制、VR技术等多种手段的开发，因地制宜进行旅游融合和旅游业态培育。

以康养学院、康养客栈和康养托老中心为核心，加强现有9个规模居住区的规划改造，形成涵盖科技、养生、医疗、康复、保健、养老、文化、娱乐、休闲、旅游等功能的特色健康养老康养综合体，深度探索药、医、养、健、文、游深度融合的高端产业链和新型健康发展模式。

以公司林果精品园为核心，辐射带动公司现有8个林果、垂钓、畜养区，打造集观光、游览、采摘、养殖、餐饮、娱乐、休闲等于一体的度假场所，开发林下经济、循环经济的特色饮食和园中林、林中游的精品农家乐。

以枸杞博物馆为核心，以玉西公司、贺麓酒厂等深加工企业为支撑，突出发挥枸杞小镇全产业链聚焦效应，形成以枸杞为主的系列产品、葡萄酒系列产品和其他衍生产品组成的特色产品集，提升质量监测和品质管理，丰富物流方式和通道建设，引发二次消费和重复消费。

以连栋温室、乡愁文创园、西夏陶艺馆、七彩田园为核心，加强骑行绿道、房车营地、知青文化馆、知青文化遗迹等的开发建设，以享受生态特色美食、居住乡野自然环境、追忆历史文化情怀、满足回归需要为主旨，打造独具特色的风情体验区。

三精品线就是三条精品旅游环线，满足旅客多元化需求，实现多元服务。三条精品线路的设置一是基于农场范围很大，而景点较多，一般旅客很难全部游览参与，二是基于游客的参与热情和兴趣爱好有很大差别，他们往往会选择自己感兴趣的内容。三条精品线路的设置会为他们提供多元化选择和个性化服务。

1. 规模种植观景线：东大门—十一区葡萄基地—枸杞核心展示区—枸杞初加工区—贺麓酒厂—观景眺望台—七区枸杞基地—枸杞种植资源圃—枸杞种源基地—枸杞博物馆。

2. 科研科普体验线：枸杞核心展示区—七彩田园—枸杞种源基地—枸杞种植资源圃—农科院综合试验基地—玉西公司—枸杞博物馆。

3. 休闲体验旅游线：东大门—十二区垂钓农家乐—一区体验农家乐—畜牧所畜养农家乐（羊牛）—三区垂钓农家乐—四

区畜养农家乐（猪）—六区畜养农家乐（羊）—九区北生态牧场—九区南林果畜养农家乐（林果、鸡）—三区林果畜养摘农家乐（葡萄、鸡）—二区林果畜养农家乐（苹果、鸡）。

集林、湖、田、村、庄园于一体的生态体系，突出生态、循环、智慧、可持续。

在进入园区的道路上种植缤纷的树木，在第一时间吸引游客的注意，打造银川健身游步道，极大地提升游客对园区内其他景区的游览欲望。

以枸杞文化、葡萄酒文化、知青历史文化、西夏美术（雕塑、壁画、陶艺、乡村中国画）及中阿丝路文化有机融合的文态体系，突出融合、协调、统一。

七彩田园项目划定特定区域建造中国最大的"红双喜"枸杞迷宫和"中国红农场"LOGO 大地艺术景观。枸杞火红的颜色和其他缤纷的鲜花加上"双喜"字的形状更加能提高游客体验枸杞大地艺术的兴趣。

中国枸杞博物馆是集枸杞文化传承、枸杞种植历史展示、枸杞科技研发、枸杞产品展示以及游人消费体验于一体的最具权威性的中国枸杞博物馆，是宁夏枸杞的形象窗口，是宁夏农林科学院的一张科技文化名片。博物馆按生态型仿古建筑设计，与周边环境有机融合。

乡愁文创园将现有陈旧的烘干房提升改造为中国红文创园，由康养客栈、知青文化馆、陶瓷艺术馆、枸杞传统烘干房、田园牧歌音乐厅、艺术家红酒馆等子项目构成一个具有深厚历史文化底蕴、能留住农场人乡愁的"中国红"乡愁文创园。

将枸杞科普教育基地现有办公室前面的种植区、旁边的加工区以及枸杞研究院、康养研究院统一进行卡通形象设计，形成适合儿童的枸杞科普教育基地。

一二三产业有机融合的业态体系，发挥整合、引领、核心作用。一产是基础，保持规模基础上做精、做优、做特；二产是手段，围绕中国红农场系列特色产品的开发、加工；三产是抓手，突出旅游度假业的主导地位，提升综合服务功能。

连栋温室中智能大棚内种植、观赏、体验，以枸杞、葡萄为主，瓜果、蔬菜为辅，形成各种具有科普观赏意义的观光农业，同时配以生态餐饮等体验项目。

枸杞核心科技展示区由百年野生枸杞园、七彩枸杞园和集中展示枸杞水肥一体、测土配方、质量溯源、数字技术和新科技、新成果、新品种的科技园区等构成。

康养酒店——国际商务中心打造以"中国红"农场文化为主题的康养文化主题酒店。该酒店以园林式建筑为核心，以古枸杞树藤为园林景观造型，承办国际商务会议，举办中国枸杞学术论坛及国际康养文化论坛等。

以枸杞馆、中国红大门、陶瓷艺术村落为核心的田园红色画卷形态。

中国红形象大门按中国结的形象、以红色枸杞作为元素符号，打造出具有鲜明文化个性的中国红形象大门，成为景区对外宣传和游人摄影留念的形象标志。

庭院经济——特色田园小镇预留开发用地，调整部分建设用地指标，将生活、生产、生态有机融合，形成具有田园特色和宁夏文化元素的枸杞小镇，打造既可居住又可开展分时旅游度假的庭院经济综合体。

房车营地开发远程都市房车旅游，与房车公司合作，每年举办"房车康养采摘旅游节"，让成都、西安等房车团队重走丝绸之路，体验中国红农场。目前，几年的营运，中国红系列产品获得了固定的"粉丝群"，"中国红"吟唱的田园牧歌从遥远的宁夏飘来。

第二节 案例：邛海边上的油橄榄

据多年的实践，我认为，乡村产业体系的构建抓手在两个方面：一是因地制宜，确定主导农产业，并持续推进农业现代化；二是促进农业与其他产业的融合，催生新产业、新业态，延伸产业链条，提升产业附加值。

首先是确定主导农业。乡村的产业体系的构建要充分考虑到在地条件，在产业安排上优先考虑是利用在地自然形成的土壤生态系统（一地的土壤生态系统是经过上千年演化而来）发展已有基础的产业，还是在产业前景较差时，经过农业科学的研究寻找适宜的、有市场价值的产业。例如西昌的月亮谷农庄，经过调研发现该地有与原产地最为接近的种植油橄榄所需的环境条件，适种性好，并且已有小规模的种植经验，于是确定了油橄榄种植的主导产业。

然后是考虑产业的融合。在确定主导产业后，以产业融合为路径，催生新业态、新产业，围绕主导产业构建产业延展体系，延长产业链条，提升产业附加值。同样以上述西昌月亮谷农庄为例，在确定油橄榄种植为主导产业之后，我们以"农旅融合"为路径，依托特色产业园区、庄园主干路沿线农田，种植各类蔬菜、花卉等景观作物，形成可食、可赏、可亲近的大地景观，催生了景观农业、特色农业以及采摘农业。依托农舍周围的田园，大力发展无公害、绿色和有机农产品，奠定康养旅游的食品基础，催生了健康农业；以"工旅融合"为手段，发挥油橄榄产业生产优势，依托油橄榄种植园，发展油橄榄香皂、油橄榄精油、油橄榄榨油、油橄榄果脯、油橄榄护手霜、油橄榄面膜等系列美容、保健、食用等加工产品；以休闲饮品为主要方向，强化新产品研发，形成特色饮料葡萄酒品、休闲食物，催生了食品加工业；以"文旅融合"为手段，依托彝族歌舞、火把节等非物质文化遗产以及月亮相关的传说、诗词、戏曲等遗产，发展文化遗产展示与体验。

月亮谷国家现代农业庄园规划范围主要包括四川西昌农垦有限责任公司农垦庄园大德片区部分区域，位于泸山山脚，总面积约6.02平方千米（合9030亩）。项目地紧邻西昌城区，距西昌市主城区约15千米，距"嫦娥奔月"的地方——西昌卫星发射基地68千米，背靠泸山景区，距国家AAAA级旅游景区、国家级风景名胜区邛海 5 千米，距螺髻山 36 千米，地理区位优势突出。内部有东西方向多条道路将农庄与城区、景区相连，交通极为便利。

月亮谷建设国家现代农业庄园的 SWOT 分析：

一、优势分析

（一）油橄榄产业基础较好，特色突出

项目地位于四川省最早的国有农场内，基础产业较好，产业种类多样，包括油橄榄种植、蚕桑种植、渔业养殖、青花椒种植、葡萄种植、奶牛养殖、马铃薯种植、花卉种植等；其中油橄榄特色产业已经掌握成熟的育苗种植、加工、销售等技术，产业链完整，适宜大面积培植。

（二）紧邻邛海、泸山，区位优势明显

项目地位于西昌城区西南侧仅 15 千米处，紧邻邛海，背靠泸山，形成三大旅游产品，合作关系明显；是彝、藏文化产业走廊上重要的节点，是香格里拉生态文化旅游环线的旅游关键节点；交通体系的支撑带来庞大的客源，区位优势带来无限的发展动力。

（三）生态五度优势明显，适宜康养

项目地所在攀西高原地区，光照条件好，空气负氧度高，土壤肥沃，休闲度、舒适度、优美度、洁净度、安静度生态五度条件优越，适宜发展阳光康养、休闲度假、生态观光等旅游产业，目前已经具备一定的康养市场基础。

（四）月亮文化深入人心，艺术氛围浓厚

艺术绘画名家的殿堂——独角山505艺术创意库，彝族火把节，月亮女儿雕塑，彝族舞蹈、音乐、诗词歌赋渲染着西昌的月亮文化氛围。

二、劣势分析

（一）产业融合发展不够

农业资源转换不足，价值未得到有效释放，未能把众多发展良好的农业产业与旅游和服务业的开发结合，忽视了农业、旅游相互带动的辐射作用。

（二）景观欠缺，环境氛围缺少鲜明主题

景观风貌较差，与旅游氛围不协调，景观环境氛围缺少鲜明的主题，文化景观浅薄，要积极打造能看、能触、能听、能闻、能吃的"五感景观"，实现旅游区的场景设计和氛围营造。

（三）配套缺乏，产品消费不足

缺少旅游相关配套服务设施软件，基本以邛海、泸山为目的地，过境不入境，过境不过夜，缺少吃住等相关旅游消费。以生产与加工产品为主打，文化体验、休闲度假等多元化配套产品缺乏。

（四）组织管理体制体系不健全

旅游管理体制不完善，缺少旅游咨询服务点、旅游警卫管理点、旅游管理委员会等设施机构，应综合考虑在开发建设庄园的同时完善管理章程，建立合理的管理体制。

（五）旅游产品结构不完整，发展优势不明显

项目地现有油橄榄系列产品、葡萄酒系列产品，产品结构不完整，礼品农业、旅游商品亟待开发，尚未形成完善的、成体系的旅游商品链。

三、机遇分析

（一）政策大环境支持，旅游发展环境优越

《关于组织开展国家现代农业庄园创建工作的通知》带来建设国家现代农业庄园的重大历史机遇；2017年中央一号文件发布，现代农业迎来发展新机遇；《促进大数据发展行动纲要》的印发标志着农业将向数据化和智慧化方向发展；《四川省人民政府关于加快转变农业发展方式的实施意见》着力创新农业经营方式，促进一二三产业融合发展；在四川省"十三五"旅游业规划的战略布局中，西昌和攀枝花同为攀西旅游区的中心。

（二）凉山州"124"全域发展战略，推动旅游发展

凉山州"旅游十三五"提出"124"全域发展战略，即建设一个核心度假旅游集群、两条经济发展带、4大旅游片区，其中庄园属于核心旅游集群上的重要节点，面临无限发展机遇。

（三）休闲农业消费需求日益强盛，文化体验、康养度假旅游成为潮流

社会经济快速发展，城乡居民收入日益提高，消费意识和消费结构已经发生重大变化，对休闲农业旅游的需求日益增

多。旅游需求持续增长，消费日趋多样化，文化体验、康养度假等正被大众广泛追捧。

四、挑战分析

（一）避免旅游产业同质化发展

凉山彝族自治州内目前发展休闲康养度假产业、月亮文化的地区众多，月色风情小镇、西昌卫星发射中心、德昌半山印象生态园、德昌螺髻阳光度假村、安哈彝族乡村旅游区等之间竞争不断，给项目地发展旅游带来压力，应避其锋芒，抓其短板，避免同质，形成差异化发展。

（二）环境可持续发展任务艰重

项目地现有山、林、田、塘，资源优质且保护较好，如何在开发旅游及进行其他商业活动的同时，通过现代科技手段并辅以合理的管理机制做到环境可持续，将是一项重要而艰巨的任务。

（三）农民参与、培训及管理组织难度较大

项目地内彝族、藏族、汉族农民混居，调配、组织、管理难度较大，应通过与政府相关部门的合作，达到统一培训、管理的目的，共同完成精准扶贫、旅游扶贫，彻底摆脱贫困。

基于以上分析，月亮谷国家现代农业庄园规划建设需要全面落实中共中央国务院关于进一步推进农垦改革发展的意见，以凉山彝族自治州建设国际最佳阳光休闲度假旅游目的地和全域旅游示范州为背景，立足农场油橄榄种植历史与产业基础，深入挖掘西昌月亮文化，以农为本，农旅融合为途径，培育和

发展以乡村亲子、乡村康养和乡村度假为主体的新型农业旅游业态，促进农业增效、农民增收、农村繁荣，更好满足市场不断升级的优质安全食品和旅游消费需求，实现与邛海泸山旅游度假区的联动发展，将乡村旅游打造为西昌旅游的新名片。

综合上述发展思路，结合月亮谷自然资源及月亮文化资源，我率团队规划构建以下空间结构：

一轴：产业发展景观轴。一环：生态休闲交通环。三区：产业示范区、休闲渔乐区、景观休憩区。合理分配区域资源，结合地理环境，形成三多发展片区，设计康养、产业示范、文艺、游乐、景观等项目。

一轴：产业发展景观轴。产业发展景观轴整体呈南北走向，南起主入口农庄大门，北至泸山，以观景效果最佳的伴月山为中心，是农庄产业发展的中心轴线和中央景观轴。轴西为亲子互动片区，轴东为油橄榄产业示范及康养度假片区，形成合理的动静分区。

一环：生态休闲交通环。沿着泸山山脚构建一条交通大环线，将观光车道、骑游绿道和步行道进行生态景观隔离，实现人车分离。沿线两侧分段种植三角梅、桃树、梨树等本土花果植被，形成四季花果飘香的优美景致。沿线凸显农庄月亮文化主题，游客通过乘坐登月车特色交通工具，结合VR等现代科技，开启幻月旅行。围绕环线拓展各类特色的自行车租赁点、休憩服务点、露营点等，丰富沿线体验活动。

五、三大功能分区

立足各分区自身发展条件与整体布局合理性，三大功能分区根据其自身条件的优劣程度不同，明确发展方向与目标，三者功能各有差异，而又相辅相成。

产业示范区：大力发展油橄榄标准化种植，研发和创新油橄榄种植技术，打造油橄榄科普、展示及销售窗口，结合农场月亮文化，延伸油橄榄保健、美容、文创、康养度假产业，配套游客集散服务、大众公共休闲、旅游商业等核心功能。

休闲渔乐区：依托生态鱼塘、田园、水库等农业资源，以农旅融合的发展思路、旅游扶贫的发展手段，开展农耕体验、垂钓、玩水、亲子拓展等体验活动，带动区内居民旅游致富。

景观休憩区：立足泸山彩林建设工程，承载生态过渡、景观保育等功能，配套森林步道，开展森林健步等生态活动。

（一）引擎项目——德月园

所在分区：产业示范区。

项目位置：伴月山山脚东侧。

规划面积：366 亩。

规划构思：立足油橄榄产业基础和优势，做强做优优势产业，全面关注食品安全及油橄榄消费市场动向，以"道法自然，种养平衡"的思路为指引，充分发挥"农业+"的产业叠加优势，促进高端油橄榄消费，推动发展现代油橄榄种植业、油橄榄周边产业。

子项目：油橄榄自然课堂、油橄榄孵化基地、油橄榄展示中心、油橄榄非遗中心。

1. 油橄榄自然课堂

规划构思：以油橄榄产业为基础，以市场需求为导向，开展不同主题的自然课堂，打造一处油橄榄的认知平台，使油橄榄融入大众生活，提升游客生活质量和品位。

（1）亲子课堂

针对青少年，与学校、育儿机构等建立合作关系，开展认识油橄榄，参与油橄榄育苗、种植、采摘，制作油橄榄植物画等体验活动。

（2）健康课堂

结合油橄榄的保健功能，邀请健康专家，对油橄榄保健的方法进行介绍，游客参与制作橄榄油饮料、橄榄茶、橄榄酱、橄榄油美食等。

（3）美容课堂

针对女性游客，开展油橄榄美肤保健的相关课程，游客可亲手调制橄榄精油，制作橄榄美肤皂、橄榄护肤品等，享受橄榄油按摩、沐浴等服务。

2. 油橄榄孵化基地

规划构思：规划300亩油橄榄培育区，引入中泽公司技术团队，采用最先进的油橄榄培育技术，结合智慧科普系统，全面展示油橄榄育苗、嫁接、移栽、施肥等技术过程，划定游客互动区域，打造西昌油橄榄的展示窗口和产业示范基地。

（1）油橄榄良种基因库

收集世界各地的油橄榄种子，将各类种子的适种环境、特色等进行详细的介绍，将油橄榄品种培育进行介绍，结合现代技术进行生动的科普展示。

（2）世界油橄榄大观园

集中栽种各类油橄榄品种，打造一处世界油橄榄大观园，将各类油橄榄进行展示，配套完善的科普系统。

（3）油橄榄多功能研发中心

依托本土优质的油橄榄产业，结合科研机构，建设良种研发中心、保健品研发中心、优质橄榄油研发中心，打造中国油橄榄科研高地。

（4）油橄榄科创研究室（彩虹小屋）

与中科院、农业高校、油橄榄科研机构等合作，邀请油橄榄专家入驻，配套油橄榄试验田、彩虹小屋科创研究室等。彩虹小屋采取生态材质建设，外墙粉刷艳丽的色彩，门前设置休憩小院，为专家提供舒适便利的科研创作环境。

3. 油橄榄展示中心

规划构思：建设一处生态建筑，以油橄榄果脯、精油、橄榄油、橄榄皂等加工工艺以及油橄榄文化艺术体为展示重点，设计与康养保健、艺术创造、绿色礼品结合发展国际特色油橄榄系列品牌，对油橄榄制品进行展销等，配套餐饮、休憩、卫生间等设施。

4. 油橄榄非遗中心

规划构思：油橄榄非遗艺术产品展示体验中心，将油橄榄的榨油技术、油橄榄核加工等，与彝家非物质文化遗产相结合，创新设置油橄榄制品，打造全国第一个油橄榄全产业链及非遗文化展示平台。

（二）主题项目1——颂月夕

所在分区：产业示范区。

项目位置：庄园东南部，泸山山脚，农垦公司北侧。

规划面积：6亩。

规划构思：庄园第一形象区，直奔月亮文化主题，以文化浓郁的中秋为背景，收集古今玩月名人名作，将尚月、赏月、惜月文化做精做强，结合本区水系梳理、景观打造和活动体验，打造颂月夕互动体验组团，即朗诵、歌颂中秋圆月。

子项目：迎月广场、月宫舞曲、声乐趣园、满月风铃。

1. 迎月广场

用艳丽的色彩和灵动的音乐吸引游客，在农垦公司北侧设置一处游客集散广场，兼具舞台功能，以月亮女儿怀抱的月琴为突破，开启庄园迎月（音乐）之旅。收集古今月亮主题的词曲题材、音乐符号、古典乐器等元素，结合现代科技，打造一处以月亮为主题的声乐广场，也是庄园举办演出、活动等的场所。

2. 月宫舞曲

广场北侧设置生态看台，利用声控技术和感光材料，将

《明月几时有》等知名的月亮歌曲曲谱，植入生态地板砖内，游客踩踏不同的地板砖，则可发出不同的声音和不同色彩的光线，按照特定的轨迹踩踏，则能奏出完整的乐曲。游客通过参与活动，奏响熟悉的乐曲，勾起满满的回忆与浓浓的乡愁。

3. 声乐趣园

广场东侧，将月琴、三角铃、编钟等乐器融入景观造型和小品打造，结合现代技术，供游客拍打互动，游客通过参与互动，增加对乐器的认识，感受不同乐器的声音。

4. 满月风铃

沿游步道设置圆形的植物藤架，种植紫藤、三角梅、葡萄等藤蔓植物，形成满月形态。利用彝族漆器、创意陶瓷等制作各式风铃，间挂在藤蔓植物中间，以艳丽的色彩、悦耳的声音吸引游客，感受泸山脚下，听风来的惬意。

传说悬挂风铃，可以帮助月亮的女儿找到回家的路。风铃在中国民间被誉为好运之物，风吹铃动，清脆铃声就代表着问候和想念。鼓励游客参与制作风铃，将自己的心愿写在风铃上，游客可以选择带走或直接挂在满月风铃上，开展月圆梦圆的活动，每月农历十五，选择一个幸运风铃，帮助风铃的主人完成心愿，并全程直播，也是对庄园每月一次的营销。

（三）主题项目2——星月溪

所在分区：产业示范区。

项目位置：伴月山山脚东侧，德月园内。

规划面积：60亩。

规划构思：对水系进行梳理，利用循环水技术，于油橄榄田中打造一条生态小水溪，河底采用生态发光材料拼出星座图形，两岸为生态护坡，结合庄园月亮文化打造滨河木栈道和游憩节点。

子项目：邀月曲溪、月光宝盒、追月彩虹。

1. 邀月曲溪

李白、苏轼等著名诗人邀月共饮成千古佳话。通过梳理水系，打造一条蜿蜒曲折的生态小溪，溪底及两岸铺设石头及石凳，请本土著名艺术家，以李白、苏轼等诗人邀月为主题，设计"群贤邀月"的雕塑群，沿弯曲溪流亦可开展曲水流觞等民俗活动。

2. 月光宝盒

以科学的知识介绍月亮，打造月亮知识科普馆。利用VR等现代科学技术，模拟月球地貌，对月球进行展示，游客参与互动，感受登月之旅。

3. 追月彩虹

规划构思：民间习俗中秋节与家人团聚后，八月十六是与朋友欢聚的时刻，被称为"追月"。颂月夕的第三段以追月为主题，以传统花灯、黄伞等文化元素为载体，沿游步道打造追月之旅。

（四）主题项目3——揽月谷

所在分区：产业示范区。

项目位置：农庄东部，泸山山脚。

规划面积：334亩。

规划构思：利用谷地优越的气候条件和良好的生态环境，以油橄榄康养为主题，月亮文化为特色，引入全新度假模式，强调人与自然的充分融合，并且为度假功能配套高端、完备的环境及设施，营造人在画中游的美丽画卷与静谧的度假氛围，配备相应的养生休闲及医疗、康体服务设施，开展以修身健康、养心、调适机能、延缓衰老为目的的度假、疗养、保健、养老等服务活动。

子项目：月桂迎宾、月下花田、月照农园、揽月餐厅、揽月香坞、揽月民宿。

1. 月桂迎宾

规划构思：揽月山谷谷口设置门禁系统，以月桂树做入口景观，设置月亮门等入口形象景观，打造入口形象景观。

2. 月下花田

规划构思：以产业景观化的打造思路，将本土花卉、蔬菜、水果进行景观化的打造，美化谷地景观，营造四季花开的优美度假环境。

3. 月照农园

规划构思：打造可食地景，融入新型自然疗养体验，建设步行游道，游客通过自由的步行忘记疲劳和烦忧，恣意欣赏美景，边行走边做深呼吸。

4. 揽月餐厅

规划构思：就地取材，创新研发油橄榄主题康养美食和月亮文化主题美食，打造月亮文化主题餐厅，让游客感受西昌农家的生活智慧，感受最朴实的养生。

5. 揽月香坞

规划构思：研发以橄榄为主的本土植物精油制品，针对市场需求，研发美容康体旅游产品，打造揽月香坞，提供香薰、汗蒸、精油 DIY、手工香料 DIY 等精致康养生活服务及活动体验。

6. 揽月民宿

规划构思：利用揽月谷三面环山的谷地景观，按绿化变彩化的思路，依势而就，培育多季多期、层次分明的彩色林木，重组山地山坡的空间植被分布，谷地分散搭建生态木屋，崇尚义利合一、天人合一与身心均衡发展的价值观念，借助节能环保、可持续的高科技手段，打造健康、可持续的慵懒生活体验空间。

（五）主题项目 4——醉月庄

所在分区：产业示范区。

项目位置：农庄东部，泸山山脚。

规划面积：50 亩。

规划构思：利用现状农田，以生态复合、有机循环理念为指导，引进先进的葡萄小龙干等葡萄种植科技，培育 40 亩优质酿酒葡萄园以及 10 亩食用采摘葡萄园，形成葡萄的采摘、酿造、销售产业链展示，设置葡萄酒窖、酒铺等场所，配套服务点、餐厅、卫生间等设施，提供葡萄采摘、葡萄酒品尝、葡萄酒交流会、各类葡萄大赛等活动，丰富游客体验。

子项目：采月紫园、藏月酒窖、品月酒铺。

1. 采月紫园

规划构思：以科普教育、采摘体验、知识竞技为主题，打造多品种、多味道、多趣味的葡萄采摘乐园，设置采摘比赛、剥葡萄比赛、吃葡萄比赛、唱葡萄比赛、寻找最甜葡萄、你画我猜、趣味知识抢答等比赛活动，以及葡萄文化节、品葡萄酒节等节庆活动，并配套休憩亭、休息座椅等设施。

2. 藏月酒窖

规划构思：以月亮文化为主题，葡萄元素为核心，运用彝族传统的酿酒工具及酒窖建造工艺，打造富有本土特色的藏月葡萄酒窖，科普传统酿酒技艺及工序，体验简单的自酿葡萄酒技术。

3. 品月酒铺

规划构思：结合酒窖，设置融入月亮元素的商业品酒场所，邀请葡萄酒品鉴师及爱好者前来品尝，打响葡萄酒特色品牌，取得宣传与销售的双重效益。酒铺配套品酒厅、休憩座椅、服务台、VIP保健、卫生间等设施。

（六）主题项目5——映月池

所在分区：休闲渔乐区。

项目位置：农庄西部水塘区域。

规划面积：380亩。

规划构思：利用生态鱼塘优美的景致，在田埂上广种遮荫植被，开展垂钓、摸鱼等水塘乡村活动，延长鱼的创意产业和美食健康产业，打造趣味十足的渔猎乐园和水田乐园。

子项目：渔猎乐园、水田乐园。

1. 渔猎乐园

规划构思：利用优越的用地条件，结合周边有山有水的地貌特征，打造以月亮文化为主题的亲子户外拓展基地，为本土小学打造亲近自然、了解自然的平台，提供周末亲子度假旅游产品。

2. 水田乐园

规划构思：结合鱼塘，在保证安全的前提下，开展打水枪、水上溜溜球等亲水活动体验，怀古启今，采用木船、鱼叉、弓箭、手工网等捕鱼工具，突出安全性、体验性、趣味性，复原传统的渔猎方式，打造一个极具特色的休闲体验亲子水田乐园。

（七）主题项目6——梦月湾

所在分区：休闲渔乐区。

项目位置：农庄北部农田全域。

规划面积：252亩。

场地概况：场地平整，现状为农村承包户自种的农田以及彝族聚居点，以传统农作物为主，包括豌豆、玉米等。

规划构思：划定一定的农田区域，建设亲子耕作体验园区，以生态农业为支撑，以彝族农耕文化和月亮文化为主线，为游客提供独具乡野风情的彝风互动农场。

子项目：望月茶坊、五彩田园、萌宠乐园、水月农舍。

1. 望月茶坊

所在分区：休闲渔乐区。

项目位置：柳树桩水库旁。

规划构思：依托柳树桩水库及周边良好的自然环境，以月亮文化、民族文化为理念指引，强调自然景色与生态建筑的充分融合，利用四季花卉以及滨水生态建筑，打造具有休憩、观景等功能的休闲游赏区，配备相应的茶室、休憩间、餐厅、卫生间等服务设施。

开发出具有精致农园特色的系列教学规划，主要针对不同年龄的儿童及其家长，给他们一个系统化的对自然、生态、农业的认识，成为休闲教育农园的典范。将农田划分成小坑，针对食品安全等问题，实现"一分田地，一家三口，共筑田园梦"。

2. 五彩田园

规划构思：通过间种小豌豆等农作蔬菜，打造五彩田园景观，形成自然界丰富的色彩。

3. 萌宠乐园

规划构思：结合农庄产业特色，饲养少量小山羊、小奶牛、小马、兔子、猫咪、鸟类等宠物，供游客喂养、逗耍，示范或展板展示宠物的喂养、料理、看护工作以及注意事项。

4. 水月农舍

规划构思：利用扶贫契机，整治村落生态环境，实现人畜分居，建设沼气池、垃圾收集点，处理生活废弃物，种植紫薇、三角梅、桃李果树等，美化村落环境。鼓励村民利用自家闲置庭院，开展餐饮旅游服务接待，实现旅游增收，拓展致富渠道。

（八）主题项目7——伴月山

所在分区：产业示范区。

项目位置：农庄中部山上505庄园及山下居民聚居点。

规划面积：140亩。

场地概况：山顶为505艺术庄园，艺术庄园内环境优美，设置有专家工作室、茶坊、画展、酒厅等；山下为民居村落，约53户，多为留守老人和小学生，青壮年多在市区打工谋生。

规划构思：利用505艺术创意库所在位置的地势及资源优势，融入月亮艺术文化，分为山上、山下两部分打造，山上以旅游服务及产品提升为主，山下以整改风貌、旅游引导为主，提升整体景观环境及旅游氛围，打造文艺交流、艺术创作、文艺展览等活动的胜地。

1. 伴月庄园

对505艺术庄园进行产品升级和服务提升，融入农庄月亮主题文化，在中秋、七夕等月亮相关的节日，开展与月亮主题相关的艺术创作活动，通过自媒体等现代宣传手段，扩大艺术庄园的影响力，吸引人气，打造艺术家的度假天堂。

2. 伴月村寨

与山顶伴月艺庄形成联动发展，立足本土文化艺术气息，对村庄风貌进行整改，吸引青壮年回家创业，积极发展旅游服务接待；邀请彝族的民间艺术家、文艺爱好者，参与村落环境的艺术化设计和改造；定期举办民间文艺交流活动、书画展、摄影展、影视作品展播等活动，以吸引艺术爱好者聚居；再结合农庄康养设施，打造艺术康养胜地。

高品质：运用生态循环农业体系，开设绿色种植培训管控，定制高端"贵族级"产品，满足追求高品质健康生活的客户。

高产量：对作物进行规模化种植，并实时更新种植技术，同时与各大高校形成联系，邀请专家进行指导、开发新型品种。

好品牌：利用中泽油橄榄现有品牌效应，对现有优质农产品进行冠名包装，在地理识别性的品牌价值上加码。

多平台：创建以油橄榄为核心的互联网健康创意品牌；建立农民、专家、投资机构等多方合作平台；搭建线上线下互动交流平台。

六、主导产业：油橄榄种植

油橄榄国有林木种质资源区位于西昌市西溪乡，在泸山后山地两山脊之间谷地，周围以山脚线为界，南抵108国道，总种植区面积约2300亩，其中第一产业发展用地550亩。

特色水产养殖区位于108国道以南，有鱼塘320多亩。加强渔业养殖管理，促进生态渔业养殖与渔家农庄体验、生态垂钓等第三产业联合发展。

1. 花果种植区：花果种植区分散在三个区域，整体种植面积达 180 多亩，主要种植当地特色鲜花水果。

2. 蚕桑种植培育区：蚕桑种植培育区位于泸山脚下，种植面积达 110 多亩，主要包括了养蚕抽丝和桑葚生产加工两大功能。

3. 果蔬种植区：果蔬种植区位于柳树桩水库之上，对此区域现有的农田进行梳理整合，种植面积达 180 多亩，主要种植有机蔬菜和当地特色水果。

4. 生态林木种植区：主要位于泸山南麓，山脚下缓坡地带，整体沿山形走势在规划区外围呈环形带状分布，以原有植物为底色，打造整个庄园最大、最亮丽的生态景观背景。

在整个油橄榄的种植加工过程中，油橄榄的每一部分都得到充分利用，加工成相应的产品，果渣可作为肥料再一次投入到生产环节里。同时引入有机质生物循环技术，使用清洁能源，变农业小循环为农村大循环。

通过组织当地农民参与无公害有机油橄榄的培训课程，培养有机种植的意识，同时在种植过程中对油橄榄的肥料成分进行实时调查控制，坚持无公害纯自然的环境要求，培养出真正的绿色产品。

打造"管家油橄榄庄园"定制服务：主打庄园级橄榄油，为客户定制高品质单一产区、单一品种的"贵族级"橄榄油，其产品针对高端客户做到最新鲜、产量少、专属橄榄油品。满足对橄榄油有高认知度、高品位、追求高品质健康生活的客户需求。

四川大凉山地区是我国主要的油橄榄一级适生区，在优质的环境基础上，进行规模化的种植，规划种植区总面积约2300亩，前期产业发展用地预期550亩，同时带动当地农民参与进来，扩大种植规模，不仅可以增加农民收益，还有利于培肥土壤，保护环境，提高产品质量，保障食品安全，使产业得到可持续发展。

每年根据油橄榄的种植季节，邀请国内外知名的油橄榄种植专家，带领强大的高端科技团队前来进行学术交流和技术指导，或派技术人员到世界各大油橄榄生产基地参与生产加工技术培训，建立起与国际油橄榄技术人员合作关系，达到使园区内油橄榄生产加工技术处于行业前端的目的。

开设四川省唯一的油橄榄良种研发中心，与四川农业大学、西昌学院等各大高校建立科研合作关系，为教学科研提供实习基地，同时与中国林科院、四川省林科院、四川农业大学、西昌学院、中科院合肥智能机械研究所建立"四川省油橄榄产业技术创新联盟"，共同研发新型的油橄榄品种和新的技术。

推进本土代表性品牌——"源泽"。该品牌为中泽公司旗下橄榄油品牌，主要针对地方特产市场、旅游特产市场以及地方特色礼品市场。加大该品牌的推广力度，打造出最具凉山彝族自治州特点的代表性品牌，持续推出"大凉山"特色橄榄油、橄榄精油等特色产品作为大凉山地域知名特产，同时结合当地油橄榄农业观光旅游，让人们了解油橄榄的历史文化内涵。

做大产业品牌，打造绿色健康生活的领头形象。中泽公司是国内率先完成油橄榄全产业链整合的企业，旗下产品丰富，有种苗培育、种植、橄榄油生产加工、油橄榄茶叶制作、油橄榄休闲食品生产、油橄榄日化用品生产、高端产品品牌营销、果渣肥料生产、农业观光等等，未来还将向园林、居家用品、主题酒厅、餐饮、旅游项目方向发展，利用此条件，做大产业品牌，在各类产品上强化突出自然原生态健康生活理念，将品牌的绿色生态风格的形象根植到顾客心中，打造绿色健康生活的领头形象。

"橄享"：国内首个以油橄榄为核心的互联网健康创意品牌。顺应当下"互联网+"的形式，采用国际化产品设计，聚焦孕婴儿童、老年、商务节庆礼品等分众市场，以新颖的产品形态和人性化产品服务设计，让油橄榄成为我们健康生活中的艺术品。

建立农民、专家、投资机构等多方合作平台。合理地利用多方各自的优势与条件，通过共同参与油橄榄的开发种植到加工销售，为专家学者提供科研教学的场所，为企业寻求到新的产业增长点，为当地农民解决增收等问题，互利互助，实现多方的利益最大化。

搭建互动性线上线下销售平台。顾客不仅可以在网上进行购买，享受私人定制及送货到家的服务，还可在城市门店、便利贩卖点取货或选购，实现线上线下互动互利。

按照标准化油橄榄种植基地的标准，在6200亩种植基地和繁育基地实施田间工程建设。其中土地整理6200亩、蓄水池2000立方米、滴灌6000亩、引水渠200米、排灌渠系3000米、田间操作道3000米。建设橄榄油及其副产品加工车间5600平方米。其中橄榄油生产灌装车间3000平方米，橄榄茶生产包装车间600平方米，蜜饯生产包装车间800平方米，橄榄皂、精油生产包装车间1200平方米。辅助生产工程8900平方米，包括原料棚800平方米等。公用工程总面积870平方米，涵盖了配电室、锅炉房、污水处理站、厕所等。服务型工程，包括生态停车场1000平方米，道路广场10000平方米，场区绿化14000平方米。

选用先进的田间节水滴灌技术，由水源提取并用输水管道输送具有较低压力（3—5米高的水头）的水，到有小孔能滴水的管道（毛管），均匀地滴水给农作物或果树的滴灌方法，与传统的田间浇水相比节水75%。

立足月亮谷庄园的自然资源、文化资源以及农业资源，发挥特色油橄榄产业优势，以休闲农业及乡村康养度假旅游为主导，农副产品加工为辅助，围绕国有现代农业庄园、国家级旅游度假区及国有农业公园的目标定位，联动一二三产业，依托自然条件，融合生态农业与休闲观光体验，依托油橄榄及其他农业，融合农产品加工业与科普休闲，依托月亮文化、彝族文化等，融合文化艺术与景观设计、节庆活动及现代服务业，最终形成以生态农业、特色加工业及乡村旅游为统领的现代新型复合产业集群生长模式，从而实现庄园产业升级转型，带动庄园经济和生态环境的全面可持续发展。

特色农业：依托油橄榄成熟的种植技术，在庄园东侧建立油橄榄产业示范园，形成绿色循环、高效生态的油橄榄种植示范窗口；依托现有阶梯鱼塘，发展生态鲜鱼养殖。

景观农业：依托规划庄园主干路沿线农田，种植各类蔬菜、花卉等景观作物，形成可食、可赏、可亲近的多地景观。

采摘农业：依托现有水库、阳光及土壤条件，发展葡萄种植园，形成葡萄采摘农业；依托现有梨树、桃树、桑树等，增加种植枇杷、樱桃、李树、梅树等果树，形成果树成荫、果树赏花、果树采摘等庄园特色农业主题采摘环境。

健康农业：依托农舍周围的田园，大力发展无公害、绿色和有机农产品，奠定康养旅游的食品基础。

特色农产品加工业：发挥油橄榄产业生产优势，依托油橄榄种植园，发展油橄榄香皂、油橄榄精油、油橄榄榨油、油橄榄果脯、油橄榄护手霜、油橄榄面膜等系列美容、保健、食用等加工产品。

食品加工业：以休闲食品为主要方向，强化新产品研发，形成特色饮料（梨汁、葡萄汁）、葡萄酒品、休闲食物（蔬菜干、鱼肉干、水果干）等。

工艺品加工业：运用彝族传统刺绣、编织、雕刻等手工艺，结合绘画等艺术表达方式，发展工艺品加工产业。

文化遗产：依托彝族歌舞、火把节等非物质文化遗产以及与月亮相关的传说、诗词、戏曲等遗产，发展文化遗产展示与体验活动。

文艺演出：深入挖掘月亮文化、彝族文化，通过现代艺术表达手法，打造月亮主题艺术活动、"花好月圆"主题音乐会、彝族民俗活动等文娱演出活动。

月亮谷庄园低压线路老旧、旧房维修、电信网络覆盖率低等问题突出，基础设施条件有限。庄园居民住房散乱分布，有安置户75户，其他居民47户，其中彝族居民占接近一半，皆为贫困户。

结合规划区特有的地理位置及特殊的地貌特征，依托优良的区位优势、丰富的自然资源和厚重的月亮文化资源，围绕规划区的开发与建设，同时发展优势特色油橄榄产业，积极探索实践生态游、文化游、乡村游、运动游"融合"发展的旅游扶贫发展新模式，吸引社会资金，争取专项扶贫资金，完善基础设施，加快贫困人口就业，真正使扶贫能够变输血为造血，实现稳定脱贫。

充分利用区域资源特色，通过全域旅游产品线路和旅游公路体系一体化规划建设，努力创建国有旅游扶贫示范区、省级产业扶贫示范区。

通过基础设施建设、村落风貌改造、产业产品、旅游服务、监督机制、市场运营等六个方面路径切实开展扶贫工作。

西昌是农业大市，以月亮谷为抓手，我率团队与西昌农业、文旅、康养等项目的深度合作正持续推进。我们欣慰地看到这种深度合作使民族地区的田园牧歌有了别样的风情。

第三节　威远无花果农业企业的国际化之路

我们认为，乡村产业体系的构建抓手在两个方面：一是因地制宜，确定主导农产业，并持续推进农业现代化；二是促进农业与其他产业的融合，催生新产业、新业态，延伸产业链条，提升产业附加值。

现代农业企业是现代田园牧歌的领唱者。现代田园牧歌不再是古代文人一个人的田园诗，而是广大农村劳动者共同的田

图 9-2　笔者在威远县世界无花果大会调研

园诗。因而，我们需要从传统农业向现代农业转变，以促进工业化、信息化、城镇化、农业现代化同步发展为前提。而农业现代化必须以农村经济为细胞，现代农业企业的发展为先导。

面对乡村振兴提出的新挑战与新任务，企业要积极转型，要储备足够多的乡土知识来应对乡村复杂的情况。首先企业团队要积极革新自我以适应乡村振兴新形势，现代农业企业与传统企业相比，已从一业向多业协同发展转变，企业的开发及执行团队要顺势向复合团队转变，企业团队不仅要懂开发，懂建设，懂种植、养殖等传统农业技术，还要有多维产品、地理商品、季节均衡、三级市场、文化农夫等特征。只有积极转变才能应对乡村复杂的情况，才能在乡村振兴大业中创造企业的价值。

农业现代企业要深入到泥土里生根发芽。企业开发涉农项目不能想当然，涉农项目需要大量的调研来充分了解农村的实际发展特点。乡村资源往往缺少系统的梳理，更没有在空间上直观地反映出来。涉农企业首要做的就是通过深入实际、深入乡村、深入当地村民中调查研究，对乡村实际情况、可能发展方向和可用的资源进行摸底调查。只有不断加强乡村调查研究，才能从根本上保证涉农项目方案的正确制定，尽可能减少失误。我们在参与四川内江市威远县的无花果产业园建设中，应用了闭环理论阐述其相关要素的集合，让无花果从古蜀道迈向了国际。

威远无花果农业企业的国际化之路蕴含着闭环之美。闭环（闭环结构）也叫反馈控制系统，是控制学概念，指将系统输出量的测量值与所期望的给定值相比较，由此产生一个偏差信号，利用此偏差信号进行调节控制，使输出值尽量接近于期望值，由此引申闭环管理。闭环管理的四个步骤是策划、实施、检查和处置。闭环管理是依据综合闭环系统、管理的封闭原理、管理控制、信息系统等共同组成的一种管理方法。

由闭环概念，有学者将它延伸为闭环思维、思维闭环：有始有终有反馈有纠错有改进，依序循环。

有学者将闭环直接界定为"闭环就是循环"，在不断的循环中提升自己，由量变引起质变。

我认为，内循环的逻辑甚至可以和我们中华文化中的"八卦""阴阳"等哲学概念相连接。我们在思考四川威远无花果产业基地的国际化道路时，充分运用了"闭环"的概念和逻辑进行阐述，分为五个部分。

一、生态闭环之美

威远穹窿，形成年代久远，面积广阔，地貌奇特，在中国甚至世界地理上都是绝无仅有的。奇特的方山台地，植被茂盛，林海茫茫；奇异的峡谷坑道，呈现地表断裂，遗迹斑斑；奇谜的山势水系，拓展出众多的山脉河流；奇幻的地质地貌，犹如盆地南部一颗明珠。九十余座古寨矗立深山近800年，独特的人文自然景观让人痴迷忘返；向家寨东麓围子湾宋代古墓群，气势磅礴；富含高密度负氧离子的高山古寨，是城市人群度假休闲的世外桃源。

威远无花果种植历史已经100多年，无花果种植面积5.2

万亩,其中由龙头企业、专业合作社和家庭农场集中经营种植面积达到 3.5 万亩,成片集中种植面积居全国第一;年产量 5.2 万余吨,带动农户 1.5 万余户,户均年增收约 1.1 万元。已初步建成集收购、储存、加工、销售、电商及食品物流集散于一体的特色食品工业集中发展区,引进金四方、久润泰、黄老五、威宝、川老妈等 7 家农产品加工龙头企业(其中省级 4 家,市级 3 家),主要生产无花果酵素、无花果干片、无花果酒、无花果茶、无花果饮料等系列产品。

无花果是一种经济作物,如何平衡高产高效和生态种植的关系,直接关系到该产业的长足发展。

农业生产是在一个相互联系、关系密切的体系中进行的。常规农业生产往往只见"生产",不见"生态"与"生活",或者仅仅重视"高产、优质、高效",忽视了"生态、安全"。在中国农业现代化过程中,老的工业化农业模式中那种高投入、高产出、高污染的直线生产模式,由于其快捷、高效曾经得到过青睐。人们为了扩大农业生产把生态上十分重要的林地、湿地、草地变成农田。重要生态功能区受到破坏,水土流失、缺水、风沙、旱涝等生态问题频发。今天之所以要退耕还林、退耕还草、退耕还湖就是因为过去在布局上出现了重大失误。为了追求简单和机械操作,作物大面积连片单一种植,农业生态系统的生物多样性减少导致了病虫草害频发和系统稳定性下降,化石农业过分依赖农药化肥,造成环境污染和资源紧缺,为此生态农业的一个重要任务就是重新认识农业的整体性，借鉴自然生态系统的运作模式，重新设计、布局和整合农业生产体系，建立能够协调农业经济效益、社会效益和生态效益的生态农业模式。

生态种植是指在保护、改善农业生态环境的前提下，遵循生态学、生态经济学规律，运用系统工程方法和现代科学技术，集约化经营的农业发展模式。生态种植是一个生态经济复合系统，将种植生态系统同种植经济系统综合统一起来，以取得最大的生态经济整体效益。这也是农、林、牧、副、渔各业综合起来的大农业，又是农业生产、加工、销售综合起来，适应市场经济发展的现代农业。

无花果产业园的生态之路，就是按照农产品"三品一标"创建标准，突出绿色发展导向，推广绿色技术，发展循环经济。根据无花果的市场导向，可以采用区块化多样种植。

绿色有机种植区。有机种植区无花果绿色发展水平走在全国前列。截至目前，全县无花果有机产品转换认证2182亩，有机种植认证1005亩，森林食品认证5165亩。

有机农业已经成为农业可持续性发展的重要模式，有机水果的种植是当下有机农业相对广泛的领域，有机果园在管理上也需要更多的精力投入，有机果园的生态化管理对于果园整体而言都是很重要的。

（一）构建完整的果园"生物链"

我率团队提出生态化管理要从果园系统的综合性、动态性、协调性、实践性等特点出发，以生态系统、经济系统和技术系统的综合优化为重点，以生态效益、经济效益和社会效益的综合最大化为目标，从实践中寻找错误并不断地修正，充实和提高果园系统的各要素功能，逐渐完善有机果园的结构。

生态化的闭环是要在进行果品生产的前提下，发展多种生产，以改良土壤和地力培肥为中心、以果园生草和动物的养殖为突破口坚持果树的栽培、果园生草和畜禽养殖综合发展，并且通过沼气的发酵和果园堆肥，将果园种植和养殖连接起来，以草养畜、以畜积肥、以肥沃土、沃土养根、养根壮树，树壮了自然也就会高产。同时，要根据生态位原理和物质能量循环转化规律，不断地为果园引入更多的更高效的生态物种，增加果园生产的环节，延伸和充实食物链，完善废弃物分解还原链，构建农产品加工链，让果园步入生物多样性丰富、能量流动和物质循环顺畅、能够自我发展的良性轨道。

（二）提高果园生态资本存量

生态资本是能够带来经济和社会效益的生态资源和生态环境，包括自然资源的总量、环境质量和自我净化能力、生态系统的使用价值以及能够为未来产出使用价值的潜力等内容。生态资本存量是在一定条件下能够转化为经济产品的生物资源和环境资源的库存量，生态资本存量的消长、盈亏和动态变化是衡量该系统的生态与经济能否持续的重要标志。

果园的生态资本存量是果园体系之下的生态资本存量，广泛地存在于果园"植物库""动物库""土壤库"当中。植物库是进行光合作用以及贮存初级光合产物的场所，像果树、林木、农作物等绿色植物。动物库是贮存和转化初级光合产物的场所，像家禽、鱼类和野生动物等。土壤库是贮存各类光合产物和转化产物所形成的生物智能的场所。

贮存土壤中的生物是生物学肥力的重要标志，也是土壤生态资本存量的主要来源，包括土壤有机质的含量，土壤微生物群落的种类、数量以及各种营养元素的含量，土壤的理化性状，土壤的通透性，保水保肥的性能，微小的软体动物的种类和数量等。

果园的生物多样性越丰富，在果园的"植物库""动物库""土壤库"当中积累和贮存的生态资本量越多，果园的生态系统的结构就越稳定，功能就越健全，果园生态和经济的可持续性就越强。

无花果产业园的生态建设，必须思考多样性种植。通过不同的间种、套种，形成不同的农业生态景观。

花果：要规划在无花果产业区，在适当的时机、适当的区域，选择四季花卉，构建四季景观，让每个季节都有看点，都有重点。

禽果：可以在无花果树空地，养殖生态鸡鸭，采用技术手段防止鸡鸭对幼苗、树叶的伤害，通过鸡鸭养殖消除虫害，形成生态循环。

菜果：可以套种花生、大豆、大蒜、生姜、菠菜、油菜、草莓、土豆等矮秆作物，形成立体农业格局。

生态种植无花果，既是对生态的保护，又可以增加收入，为无花果产业园区实现农业观光奠定基础。

二、产业闭环之美

无花果产业的闭环包括了无花果的生产、加工、储存、运输、营销各个环节，也包括构建产业社区、无花果的延伸产业链、农业庄园建设等各部分。

（一）生产形态：构建公司+专合组织+农户的生产模式，通过统一生产标准、技术培训、田间管理、产品质量监督等提高生产效率、产品质量。

（二）加工形态：扶持和引进农业加工企业参与产业区的建设，通过对无花果的深加工形成干果、药品、保健食品、果酒饮料等，满足社会不同需求。

（三）产业社区，构建生产企业、加工企业、运输企业、营销企业、消费者共同参与的产业社区建设，形成一个完整产业社区，共同着力建立健全各种行业标准、技术标准、管理规则，并不断完善。

（四）农业庄园：根据产业区内不同的生产形态、地域特点建立各种不同特点的农业庄园，如花果庄园、禽果庄园、菜果庄园、鱼果庄园，并开展各具特色的农业观光，增强产业园的多样性，全方位吸引游客前来观光。

（五）全力建设国家农业产业园

威远无花果种植产业园区，近年随着建设，已基本符合国家现代农业产业的基本条件，通过努力，可以争取达到。

国家现代农业产业园的申报条件有7条：

一是主导产业特色优势明显。主导产业为本县（市、区）特色优势产业和支柱产业，在本省区乃至全国具有较强的竞争优势。主导产业集中度高，上下游连接紧密，产业间关联度强，原则上数量为1—2个，产值占产业园总产值的比重达50%以上。主导产业符合"生产＋加工＋科技"的发展要求，种养规模化、加工集群化、科技集成化、营销品牌化的全产业链开发的格局已经形成，实现了一二三产业融合发展。

二是规划布局科学合理。已制定产业园专项规划，并经所在地县级或以上政府批准同意，明确了产业园发展布局和区域范围。产业园种养、加工、物流、研发、服务等一二三产业板块已经形成，且相对集中、联系紧密。产业园专项规划与村镇建设、土地利用等相关规划相衔接，产业发展与村庄建设、生态宜居统筹谋划、同步推进，形成园村一体、产村融合的格局。

三是建设水平区域领先。产业园生产设施条件良好，高标准农田占比较高，主要农作物耕种收综合机械化率高于本省平均水平，生产经营信息化水平高。现代要素集聚能力强，技术集成应用水平较高，职业农民和专业人才队伍初步建立，吸引人才创新创业的机制健全。生产经营体系完善，规模经营显著，新型经营主体成为园区建设主导力量。

四是绿色发展成效突出。种养结合紧密，农业生产清洁，农业环境突出问题得到有效治理，"一控两减三基本"全面推行并取得实效。生产标准化、经营品牌化、质量可追溯，产品优质安全，绿色食品认证比重较高。农业绿色、低碳、循环发展长效机制基本建立。

五是带动农民作用显著。产业园积极创新联农带农激励机制，推动发展合作制、股份制、订单农业等多种利益联结方式，推进资源变资产、资金变股金、农民变股东，农民分享二三产业增值收益有保障。在帮助小农户节本增效、对接市场、抵御风险、拓展增收空间等方面，采取了有针对性的措施，促进小农户和现代农业发展有机衔接。园区农民可支配收入原则上应高于当地平均水平的30%。

六是政策支持措施有力。地方政府支持力度大，统筹整合财政专项、基本建设投资等资金用于产业园建设，并在用地保障、财政扶持、金融服务、科技创新应用、人才支撑等方面有明确的政策措施，政策含金量高，有针对性和可操作性。水、电、路、讯、网络等基础设施完备。

七是组织管理健全完善。产业园运行管理机制有活力，方式有创新，有适应发展要求的管理机制和开发运行机制。政府引导有力，多企业、多主体建设产业园的积极性充分调动，形成了产业园持续发展的动力机制。

创建国家现代农业产业园，应重点围绕以下任务开展建设：

一要做大做强主导产业，建设乡村产业兴旺引领区。依托优势特色主导产业，建成一批规模化原料生产大基地，培育一批农产品加工大集群和大品牌，将产业园打造为品牌突出、业态合理、效益显著、生态良好的乡村产业兴旺引领区。贫困地区要突出搞好产业扶贫，将产业园建设成为构建稳定脱贫长效机制的重要平台。

二要促进生产要素集聚，建设现代技术与装备集成区。聚集市场、资本、信息、人才等现代生产要素，推进农科教、产学研大联合大协作，配套组装和推广应用现有先进技术和装备，探索科技成果熟化应用有效机制，将产业园打造成为技术先进、金融支持有力、设施装备配套的现代技术和装备加速应用的集成区。

三要推进产加销、贸工农一体化发展，建设一二三产融合发展区。构建种养有机结合，生产、加工、收储、物流、销售于一体的农业全产业链，挖掘农业生态价值、休闲价值、文化价值，推动农业产业链、供应链、价值链重构和演化升级，将产业园打造成为一二三产业相互渗透、交叉重组的融合发展区。

四要推进适度规模经营，建设新型经营主体创业创新孵化区。鼓励引导家庭农场、农民合作社、龙头企业等新型经营主体，重点通过股份合作等形式入园创业创新，发展多种形式的适度规模经营，搭建一批创业见习、创客服务平台，降低创业风险成本，提高创业成功率，将产业园打造为新型经营主体"双创"的孵化区。

五要提升农业质量效益和竞争力，建设高质量发展示范区。大力发展绿色、生态种养业，加强农产品质量安全监管，强化品牌培育，推进农业绿色化、优质化、特色化、品牌化，推动农业由增产导向转向提质导向，建立健全质量兴农的体制机制，将产业园打造成为农业高质量发展示范区。

我们认为，争取国家现代农业产业园，既是荣誉又是品牌。

三、品格闭环之美

无花果的文化，历史悠久，既是宗教圣果，也是幸福之果。无花果，别名：映日果、奶浆果、蜜果、树地瓜、文先果、明目果。

无花果原产阿拉伯南部，后传入叙利亚、土耳其等地，目前地中海沿岸诸国栽培最盛。无花果是人类最早栽培的果树树种之一，从公元前3000年左右至今已有近5000年的栽培历史。古罗马时代有一株神圣的无花果树，因为它曾庇护过罗马创立者罗募路斯王子，躲过了凶残的妖婆和啄木鸟的追赶，这株无花果后来被命名为"守护之神"。在地中海沿岸国家的古老传说中，无花果被称为"圣果"，作祭祀用果品。无花果是桑科植物无花果的果实。由于无花果树叶厚大浓绿，而所开的花却很小，经常被枝叶掩盖，不易被人们发现，当果子露出时，花已脱落，所以人们认为它是不花而实，故命名为无花果。

我国的无花果起源于丝绸之路，如今，国家的"一带一路"开展得如火如荼，希望无花果产业的同仁借此机会，让我国的无花果产业腾飞于新丝绸之路。

无花果其实是有花的，只是我们看不见。囊状肥大的总花托将雄花、雌花等藏在花托里面，尽可能地省下有限的营养，去孕育新的生命。

花语，是植物的品性。无花果将花和果融为一体，含蓄、内敛、低调、默默奉献，有着专属于自己的美丽和意义。正如易中天教授所说："当桃红李白们熙熙攘攘、热热闹闹、争奇斗艳展示出自己的青春靓丽时，无花果奉献的是一份质朴与真诚。"人类珍惜这份质朴与真诚。于是，无花果作为生命的象征，被供奉在埃及等地的圣殿里。无花果的花语就是质朴与真诚，我们敬重这种果实。

无花果的花语是丰富。表示在人际关系上学到的技巧，是丰富人生的最大秘诀。受此花祝福的人，说明在人际关系上很成功，但不要乐极忘形，要改善固执、爱钻牛角尖的脾气，否则爱人会离去。无花果将花和果融为一体，其含蓄、内敛、低调、默默奉献，真正有着专属于自己的美丽和意义。

深挖无花果的历史，阐述无花果的品格，由此延伸，我们认为无花果的品格为低调、诚信、奉献。所以，我们分别从生产者、劳动环节、区域地域品格、品牌的创造、人文品格来概述无花果的花语、无花果的人性，并由音乐表达、美术表达、舞蹈表达、动漫表达，转化为产业链；逐步深入思考将作为圣果的无花果转为福果，力争做到无花果品性的中西结合、本土表达、文学表达，工艺美术。

四、生活闭环之美

乡村风景宜人，空气清新，民风淳朴，形神有序，节奏舒缓，适合人居。乡村是安详稳定、恬淡自足的象征，有着更多诗意与温情，有久违的乡音、乡土、乡情以及古朴的生活、恒久的价值和传统。

乡村生活的这种闲适性，正是当下休闲旅游市场所追求的，具有无穷的吸引力，已成为中国未来最稀缺的旅游资源。

我们认为，乡村旅游首先是一种生活方式，然后才是一种旅游方式。

旅游化的乡村生活，不是简单地回到以前，而是有选择地融入现代人的生活方式、情感喜好、审美情趣，形成旅游休闲形态的乡村品质生活，这样的乡村才有可持续发展的前景，最终实现居住空间舒适化、生活空间缤纷化、工作空间人性化、情感空间温馨化，换句话说就是家园、乐园、梦园和暖园。

旅游化的乡村生活是全域旅游的乡村版，是有别于城市的一种生活空间和生活方式，更是一种精神的追求。

（一）威远无花果民宿应以乡村生活为根本

东方式民宿缘起日本和中国台湾，之后民宿热在内地渐起。民宿在外在形式上，是一个包括吃住行工作情感的行为系统，在本质上是精神相对稳定、心灵有所安放和寄托的状态。

民宿的重点在"民"，这里的"民"特指乡民，从乡村生活的角度塑造民宿是根本原则。比如舟山嵊泗的偏远渔村很富有"渔味"，现有的建筑空间看似无序凌乱，实则就是渔民们生活过程中点点滴滴情感的累积，是当地渔村生活与劳作方式的外化体现。

（二）威远无花果特色小镇的乡音不改

乡村类特色小镇本质上应该是一种"完整要素的生活化空间"，产业功能为乡村生活服务，如此，既有的大农业、传统手工业、创意乡村文化产业，都是增强乡村生活舒适性和吸引力、复兴乡村的有力支撑。

（三）无花果乡村小资源的聚沙成塔

发展乡村旅游，除了得天独厚的自然和人文资源外，众多的山水花木、老屋街巷、民俗非遗、纵横阡陌和最重要的朴素乡民，都是乡村旅游的星星之火，可称之为"小资源"。

这些小资源在营造、强化、保持乡村环境方面意义重大，它们所构成的乡村基本面是"高大上"的点线状资源无法取代的。

（四）无花果特色小镇融合乡愁的设计理念

城市中的人们追求速度和效率，快节奏的生活充满了压迫感，而屋子只是能够带来安全感的巢；乡村则比较注重人与自然、生态及文化的共融，创造诗一般的生活空间。

乡村旅游的设计要本着不同于城市的设计理念，融入游人的思乡情意，注重人本身落叶归根的情感，拉近他们与乡村的距离，带来归家的感觉，给他们不同于城市的生活体验和情感交流，最宝贵的始终是人们对乡村发自内心的、几十年沉淀的真情实感。

（五）无花果花语关怀人性的温暖体验

乡村旅游满足人性的本真需要，让人产生温润软糯的情感体验。

乡村人文对个体的无缝浸润和多维包容，包括人居、人性、人际、人神、人天，暂统称为"五人"要素，具体就是乡民与民居、村落、山水、田园等实体产生的居住、交往、互助、劳作、守序、崇文、依赖等关系与情感，这正是乡村生活最大的吸引力之所在。

现在，有了以旅游产业带动整个乡村经济发展的理念，可通过乡村旅游解决农民生产、生活等各方面的问题。全域旅游的视角下，要了解乡村的特色资源、区位环境、交通，让乡村经济有发展模式可引导。

五、科技闭环之美

无花果产业要全面持续发展必须依靠科技创新。威远无花果产业园有独立的科研机构并与省级以上科研单位深度合作，产业链各环节都有科技支撑，逐步建立起了灵活高效的农业科技社会化服务体系。2015年3月，威远县人民政府与中国农业大学签订了"县院合作"协议，设立中国农业大学威远无花果教授工作站，随后园区内企业又相继与四川农大、省林科院、省食品发酵工业研究设计院等签订了产品研发合作协议；2015年6月，产业园建立了全国第一所县级无花果研究所；金四方与科研院校合作建立了1个市级工程技术研究中心。

（一）生产流程创新

要强化科技的研发，通过新科学技术的运用，不断促进产业的发展。

一是建立无花果基因库，收集全世界无花果的品种基因，通过现代生物基因技术对无花果的品种进行改良。

二是种植技术的推陈出新，及时引进和研究新的种植技术，重点在生态种植上走出一条新路。

三是改进管理技术和方法。

四是土壤、气候的利用与改良。

（二）产业园区的机制创新

在规模化种养基础上，通过"生产＋加工＋科技"，聚集现代生产要素，创新体制机制，建设水平比较领先的现代农业发展平台，坚持水肥药一体化准时准量，使生产标准化、智能化、便捷化。

延伸产业链，建设田园综合体，打造生态观光、休闲、教育有机结合的产业发展道路。

六、无花果的国际化之路

我率团队从生态基础、营商环境、人才资源、产业发展、品牌声誉五个维度进行无花果国际化。五个维度融于五环之中。

现代田园牧歌认为，要发展农业的现代化产业，必须要有市场观念，要大力开发农业多种功能，延长产业链，提升价值链，完善利益链，通过保底分红、股份合作、利润返还等多种形式，让农民合理分享全产业链增值收益。实施农产品加工业提升行动，鼓励企业兼并重组，淘汰落后产能，支持主产区农产品就地加工转化增值。重点解决农产品销售中的突出问题，加强农产品产后分级、包装、营销，建设现代化农产品冷链仓储物流体系，打造农产品销售公共服务平台，支持供销、邮政及各类企业把服务网点延伸到乡村，健全农产品产销稳定衔接机制，大力建设具有广泛性的促进农村电子商务发展的基础设施，鼓励支持各类市场主体创新发展基于互联网的新型农业产业模式，深入实施电子商务农村综合示范，加快推进农村流通现代化。

我们看到，威远无花果产品、无花果文化、无花果般的生活方式正随着现代农业的升级走向全世界。

第十章

国家公园里的田园牧歌

野外罕人事,穷巷寡轮鞅。
白日掩荆扉,虚室绝尘想。
时复墟曲中,披草共来往。
相见无杂言,但道桑麻长。
桑麻日已长,我土日已广。
常恐霜霰至,零落同草莽。

[晋]陶渊明《归园田居·其二》

乡村旅游是旅游必须紧密地与乡村资源环境、乡村社区环境和生产生活环境相融合，这种有别于城市、专属于乡村的本质属性，也就构成了乡村旅游资源的乡土性。乡村旅游的乡土性是其吸引力的主要内容，但也容易出现资源替代性强、市场影响力有限等问题。这就需要找到一个突破点，用心用情打动城市人——乡村旅游的主体客群，让乡土性成为人们梦中的世外桃源。自称"乡下人"的沈从文在《边城》中精心构建了一个湘西世界，讲述了一个传统意义上牧歌式的乡土故事。在故事的发生地——花垣县边城镇，国内外无数文人骚客前来观光采风，从而带动了当地乡村旅游业。

乡村的资源十分复杂，资源的利用开发在于发现，就是利用现有乡村的历史文化资源、产业特色、地形地貌等各种特色资源，量身进行乡村规划，突出其特点，形成较有个性特点的产业，形成独有的IP。

在研究乡村旅游时，我很早就提出，文化旅游其实只是一种手段，而不是一种载体。最好的载体，对中国而言，就是农村与农业、农民，旅游真正和农村、农业、农民结合在一起，才能成为"大旅游"；如果旅游就是卖景点，那是小旅游，只有与中华大地结合在一起，才能成为"大旅游"。

我在亲自参与和作为旁观者见证的乡村项目发展中，得出一个重要结论："决定一个项目成败的关键往往在于项目的设计是否具有内涵。"例如在前述银川的枸杞农庄中，我率团队将单纯用作销售的枸杞放大至代表中国红的养生文化，并植入知青文化，最终将一个枸杞生产农庄打造为了一个以枸杞特色农业为基础，以科技产业为核心，以绿色发展为导向，以红色文化为特色，融合现代农业、科研示范、产业运营、观光休闲、科普教育、养生度假、商务会议、地产娱乐等多种功能于一体的特色农业综合体和现代田园综合体，使得农村在枸杞科研与种植销售之外，融合了工业、旅游、创新、地产、会展、博览、文化、商贸、娱乐等三个以上产业的相关产业与支持产业，从而形成多功能、复合型、创新型产业结合体。而产业的拓展、产业链条的延伸得益于文化的引领，通过文化满足了市场对健康食品的个性需求，都市人回归自然、现代人追忆历史的文化情结。在走访中，许多游客也回馈"红色唤起了他们的情结"才选择来到此地。枸杞品质上升成了宁夏人的"红色经典"。

我多次呼吁，只有当我们怀着一种自信去看待我们的文

图 10-1　笔者获聘筠连县文旅顾问

化，我们才能创造性地使用它。而只有通过文化的引领，我们的乡村振兴才是有源之水、有根之树，充满了无限的生命力，我们丰富的文化就是实现乡村振兴最大的金库，是我们的自信之源！

当前，国家出台了一系列国家公园相关政策，正是通过国家公园的形式，保护各种自然资源和文化资源，并有限度地开发，对老少边穷地区的经济发展，起到积极的促进作用。如何在国家公园里吟唱现代田园牧歌，我们正在积极探索。

第一节　长征国家文化公园的田园牧歌

红色资源，是一种非常特殊的文化资源。在我国近现代，为争取国家的独立、自由、富强，涌现出了一大批的仁人志士，他们抛头颅洒热血，为中华民族找出路，试图找出一条路来推翻压在中华民族身上的三座大山：帝国主义、封建主义、官僚资本主义。特别是1840年鸦片战争至1949年中华人民共和国成立，这一百多年来，从康有为、梁启超的变法，孙中山的辛亥革命，到中国共产党的成立、发展壮大，直至建立中华人民共和国，中国人民真正站立起来，这个过程可以说是艰苦卓绝。弘扬和传承红色基因，是关系到民族复兴大业的关键因素。红色基因是一种特殊的文化资源，在我们的乡村振兴中，主要是利用红色资源，作为乡村旅游和爱国主义、自然教育的重要内容，提供革命战争和艰苦生活的实景和片段，通过对红

图 10-2　笔者率团队在四川越西调研长征文化资源

色资源的保护利用开发建设，使之成为红色教育基地。

红军长征是中国革命史上的一次奇迹。红军长征所经过的地方大多都是偏僻的乡村，这里的经济和社会发展落后于交通发达的地区，特别是乡村，由于交通不便，相对原始和落后。建设长征国家文化公园，为长征途经的乡村提供了一个绝好的发展机遇。我率团队为四川能投集团川西文化旅游公司做了长征国家文化公园四川段的规划。

红色旅游主要是以中国共产党领导人民在革命和战争时期建树丰功伟绩所形成的纪念地、标志物为载体，以其所承载的革命历史、革命事迹和革命精神为内涵，组织接待旅游者开展缅怀学习、参观游览的主题性活动。在"十二五"规划中，中央决定将红色旅游内容进行拓展，将 1840 年以来 170 多年之间的中国近现代历史时期，在中国大地上发生的中国人民反对外来侵略、奋勇抗争、自强不息、艰苦奋斗，充分显示伟大民族精神的重大事件、重大活动和重要人物事迹的历史文化遗存，有选择地纳入红色旅游范围，这就更有利于传承中华民族的革命文化和优良传统。红色旅游是把红色人文景观和绿色自然景观结合起来，把革命传统教育与促进旅游产业发展结合起来的一种新型的主题旅游形式。其打造的红色旅游线路和经典景区，既可以观光赏景，也可以了解革命历史，增长革命斗争知识，学习革命斗争精神，培育新的时代精神，并使之成为一种文化。

红军两万五千里长征，一次改变中国命运的征途。它是战争的奇迹，每一场战斗，都是生死的拼搏，都是意志的对决，都是智慧的较量，以小搏大、以弱胜强，为最后彻底解放全中国奠定了坚实的基础；它是中华文明的充分展示，为实现理想敢于战天斗地，为救国救民不惜牺牲生命；它是传奇，强渡大渡河，昼夜行军二百四十里，飞夺泸定桥，爬雪山过草地……数不胜数，挑战人类的极限。它的精魂如同一座巍然屹立的丰碑，激励着中华儿女披荆斩棘奋勇前行；它的魅力跨越时代，跨越国界，震撼着每一颗流淌着滚滚热血的心灵。

长征永远在路上。四川是红军两万五千里长征重要的途经地。特别是川西，是长征途中许多重大事件、转折性事件的发生地，其遗迹数量多、质量高、范围广，同时也有西昌卫星发射中心等著名红色教育景区，它们是四川文化旅游中的重要文旅要素，更是川西地区的地标性文化符号。

笔者率团队围绕川西红色旅游,重点是长征主题国家文化公园进行总体策划。

一、策划核心资源

（一）会理

红色资源：皎平渡、会理会议遗址。

文化资源：会理古镇、古瓷窑、铜矿遗址。

自然资源：有"中国石榴之乡""天府云烟之乡""矿产博物馆"的美誉。

（二）冕宁

红色资源：泸沽分兵、彝海结盟遗址、卫星发射中心。

历史文化资源：民间艺术种类丰富,其中尤以挑花艺术独具特色；彝族民俗风情浓郁。

自然资源：有灵山风景区,稀土储量居全国第二位。

（三）越西

红色资源：红军之乡、红军树。

历史文化：文昌故里、树衔碑、新民古城遗址。

自然资源：南箐溶洞景区,野生药材有天麻、杜仲等,矿产资源、水利资源丰富。

（四）石棉

红色资源：抢渡大渡河遗址、石棉工矿遗址。

历史文化资源：石达开行军遗迹。

自然资源：贡嘎山南坡风景区,有大熊猫、川金丝猴、黄喉貂、大灵猫、豹等珍稀动物,有丰富的矿产资源。

图 10-3　皎平渡远眺

图 10-4　红军村

图 10-5　越西红军树

图 10-6　安顺场红军广场

图 10-7　安顺场古镇

第十章　国家公园里的田园牧歌

（五）泸定

红色资源：飞夺泸定桥旧址、泸定铁索桥。

历史文化资源：泸定桥圣御碑。

自然资源：有海螺沟风景区、贡嘎山主峰、二郎山景区。

（六）宝兴

红色资源：红军翻越的第一座大山夹金山。

历史文化资源：熊猫古城、穆坪土司官寨遗址。

（七）小金

红色资源：达维会师遗址、红军同乐会（天主教堂）遗址、两河口会议遗址。

历史文化资源：锅庄舞等藏族风情。

自然资源：四姑娘山、两河口风景区、巴朗山。

（八）资源评价

长征主题国家文化公园川西段，是中央红军长征最重要的一段历程，有两个非常重要的人类公认的价值遗产：一是红军长征中挑战人类极限的史实，如昼夜行军二百四十里、飞夺泸

图 10-8　飞夺泸定桥旧址

图 10-9　体验夹金山

图 10-10 达维镇

定桥、爬雪山过草地,都是在川西段发生;二是红军从军事割据到北上抗日的转折,由国内革命战争转向了团结一切力量抗击日本帝国主义的侵略,顺应了整个世界反法西斯的潮流。

长征在四川留下了很多可歌可泣的历史传奇故事,长征主题国家文化公园川西段红色遗迹数量多,质量高,构成了长征主题国家文化公园的重要基石。

川西红色资源还有西昌卫星发射中心、石棉矿遗迹等重要资源。

二、文化旅游市场分析

我们认为,项目区拥有得天独厚的自然资源、历史文化资源及红色资源,发展旅游条件非常优越;经济发展慢,具有绿色生态经济发展的后发优势,发展潜力巨大。

(一)客源市场

一级市场:四川全省及西南地区。二级市场:长征沿线省区。三级市场：全国各省市。四级市场：港澳台地区及世界各国的青少年游学。

（二）教育旅游市场分析

长征主题国家文化公园集聚了核心的长征文化遗迹、优美的自然风光、丰富的藏、羌、彝少数民族文化，观光旅游、教育培训市场前景巨大。

（三）康养旅游市场分析

气候条件宜人，开发森林康养产业前景可期。可以开发森林游、森林探险、森林度假、森林颐养等。

类型主要有家庭游、青少年游学、老年颐养。一级市场：成渝两地。二级市场：四川周边，陕西、湖北等周边省区。三级市场为内地其他省区、港澳台地区、世界各国。

（四）生态旅游市场分析

由于独特的地理和气候资源，开发有机、绿色、生态的农业产业和农业观光，条件优越。

主要客源包括，一级市场为雅安、西昌等；二级市场为成渝两地；三级市场为内地其他省区、港澳台地区、世界各国。

三、策划思路

（一）核心资源保护与开发利用相结合；

（二）红色旅游景区暨长征国家文化公园建设与生态文明建设相结合；

（三）红色旅游景区暨长征国家文化公园建设与农民致富相结合；

（四）长征精神与践行社会主义核心价值观相结合；

（五）近期开发与国家级文化 IP 孵化相结合。

四、总体定位

建设以长征文化为基础，以弘扬长征精神为目的，以长征线路为主要依托，串联长征四川段沿线重要遗址、遗迹、纪念设施和红色经典景区，讲述长征故事的跨区域、开放式的、世界知名的一座磨砺钢铁意志、超越人类极限、谱写战争传奇、拯救民族危亡的红色精神圣殿。

五、旅游产品策划

（一）主要思路

我们认为，长征国家文化公园产品的打造既要保护过去，又要结合当代，面向未来，形成过去的长征、当代的长征、未来的长征。保护过去指保护好长征精神和长征故事，牢记历史，牢记伟大的长征精神；结合当代指结合当代社会需求、科技，打造适合当代游客的旅游产品；面向未来指长征文化和长征精神永不褪色、永不过时，在未来仍是伟大和先进的精神指引。

长征国家文化公园的旅游产品策划思路是保护好长征遗迹，讲好长征故事，切实解决好当前红色旅游面临的"旅游目的单一，红色旅游就是受教育的意识形态化""经典雷同、个性缺失""服务配套设施落后"等突出问题；高屋建瓴，积极争取政府投入，广泛吸引社会资本参与长征国家公园建设；充分利用长征国家公园四川段丰富的红色、绿色、人文、历史资源进行综合开发，通过各节点的个性化建设，使整个长征沿线各景区个性突出、各具"爆点"；完善各景区的服务配套设施，提高从业人员素质，使长征国家文化公园旅游既是红色缅怀学习的教育游，也是自然风光、人文历史的观光游，更是游学休闲的体验游，把长征国家文化公园川西段建成具有世界影响力的国家文化公园。

（二）展现形式

科技+文化+创意+体验+网络。

万里长征文化产品的展现不仅仅是对当地长征文化的展现，不仅仅是室内的博物馆、纪念馆的呈现，而且要将科技与文化结合，形成一种类似迪士尼公园、故宫、大唐芙蓉园等的综合丰富的体验，让人在室内体验，同时结合线上和线下进行双重互动，形成适合"90后""00后"的体验模式。这样使得长征国家文化公园具有长征文化的价值的同时又是时尚的。同时让游客体验长征路上战士们的生活方式，参与式地走进长征，形成几个重要的点位，这样的长征文化体验就可以反复走，不是一次性的，具有了多层次性。

（三）产品概述

1. 旅游产品

（1）红色旅游

①以长征真实行程路线为游线，以历史事件为内容、红色遗迹为载体，设置一日游、三日游、五日游、七日游等旅游产品。

②以历史事件、红色遗迹为核心，综合其他资源的主题游。设置巧渡金沙江、彝海结盟、强渡大渡河、飞夺泸定桥、爬雪山、过草地等主题游。

如彝海结盟主题游，可以设置一日、二日、三日游。根据游程可以安排参观彝海结盟纪念馆，参观彝族民居，观赏彝族风情表演、彝海结盟情景剧；住彝家、品彝食、过彝节；听红军故事，荡舟彝族海子，体验彝族火把节；购买红色纪念品、彝族民族用品、创意产品、高山农产品等。

（2）红色资源、绿色资源、历史文化资源的综合游

以红色遗迹为核心，综合自然风光、历史文化等旅游要素的综合游。设置会理、西昌、冕宁、越西、石棉、泸定、宝兴、小金、松潘、若尔盖等地方资源的组合。

2. 教育健体

（1）教育

针对不同对象、不同主题，推出包括集中培训、现场体验、拓展训练、主题游乐于一体的红色教育链条。

（2）健体

结合长征实景，设置攀爬、马拉松、划船、冰雪运动、雪上游乐等健体项目。

3. 文化创意

将长征文化符号，如长征诗词、爬雪山过草地等文字、图案，用于日常用品上；创作长征的文艺作品，如长征主题的音乐、歌舞、书法、绘画、卡通、游戏、戏剧等；开发长征主题

创意产品，如长征手杖，长征瓷器，长征石雕木雕，长征主题系列茶具、餐具。

4. 健康养老

充分利用国家公园丰富的森林资源和气候条件，发展森林康养，开发森林医养结合的康养项目。

5. 开发森林游产品

如开展森林度假游，开设森林营地、森林探险等项目，开展森林游学健体项目。

6. 地方特色

推出特色农产品，如高山水果蔬菜、高山野生药材；地方特色红色纪念品，如泸定桥纪念钥匙链、手机壳；彝海结盟骨雕、木雕产品等；地方民俗产品，如藏族、彝族的民族服饰、日用品、纪念品等。

六、旅游路线策划

我们拟采用双线发展、双轨并行的模式，形成一路双线。红色旅游具有教育性，长征之旅具有挑战性、奇特性、探秘性。

形成红色教育线和绿色生态线：红色教育线具有严肃性、庄重性、爱国性和正能量，具有团队协作教育功能和组织性教育功能；绿色生态线要寓教于乐，抢占阵地，扩大流量，将长征旅游时尚化。

七、产业策划

（一）产业定位

根据四川省关于"长征历史步道"建设工作的意见，我率团队以"红+绿""红+特""红+古"等多种旅游开发模式沿长征步道布点并整合周边优质资源，通过长征国家文化公园川西段的总体规划，培育打造完整、完善的长征公园产业链，孵化一批经典景区、特色小镇、乡村振兴示范区、山地康养度假休闲区等，促进长征国家文化公园川西段建设，并持续不断创新与创造具有自我造血功能的旅游产品。

（二）产业分析

1. 旅游文创产业

打造"长征"核心文化 IP，以此衍生各种文化创意产品。借用长征已是具有世界性影响力的文化符号这一优势，深度挖掘长征故事，以当地的民俗故事、历史故事、农业产品中的美食故事，形成成百上千的生动的文艺故事，用诗词歌赋、音乐舞蹈、电影戏剧等多种手法形成艺术作品，发散各种红色文化作品，实现互联网线上线下互动，打造互联网电商；举办文化论坛，增加影响力。

2. 教育培训产业

形成针对不同年龄人群的干部教材、企业经营者教材、学生教材，形成类似西点军校的，具有普世价值观的培训教材和图书体系，让长征不仅是干部的精神食粮更是企业家成长的精神食粮、青少年成长的精神食粮。长征之路的文化之旅应成为青少年人生必走的万里路，这条路是"读万卷书，行万里路"的开拓创新。利用长征学院、红色纪念馆，开展干部培训、党员培训、举办长征精神交流学习论坛等。

3. 运动休闲产业

利用各地的自然优势和长征的重大事件，建设运动体验场地，开展实景体验，如夹金山的冰雪运动，石棉、泸定的山地步行赛，以及山地骑行、越野拉力、攀岩、重走长征路等运动体验。

4. 农业旅游产业

发挥各地农业的特色和优势，通过药材种植、特色蔬果种植、精致农业、大地景观等，开展农业旅游观光。

5. 森林康养产业

充分利用项目区优越的气候和自然优势，打造康养产业，如美食（药膳）康养、医疗康养、森林康养、山地康养、社群康养、康养旅游等。

八、旅游营销策划

（一）管理体系构建

政府加企业，突出企业主体；以文化IP为核心，以体验为中心，实现"文化＋旅游＋科技"，打造可持续的文化IP、品牌、版权、"旅游产品＋互联网"文创电商。

（二）运营模式

1. 企业加政府

基础设施建设、纪念场馆建设、遗址保护，由政府投资；或企业建设，政府支持。

2. 企业搭建平台

营运项目由企业搭建平台，引入社会资本或企业建设营运,效益分成。如康养项目、农业项目、体验项目、游乐项目等。

3. 企业包装,合作营运

对部分项目,企业进行包装提升,引入社会资本,其他企业进行独立经营或合作经营,如民宿的改造升级、文化小镇的配套服务项目等。

4. 企业独立经营

争取政府专项资金,鼓励文化创意,筹划节庆活动,健全机制,科学项目管理、景区管理等。

九、旅游品牌策划

(一)我们认为"追寻中国梦,重走长征路"可作为川西文旅自身的文化旅游品牌,是不忘初心、牢记使命的长征四川段的自我创造性的表达,以该品牌四川省相关部门和国家相关部门举办活动。这样将长征和中国梦有机地结合起来,将过去长征人的中国梦、当今长征人的中国梦和未来长征人的中国梦有机结合,用一颗初心贯穿、一种精神贯穿,表现出不同的中国梦、不同时代的中国梦或每个人自己的中国梦,可以突出全国性、长期性、经常性,并丰富内容的形式,既可以针对干部的培训,也可以针对企业的培训和青少年游学体验活动,叫响企业自身的品牌。

(二)"长征路上寻宝游"是一个偏市场化的营销活动,可以组织旅游部门让不同特征的游人寻找各自的宝。同时,可以开展长征路上寻宝游戏的真正全国性的征文活动(精神之宝、国际革命传家宝、文物之宝、民俗文化之宝、珍稀植物之宝、珍稀动物之宝、地质奇观之宝、人文自然风景之宝），可以举办征文大赛、摄影大赛、美术采风大赛、创新发现大赛等多种形式的寻宝、探秘、赏宝活动。提升不同景区、不同线路的旅游人气，尤其是将农产品、旅游商品的美食之宝、产品之宝借此推广出来。

十、投资融资模式

我们根据川西文旅对整个长征国家文化公园建设和旅游规划的总体框架，估计总投资额在300亿元以上，投融资模式整合为以下三种：

（一）政府融资

1. 合理的融资政策

当地政府要因地制宜地制定出一个合理并且行之有效的融资政策，因为在今后很长的时间内政府将作为一个引导者的角色，政府充分发挥主导作用，制定优惠政策，从而实现红色旅游资源的政策性融资。一方面，红色旅游景区项目在税收、土地等方面给予一定的优惠。在前期，对于该旅游项目投资人的税收可以采用先收后返的方式，提高其投资积极性，争取能进行再投资。金融部门对于进行红色旅游资源投资的贷款可以适当地放宽要求。另一方面，要结合投资政策，规范投资，从宏观上确保资金的合理有效利用。

构建红色旅游资源投融资平台，能够全面反映红色旅游的各种投资信息和政策信息，使投资者能够准确地掌握需要的信息，从而进行明确的把握，提高红色旅游资源的针对性，有效地降低投资的风险，将市场的供需结合起来。

最后，对投资的行业进行调控。如果投资人将资金投向红色旅游资源的基础设施建设，可以适当地减少需要缴纳的税款，让资金流向红色旅游资源最薄弱的基础设施建设上。降低投资的标准，能够使更多的人投资进来，从而加快红色旅游资源的开发和发展。

2. 地方政府加大资金的投入

中投顾问在《2016—2020年中国红色旅游行业深度调研及投资前景预测报告》中认为，地方政府要适当地加大对当地红色旅游资源的开发。红色旅游资源是革命时代遗留下来的，完全可以作为爱国教育基地，具有明显的公益性质，旅游者花费的资金相对较少，红色旅游资源的发展需要政府长期的资金支持。建立专项投资基金，专门用于红色旅游的开发、建设、项目的包装和宣传等。

3. 筹建红色旅游基金会

筹建一个红色旅游基金会，从而真正地解决发展红色旅游的资金问题。借鉴外国发达国家的经验，应该由中央和地方政府牵头，设立全国性的红色旅游基金会。各地可以根据各地不同的状况采取不同的筹款措施。接下来，向旅游相关行业进行筹资，然后吸引民间和海内外的闲散资金，发放基金证。

发挥红色旅游资源的优势，争取中央的专项拨款。红色旅游具有鲜明的政治优势，我们要最大限度地合理发挥其政治优势，争取中央的专项投资，加快红色旅游资源的开发和利用。

（二）社会市场投融资

近年来，建设、经营、转让的 BOT（建设—经营—转让）模式作为公共设施建设与私人资本的结合，实现功能互补。BOT 模式的运用，既可以吸引到大量的闲散资金投入到红色旅游资源建设，又可以使红色旅游资源获得进一步的发展。PPP（政府和社会资本合作）模式，由政府、非营利机构、营利机构基于某个项目而形成的双赢或多赢为理念的互相合作方式。各地政府根据地区的不同状况采取不同的模式，PPP 模式、BOT 模式，或者 PPP 和 BOT 模式结合，根据当地的特色形成特有的合作方式。

（三）国际资金投融资

随着红色旅游的发展，国外企业对华投资的目光也关注了红色旅游。一方面政府吸引国外资金流向红色旅游资源促进红色旅游的发展，一方面，争取国际社会的援助。红色旅游资源是世界重要的文化遗产，我国可以寻求国际社会的援助，从而保护和开发红色旅游资源。

十一、盈利模式

盈利模式是涉及旅游开发项目投资／收益商业模式的所有经济关系和利益相关者的运行机制的综合，是各种盈利方式的有机结合构成的一个获取收益和利益分配的商业架构。

盈利方式有这样几种：

（一）提供服务：景区内交通、餐饮、住宿、文创商品出售、娱乐（实景体验）等。

（二）股份收入：重大项目开发、土地开发收入等。

（三）管理收入：门店出租收入、场地出租收入等。

综合以上几种盈利方式我们可以看出，盈利方式的实质是：

第一，通过整合旅游景点（景区）内的旅游资源，提供相应的服务获得收益；

第二，出让伴随着旅游者到来可能的商业机会；

第三，对旅游开发中的资本投入所带来的经济溢出进行的辅助开发或者服务提供。

盈利模式就是这三种盈利方式的混合，而游客以及潜在游客的消费能力正是能否获取资本投入溢价的关键。

根据川西文旅对整个长征国家文化公园建设和旅游规划的总体框架，总投资额应在300亿元以上，但川西公司可根据自身情况，以平台营运为主要模式，整合吸纳银行、基金、企业及社会组织，形成联合利益共同体，尤其需要充分结合和利用政府的各方面资金支持政策，优先利用政府可以贴息的贷款资金，其次就是政策性银行的生态、农业及文化类低息贷款，形成短期收益与长期收益结合，经营收益与资产收益结合，并以其中优质的增长性强的专项公司，作为长征国家文化公园上市孵化公司，力争成为长征国家文化公园率先上市公司，以此整合其他省市长征资源。

十二、项目库

长征主题国家公园是一个以红色资源为核心，综合绿色资源、历史文化资源、农业资源等集合旅游教育健体康养的综合体。重点介绍会理、冕宁、越西、石棉、泸定、宝兴、小金七个县。

根据各县的生态资源和产业特色，在遵从红色旅游历史真实性的前提下，拉大绿色旅游的差异，形成各县特色。

（一）会理

会理是四川省第八个、凉山唯一一个国家历史文化名城。会理资源富集，物产丰富，有"中国石榴之乡""天府云烟之乡""矿产博物馆"的美誉。会理县每年都会组织开展石榴花、杜鹃花、兰花等花卉观赏，石榴、芒果、樱桃、甜杏、花红梨等农特产品采摘等乡村旅游节庆活动。同时，会理县是一个多民族县，共有 20 个民族在此生活。多民族的特征给会理带来了多样性的传统文化。

1. 打造"金沙水拍"景区

一江：巧渡金沙江旧址，复制皎平渡原址。在金沙江上设置"激流勇进体验" 漂流项目，通过户外极限运动，体验红军当年"巧渡金沙江"的波澜壮阔。

一洞：岩洞附近设置一处攀岩户外极限运动体验点。

一址：会理会议遗址与仙人湖同步开发康养休闲。

一镇：红军入川打下的第一镇通安镇。复原当年红军途经的小路，设置一处战场环境，作为模拟双方战斗的战争体验场。

2. 会理古镇提升

在会理古城内，培育一条集中展示多民族特色的"民族街"，以美食、工艺品、服饰、民族艺术等划分各自区域，将各民族群众迁入，使特色文化、商品汇聚于此，同时将长征文化旅游项目展示、介绍分布于"民族街"外围，将多民族文化和长征文化宣传交叉融合。

按国家级地质公园，并融合乡村旅游模式，点线融合开发，开发会理会议遗址与红旗水库形成城市后花园康养度假地。

（二）冕宁

冕宁是革命老区，1935 年，红军长征经过冕宁，建立了红军入川后的第一个革命政权——冕宁县革命委员会，第一支革命武装——抗捐军。

坐落于冕宁县泽远镇的西昌卫星发射中心自 1984 年元月 29 日第一颗卫星发射至今已成功发射各类卫星 60 多颗。飞天之城，红动中国。随着"嫦娥一号""嫦娥二号""嫦娥三号"的相继奔月，享誉世界的卫星发射基地高科技旅游、红色旅游亲和力大为增强。

1. 打造"彝海结盟"特色民族文化小镇。通过文创，讲好彝海结盟故事，创作一批表现红军长征故事，表现汉彝民族团结的音乐、歌曲、舞蹈、曲艺、书法、绘画、戏剧等文艺作品。

通过建设民族风情小镇，展示彝族民族服饰、餐饮、民族用品，创作出一批反映彝族婚丧嫁娶等生活的歌舞、音乐及其他文艺作品。

搞好彝族节庆活动。彝族的节庆活动很有特色，如节日有"火把节""彝族年""拜本主会""密枝节""跳歌节"等。节庆活动：赛装节、打歌、庆年余、跳虎等。

建议每年举办一次彝族美装节（由彝族的赛装节变化而来，美装、美妆、美人三美合一的选美节）。

设置一处水上演艺场地，定期演出根据彝海结盟故事创作的歌舞、音乐、情景剧。

2. 建设"长征之城"。红军最早在冕宁发布布告，首次提出"长征"一词，可突出"长征之城"。同时把新时代"航天精神"引入进来，因为"航天精神"也是一种"长征精神"，所以，对航天精神和航天高科技的阐释也理所应该成为红色旅游的一部分。规划在现有的红军文化广场、红色冕宁纪念馆的基础之上，新建航天文化广场、航天文化展览馆，把卫星发射基地的实物、文字宣传等等引入到县城内，通过对高科技的宣传，来带动对红色文化旅游的宣传和体验。

3. 将彝海结盟与森林康养、灵山宗教旅游融合开发，同时做好彝海结盟文化IP，越西结合红军村和越西农业产业、城市旅游康养融合开发（争取土地指标2000亩）。

（三）越西

越西县古称越嶲。越西是古南方丝绸之路要塞，地理位置十分重要，是历代兵家必争之地。疆域西汉时最为辽阔，史称："东望峨眉，西接吐蕃，南横小相岭，北绕大渡河。"

1. 创建一个"红军村寨"

保护和深入挖掘红色文化资源，开展各种纪念活动。

2. 打造"文昌故里"

越西县是"南方丝绸古道""茶马古道"的重要节点，在县城以北有"树衔碑""天皇寺"，在城以南有"零关古道""文昌帝君诞生地（文昌宫）遗址"。

依托"北孔子，南文昌"的说法，和各地孔庙合作，特别是和曲阜合作，把"文昌帝君"的名号打响，充分结合古代悠久的历史文化，结合"水观音"的自然风貌、历史传说整体打造，使"文昌故里"远近驰名。

依托丰富的资源和优越的气候条件，开发建设健康养老。

（四）石棉

石棉县是中华人民共和国成立后新建县，因境域富藏优质石棉而得名，荣获全国民族团结进步示范县、全国文明县城、全国科技进步县等称号。

境内有安顺场红军强渡大渡河遗址、省级非物质文化遗产尔苏木雅藏族文化、公益海森林公园等。

1. 安顺场红色小镇

将安顺场红色遗址、红色纪念馆、红色广场等与安顺场古镇融为一体，健全古镇的服务设施，突出民宿的特点，提升现有 VR 体验的内容，将"强渡大渡河、昼夜急行军 240 里、飞夺泸定桥"整体思考，创建一个新的"铁人三项"：划船 200 米、竞走 2400 米、手攀铁索 50 米。可设置单人或双人、

6人、10人，男女混合参赛。制定各项场地、器械技术标准和比赛规程；在安顺红色小镇范围建设一个新铁人三项比赛场地，定期举办各类别的比赛活动。

2. 工矿遗址公园

石棉矿既是因矿得名，又具有十分鲜明的时代特点，参照三线建设公园的做法，在原矿区生产加工厂房设置石棉博物馆（或纪念馆），全面介绍石棉矿藏、生产流程、工业产品等相关情况，以及矿工的生产生活情况；在矿坑（或矿洞）遗址设置参观点，在原矿工生活区保留部分原貌供游客参观，部分区域配套旅游服务的设施设备，完善游客的吃住游乐消费的场所。

并将遗址公园和红色小镇有机联系，形成一条中国革命史和社会主义建设史的直感通道，为红色旅游、红色教育和青少年游学建设一个特色基地。

同时，恢复和保护大渡河两岸沿岸遗址，融合农业旅游开发。

（五）泸定

泸定县位于四川省甘孜藏族自治州东南部，是全州国土面积最小、人口文化程度相对较高、人口最稠密、经济发展较快的山区多民族聚居县，也是甘孜东部区域商贸中心和州内各县农副产品的供应基地，被誉为甘孜"东大门"，享有"红色名城"美誉。

按照景城一体开发城市商业街区，度假酒店，并结合牛背山，生态观光体验，整合开发。海螺沟风景旅游区距泸定桥不远，可将两地联合开发发展。把自然风景游和人文风景游结合在一起，形成一个"全域旅游"套餐，再将长征文化植入其中。探索街区康养模式。

（六）宝兴、小金

宝兴县城称熊猫古城，是因为宝兴是世界上第一只大熊猫的科学发现地。1869年，法国传教士、生物学家阿尔芒·戴维，在距离宝兴县城28千米的邓池沟发现了世界上第一只大熊猫。

打好熊猫牌。大熊猫是中国的国宝，与长征一样拥有对世界的影响力。

着力打造大熊猫生态旅游线，培育大熊猫文化旅游走廊。大力宣传与展示熊猫文化，提升熊猫老家知名度，将蜂桶寨·邓池沟打造为大熊猫老家圣殿，将宝兴打造成为大熊猫文化体验旅游目的地，成为长征国家文化公园重要组成部分。我国两大国家文化公园在此交汇，必将吸引国内外游客蜂拥而至。

夹金山是中央红军长征征服的第一座大雪山。在保护红色遗址的基础上，充分利用夹金山的红色资源和自然资源，重点开发夹金山冰雪游。一是设置一段冰雪游道，为游客提供红军爬雪山的体验场；二是设置冰雪运动游乐场地，如开设滑雪、滑冰运动场，定期举办滑雪滑冰比赛；开设各种冰雪游乐场地，开展各种游乐趣味的游乐活动，如：雪地爬犁、马拉雪橇、狗拉雪橇、雪圈、雪地摩托、雪地自行车、雪地卡丁车、雪地滚球、雪雕、打雪仗等。

依托夹金山独特的区位和资源优势，将夹金山森林公园青衣江源景区打造为四川省最佳森林康养旅游目的地。

小金县藏名赞拉，凶神之意。因境内小金川得名。

小金县名优特产主要有小金松茸、小金贝母、藏香猪肉制品等，风景名胜主要有两河旅游区、夹金山国家森林公园、四姑娘山风景名胜区等。

小金县重点保护"四山"为代表的红色文化资源。

四山：夹金山、梦笔山、虹桥山和巴朗山。

小金县的长征旅游纪念地较为全面，有山有桥有遗址，可以综合开发。因为海拔和地貌原因，目前的开发成效显得不足。这些山、桥、遗址地都较为分散，还是要在小金本地藏族特色，特别是宗教活动、民俗活动的开发上将这些长征旅游地烘托出来，以民族特色游带动长征文化游。

（七）成都

建设成都长征主题国家文化公园。在成都周边规划两千亩左右的土地，以万分之一的比例将二万五千里长征中的血战湘江、遵义会议、四渡赤水、巧渡金沙江、抢渡大渡河、飞夺泸定桥、爬雪山过草地、血战腊子口、直罗镇大捷等历史故事及整个长征景观，浓缩到2.5千米，形成长征主题体验园，形成自己独特的IP，为青少年游学研学、为党员干部教育、为中外游客了解长征提供一个直接的体验观赏的基地。

在开发时序上，我们认为，要以保护文物遗址、活化文化遗产、培育生态环境、再现历史空间、发展融合产业、带动农民致富为抓手，按照整体规划、分步实施的原则，分为一、二、三期建设。

一期为2019年—2020年：

1.完成彝海结盟、抢渡大渡河、飞夺泸定桥三个项目区的建设，完成皎平渡至会理会址、安顺场至泸定桥的长征步道建设。

2.争取政策支持康养项目立项，力争会理、越西、冕宁康养3000—8000亩土地落实；争取成都"长征主题文化公园"的立项，落实主题公园2000亩土地指标。

3.完成农产品种养、网上网下营销平台搭建，完成国家公园专有域名、网站以及新媒体宣传平台建设。

二期为2021年—2023年：

巧渡金沙江、翻越夹金山、懋功会师、过草地项目区的主体建设。

三期2024年—2030年：

完成整个国家公园的项目建设，配套和完善服务设施、产业布局和相关产业链。

长征国家文化公园是国家战略，四川省委已经确定先期建设。我们呼吁川西文旅公司紧紧抓住长征国家文化公园的政策导向，"把住资源高地，着手先期规划，确立文化品牌，搭建共建平台，突出文旅爆点，创作文化精品"，果断决策，抢先破题，分期建设。在建设中平衡好企业效益与政治责任、长期投入与短期收益。

其主要路径就是要打好"土地""医养""雪山""研学""农业""文创""红色"七张牌。

（一）土地牌

1. 以长征国家文化公园为依托，以文化开发建设、康养地产、红色产业（影视、实训基地等）等名目争取土地指标，联合相关企业，争取政府支持，进行相关的土地开发利用，先期获得效益，产生的效益继续投入长征国家文化公园建设，形成造血机制。

2. 争取先期从会理拿下 3000 亩（川滇文化小镇、金沙江长征实训体验基地、仙人湖康养基地），冕宁 2000 亩（彝海结盟风情小镇、红军长征影视冕宁基地、康养基地），越西 3000 亩（古越嶲、文昌故里文化体验廊道、越西水观音康养小镇）；成都 2000 亩（建设红军长征史迹微缩主题公园）。

（二）医养牌

1. 与川医、省医院等医疗卫生学校、机构建立战略合作关系，共同打造长征国家文化公园医养结合的康养模式；充分利用长征公园所在地区的森林资源和气候优势，建立一批医养结合的康养基地。

2. 利用长征国家文化公园独特的水土资源和地方特产，开发一批绿色、有机、生态的健康食品；充分利用山区优势，开发健康养生的中药材产品，通过产品的开发，形成健康产业。

（三）雪山牌

长征公园中有丰富的冰雪资源，应通过政府和企业合作，整合资源，思考将四姑娘山、海螺沟、夹金山、贡嘎山等资源融合，在夹金山建设一个西部国际冰雪文创旅游小镇，开设各种冰雪比赛，配套休闲、娱乐的场所，并与世界其他国家如俄罗斯、日本等合作，开展国际性的比赛、交流活动；通过冰雪资源与长征故事相结合，开展各种文创活动。

（四）研学牌

1. 依托长征国家文化公园丰富的红色资源、绿色资源、历史文化资源，编写青少年游学、研学教材，建设游学研学基地，开发青少年休闲、娱乐、体验的文化、体育、健身项目，形成有强烈的个性特征、宣传长征精神的青少年教育基地。

2. 先期建设大渡河学生实训基地，金沙江川滇学生实训基地。

（五）农业牌

充分利用长征国家文化公园优势，专注平台打造，搭建农业企业的种养、营销、品牌的培育，网上网下的直销、农产品宣传的共享平台，形成长征野菜网及野菜园、野菜农庄等。

（六）文创牌

音乐、绘画、文学先期进行，打造自己的文创IP。

1. 创作新的"长征组歌"、红军传奇故事连环画、红军典型人物故事小人书等。

2. 通过小说、影视剧创作，塑造新型的"中国铁汉""中国超人""中国大侠",写好长征的传奇故事。

3. 应用现代元素,编辑长征动漫故事、闯关游戏等等;建设动漫、影视实训体验场所和基地。

(七)红色牌

1. 协调各地的干部教育资源,有计划地开展干部教育培训。

2. 积极编写长征主题教育干部教材,建设干部实训基地。

3. 开展好长征故事、长征精神的巡展巡讲巡演。

在效益分析上,我们认为,建设打造川西红色旅游线路和长征国家文化公园有利于从国家层面重视红色旅游的政策和精神引领,有利于加强和改进新时期爱国主义教育。红色旅游是思想政治教育的有效方式,有利于传播先进文化,提高人们的思想道德素质,增强爱国主义教育效果。一是国家政策或在红色旅游当中潜移默化地产生作用;二是红色精神是国家社会建设的重要支撑。

从旅游业发展层面重视红色旅游在转型升级方面的作用,有利于培育发展旅游业新的增长点。一是以红色产业为主的产业融合,可促进优化产业结构,产生新的旅游增长点;二是红色旅游可充分体现低碳、绿色、生态的理念,对于经济社会可持续发展具有重要意义;三是红色旅游产品创新可促进旅游产品的优化升级。

从游客需求层面重视红色旅游文化渗透,有利于保护和利用革命历史文化遗产,有利于保护好、管理好、利用好革命历史文化遗产，建设和巩固社会主义思想文化阵地，大力发展先进文化，支持健康有益文化。红色旅游可以通过其强大的精神文化特性，更好地满足人们多样化、多层次、多形式的精神文化需求。

从基础设施建设方面推动红色旅游的全面开展，有利于带动革命老区经济社会协调发展，将历史、文化等资源优势转化为经济优势，推动经济结构调整，培育特色产业，扩大就业，增加收入。

第二节　荒野国家公园吟唱田园牧歌

现代田园牧歌理论认为地理自然资源是乡村振兴的重要资源。在我国，传统旅游主要集中在地理资源的开发利用上，我国知名旅游景点如泰山、华山、九寨黄龙、黄果树瀑布、沙坡头、天涯海角等等，这些旅游景区每年人头攒动、游人如织，也有国家重点保护的国家公园，如三江源国家公园、神农架国家公园。乡村振兴也必须重视地理资源的综合开发利用。

中国有960万平方千米的广袤土地，存在着各种地理地貌特征，有高山、峡谷、平原、丘陵、沙漠、雨林等等，各个地方各个乡村地理地貌有着不同的特点，进行乡村开发，有着十分重要的意义。

我曾主持新疆克拉玛依的荒野的田园牧歌实践，就是充分利用其特有的地理资源、历史文化资源，打造一个独一无二的荒野国家公园，以文旅、农旅融合实施乡村振兴战略。

克拉玛依市位于准噶尔盆地西缘，西北与准噶尔西部山地加依尔山为界，南依天山北麓，东濒我国第二大沙漠——古尔班通古特沙漠。地处东经80°44'—86°1'，北纬44°7'—46°8'之间。市域东南宽110.3千米，南北长240.3千米，呈斜长条状，面积7736平方千米，海拔高度250—500米。

克拉玛依市属温带大陆性干旱气候，干旱少雨，春秋多风是其突出的气候特征。四季中冬夏两季漫长，寒暑差异悬殊，其特点是日照充足，降雨少，蒸发大，多大风。城市空气环境质量良好，2009年空气环境质量全年Ⅰ、Ⅱ级的天数达到100%，其中Ⅰ级（优）的天数132天，Ⅱ级（良）的天数233天。

克拉玛依总的地貌特征较单一，市域呈斜条状，南北长，东西窄，西北高，东西低，多为广阔平坦的戈壁滩。沙漠戈壁面积占了总面积的77%，其上覆盖着荒漠植被，形成典型的荒漠生态系统。干旱和大风是地貌形成的重要因素，由于强烈的风蚀作用，形成了独特的风蚀地貌——雅丹地貌。

我率团队对克拉玛依现有资源进行了分析，分类图表如下：

表10-1　克拉玛依生物资源

植被	自然植被比较稀少、矮小，多属耐干旱、抗风沙、抗盐碱的藜科类植被；大部分区域植被盖度在5%—30%之间
植物	植物约230余种，常见的有胡杨、榆、梭梭、沙拐枣、尖果沙枣、铃铛刺、黑果枸杞、柽柳、白刺、猪毛菜、苨苨草、无叶豆、甘草、蒲公英、红柳等
动物	鹅喉羚、野兔、野猪、野驴、盘羊、狐狸等

表10-2 克拉玛依人文资源

遗迹遗址	历史事件发生地	朱德同志视察下榻处、中苏石油公司办公旧址、矿务局党委办公旧址、第一所学校旧址、石油工人俱乐部旧址、职工疗养院旧址
	废弃生产地	第一口油井遗址、第一套蒸馏釜遗址、独山子油田遗址、一号井、独山子老炼油区域
建筑设施	康体游乐休闲度假地	独山子滑雪场、侏罗纪冰雪世界
	园林游憩区	朝阳公园、人民广场、世纪公园、黑油山公园、东湖公园
	文化活动场所	文化中心
	建设工程与生产地	百里油田、石化公司炼油厂、石化公司乙烯厂、石油化工工业园区、石西油田、英雄193井
	动物与植物展示地	大农业园区
	展示演示场馆	克拉玛依展览馆、石油地质陈列馆、王继谱烈士事迹陈列馆
	体育健身场馆	雅典娜游泳馆、大漠高尔夫、文体中心
	特色街巷	文化步行街
	特色社区	乌尔禾乡民俗村
	特色市场	奇石一条街
	水库观光休憩区段	阿依库勒水库、九龙潭、白沙滩
人文活动	地方风俗与民间礼仪	哈萨克风情园
	民间节庆	那达慕大会
	文化节	水节

表 10-3 克拉玛依游憩资源

种 类	基本类型	资源名称
地文景观	山岳型旅游地	独山子山
	沙砾石地形旅游地	彩石滩
	地层剖面	彩色弓形大背斜
	矿点矿脉与矿石积聚地	沥青矿、油砂山、黑油
	峡谷段落	独山子大峡谷
	雅丹	魔鬼城、西部戈壁地址公园
	火山与熔岩	泥火山
	沙丘地	古尔班通古特沙漠
水文景观	观光游憩河段	巴音沟、白杨河峡谷、克拉玛依河
	观光游憩湖区	艾里克湖、玛依湖
生物景观	林地	胡杨林

克拉玛依核心资源包括：

一、乌尔禾魔鬼城

又名乌尔禾风城。位于乌尔禾乡东约 5 千米处，距克拉玛依市 90 千米，保护区面积约 120 平方千米，核心区面积约 15 平方千米，由一系列 10—50 米的台地组成。据考证，在大约 1 亿年前的白垩纪，这里是一个巨大的淡水湖泊，沉积了广泛的湖相地层，当时气候温暖湿润，林木繁茂，爬行类动物繁衍，恐龙是这个世界的主宰。后来经过两次地壳大变动，湖底上升，湖水隐去，湖泊变成了间夹着砂岩和泥板岩的陆地，地质上称为"戈壁台地"。

魔鬼城属典型的雅丹地貌。千百年来，受风力和流水作用

图 10-11 乌尔禾魔鬼城

的影响，风雨剥蚀，地面形成深浅不一的沟壑，裸露的面层，被狂风雕琢得奇形怪状，千姿百态，令人浮想联翩。魔鬼城地处风口，四季多风，每当大风来临，黄沙蔽日，呼啸的狂风在城中穿梭回旋，发出种种怪诞之声，如同鬼怪凄厉喊叫，令人毛骨悚然，"魔鬼城"因此而得名。魔鬼城是克拉玛依的国家级精品景区。

2005 年专家评选出中国最美的三大雅丹地貌（乌尔禾魔鬼城、罗布泊白龙堆、玉门关三垄沙），乌尔禾魔鬼城名列榜首。

二、独山子大峡谷

独山子大峡谷位于独山子西南方向，距城区 30 千米，海拔 1070 米。独山子大峡谷因天山山体的不断抬升和河流的不断下切而形成，近南北走向，长约 20 千米，谷底宽 100—400 米，谷肩宽 800—1000 米，从谷底到谷肩高达 200 米。峡谷气势恢宏，令人震撼；谷壁悬崖陡峭，奇特险峻；谷底平展开

图 10-12　独山子大峡谷

阔，砾石遍地；流水奔腾翻涌，时开时合。站在峡谷两岸的多级阶地上，荒漠、草原、雪山、牧群与峡谷交汇融叠，形成一幅美丽的峡谷风光、天山画卷。

大峡谷光照充足，空气清新，植被盖度约60%，因季节变换而呈现出不同的景观特质，夏季的草甸春天的花，秋天的色彩冬天的雪，具有独特的观赏价值、体验价值和度假价值。

大峡谷具有开发高端山地型度假市场的天然条件，可开发多样化的特色度假项目组合，如夏天滑草、骑马、野炊，冬天滑雪、打猎等。优质的天山雪密度低、硬度低、结构松散，加之天然的坡地、30—40厘米的积雪厚度，是理想的天然滑雪胜地。

三、独山子泥火山

泥火山位于独山子北部的一个山峰上，距城区约1千米，海拔958米。主要有两个喷出口，两者相距约100余米，较大的一个喷口直径约60厘米，高出地面1米余。喷口内是黏稠的泥浆，泥浆呈灰绿色，略带油气味，不停地翻着泥泡。涌出的泥流在地表形成锥形丘，底部直径在10米以上，表面是干裂的泥浆块。

泥火山又称假火山，是世界罕见的自然景观，当地层受到地下天然气或者地下水的压力，泥浆随之喷发而出。它外形与火山很相似，只不过它向外喷涌的不是岩浆，而是泥浆。在我国境内，目前只在新疆北部和台湾南部发现了泥火山。其中台湾的泥火山主要沿着南部高雄、台南等地发育的断裂构造带分布，而新疆的独山子和白杨沟泥火山多发育在大型油气田附近。

四、艾里克湖

艾里克湖位于新疆乌尔禾魔鬼城风景区东南16千米处，是由白杨河水汇集而成。"艾里克"在蒙古语里是酸奶的意思。艾里克湖至少存在1300年以上，是克拉玛依唯一的湖泊。湖区水波荡漾，芦苇丛生，鱼跃禽鸣，野猪、黄羊经常出没，树木成林，农田纵横，天然形成了一幅沙漠湖光秀美图，因此被誉为"戈壁沙漠上的一颗明珠"。

克拉玛依有经过长期地质演化形成的各类地质遗迹，内容丰富、类型齐全，包括地质地貌景观遗迹，地质构造、地质剖面遗迹，古生物化石遗迹，岩石、矿物（床）遗迹，地质灾害遗迹等。代表性地质景观资源主要有雅丹地貌（魔鬼城）、峡

图 10-13 艾里克湖之一

谷风光（独山子大峡谷、白杨河大峡谷）等。著名的世界魔鬼城是受风力和流水作用影响形成的雅丹地貌，流水的切割和风力的雕凿使白垩纪地层形成各种奇异的形态，被称为世界上最瑰丽的雅丹。其他的地质矿脉资源还有沥青矿、油砂山、黑油山、泥火山等，都是罕见的地质奇观。

新疆地处亚欧大陆腹地，土地辽阔、资源丰富，三山夹两盆的自然地理，气候干旱，降水稀少，地貌特征以荒漠戈壁为主，却拥有丰富的油气资源，克拉玛依正是资源的集中地。

"先有石油，后有城市"，大规模的石油资源勘探与开发带动城市的兴起和发展。克拉玛依是世界上唯一一座以石油命名的城市，拥有中国最漫长的石油历史，积淀了深厚的石油文化底蕴。克拉玛依是中华人民共和国建成的首个大油田，是中国石油工业的起点。50多年来积存的油田、油井等各类遗址

图 10-14　克拉玛依风情之一

图 10-15　克拉玛依风情之二

不胜枚举……每个遗迹都有一段感人的历史和故事，承载着新中国对于石油、对于经济发展的美好憧憬与希望。作为国家重要的石化产业基地，现代化的石化工业景观、百里油区采油作业场景等，具有旅游的观赏与体验价值。

克拉玛依油田见证了几代石油人从无到有，背井离乡的创业、守业历程，石油人支援新疆奉献祖国的历程，承载着其中所体现出来的精神文化。仅仅六十二年前，这里还是一片"没有草，没有水，连鸟儿也不飞"的蛮荒戈壁。克拉玛依是中华人民共和国石油工业的摇篮，她无私送出的一批批石油英才，奔赴大庆，奔赴江汉，奔赴辽河……成为了共和国一座座新油田的铮铮栋梁。

克拉玛依是一座"移民城市"，无数的石油工作者为中国的产业发展汇聚在这苍茫的戈壁滩，从而定居在这里，建成了"克拉玛依"。克拉玛依的历史可以说是中国石油的创业发展史，可以将克拉玛依打造为创业启蒙圣地，把石油博物馆及独山子旅游区提升为中国商学院职业经理开课第一站，打造一个集游学、职教为一体的精神家园，打造中国创业文化和企业家精神高地。

历经近55年的发展，如今的克拉玛依已是一座美丽的生态精品城市，建成区绿地率达到38.7%，绿化覆盖率达到42.8%，空气环境质量位居新疆第一，并将发展成为一座环境质量优良、资源合理利用、生态良性循环、优美洁净、基础设施完善、充满勃勃生机和安全和谐的宜居城市。克拉玛依市先后荣获中国优秀旅游城市、国家园林城市、国家卫生城市、国家环保模范城市称号。在茫茫的戈壁荒漠中，水是克拉玛依城市发展的基础条件。北面的乌尔禾，汇聚着白杨河、艾里克湖；南边的独山子，有天山融水横穿区域；市区的克拉玛依河串联起九龙潭、阿依库勒水库等市民休闲空间，构成一幅充满

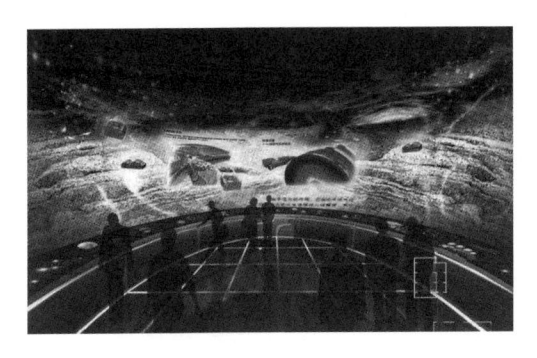

图 10-16 克拉玛依石油科技馆

生机与活力的城市景象。

克拉玛依市国内旅游情况抽样调查情况显示，2017年度全市累计接待国内游客520.10万人次，比上年同期增长27.84%，其中国内旅游总收入44.45亿元，比上年同期增长26.42%。

截至2015年，全市旅游企业369家，其中旅行社16家，星级饭店16家（五星级1家、四星级3家、三星级11家、二星级1家），社会宾馆216家，景区景点36家，"农家乐"81家，滑雪场4家。旅游业直接从业人员9613人；拥有国家级A级旅游景区13个，其中，国家级AAAA级旅游景区2个，国家级AAA级旅游景区9个，国家级AA级旅游景区2个。

游客过夜游增长放缓。由于新疆目前整体大局的原因，2017年度过夜游游客为234.96万人次，同比增长7%，占旅游接待总量的45.18%；一日游游客为285.14万人次，同比增长51.9%，占旅游接待总量的54.82%。（2016年过夜游客

219.16 万人次，一日游游客 187.68 万人次。）

  疆内游客占主流。疆内游客数量占比较大，占游客总数的七成；克拉玛依市更多航线的开通、高速公路以及城际列车的便利通行，极大地提升了克拉玛依市的可进入性。疆外游客多为跟团游，疆内游客以散客自驾游为主。

  自驾游引领出游时尚。2017 年全年度游客出游方式主要为自驾游，占总量的 67.68%；其次是其他公共交通自助游，占总量的 27.13%；以旅行社方式出游仅占总量的 5.19%。

  旅游综合带动功能增强。游客人均消费 1493.20 元，其中交通、购物、餐饮、住宿、景区游览、娱乐、邮电通信分别占 24.48%、13.52%、20.51%、17.93%、2.84%、10.29%、1.41%，其他 9.02%。交通、购物、餐饮、住宿占游客消费的 76.44%，成为旅游业的主要收入来源。

  游客出游目的多元化。休闲、度假、观光、游览占 59.21%，探亲访友占 22.38%，商务占 10.82%，文化、体育、科学交流占 3.25%，其他占 4.34%。近两年针对全疆游客的综合抽样调查数据比对及旅游业态数据分析显示，自然景观游已经远远不能满足游客的需求，游客对乡村游、新商业综合体游、主题节庆活动及文体游更加青睐。

  走进克拉玛依，你会同时获得两样不同的馈赠——荒野和时尚，这是这座与众不同的城市给你的其他地方不可替代的体验。

  克拉玛依将申报国家荒野公园，这是一个有战略高度哲学高度美学高度的想法，它将是这座以石油扬名世界的城市，华丽转身后一张具有世界影响力的名片。后来，我的团队经过反复研究论证，提出深入贯彻落实新发展观，牢牢把握新一轮西部大开发和新疆跨越式发展的历史机遇，按照全国旅游综合改革的总体要求和主要任务，围绕"荒野之旅"主题进行规划发展，结合克拉玛依市域范围内现有的景点及规划打造的旅游项目，将克拉玛依建设成集保护、科研、教育、游憩和社区发展等多功能于一体的新型保护地，实现资源的有效保护和合理利用，围绕建设目标的宣传语确定为"荒野之旅，时尚之都"，对克拉玛依地理、历史、精神气质进行了高度而精妙的概括。

荒野之旅体现了人与自然和谐共生，而时尚之都更是"一带一路"倡议下盛开的时代之花。

"荒野之旅"独具生态意义、美学底蕴和旅游特色，让人在原自然中进行深旅游，在荒野之旅中体验荒野之美、野性之力、野趣之乐的"三野"内涵，让生命获得前世今生来世的升华感悟，荒野是每个人心灵的原乡，每个人心中都有一片荒野。"时尚之都"让游客感知这座具有传奇故事的世界三大戈壁时尚城市之一，时尚之都是城市创新、活力、激情和艺术魅力元素的统称，是永远敢为人先，创造奇迹，引领潮流的克拉玛依人精神的升华，与荒野形成既对立又和谐的极具张力的审美体验。

在荒野之旅中，人们会获得几多情趣，几多惊喜，几多猛然顿悟，几多蛮荒之力。在地球物种快速消失的当下，我们放下以人为唯一尺度的人类中心主义的傲慢，从生态学、生命学和环境伦理学的高度去审视荒野，从五大发展理念的战略高度去拥抱荒野，在荒野作哲学家的沉思、艺术家的欣赏、旅行家的体验、诗人的吟唱，从那里我们将找到生命最"初心"的回忆，生命原始而熟悉的乐园。

徜徉于时尚之都，人们会着迷于那原油变化出的七彩光，那沙漠美人手上的金丝玉，那艺术工匠手中的紫砂，那克拉玛依河的清波荡漾，那步行绿道绿得发亮的青屏翠缦，那阳光下绽放的宝石般的玫瑰，那飘散着奶香的戈壁田园，那弹奏冬不拉的丰收牧歌……街头有丝路花雨，店内有西域风情，广场有节日狂欢，室内有轻歌曼舞……你在荒野里看见、听见、体验的一切又梦幻般转化成一拨拨流行，一件件优雅，一种种品味，一季季时尚。

"辽阔疆域，无限风光，新疆是个好地方！"克拉玛依，荟萃了新疆各种地质地貌之美。生活在克拉玛依这座纯净、浪漫、开放、包容的国际化现代都市，深切体会，荒野让生命更高贵，时尚让生活更美好。走进这片为梦想加油的神奇土地，让灵魂去拥抱这片土地上的荒野与时尚，去与天地人对话，人的精神、文化和爱因此而崇高，深情站在克拉玛依白云绽放的蓝天下，你会感到身高增高了一度——克拉玛依，一座能提升人高度的城市。

面对中国旅游新时代、中国旅游新常态、中国旅游新阶段，克拉玛依以"荒野之旅，时尚之都"为形象定位，融合围绕"克拉玛依河、217国道和丝绸之路经济带"所产生的"一河一带""一路一带"发展理念，全面提升克拉玛依国际旅游度假目的地的吸引力和美誉度。将克拉玛依市区打造成以博物馆、科技馆、体育馆及特色文化街区、文化滨河景观为核心的现代时尚旅游都市，让游客感知这座与迪拜、拉斯维加斯一样具有传奇故事的世界戈壁时尚城市。

地质地貌奇特。典型的雅丹地貌景观，如乌尔禾魔鬼城；有奇峻险绝的峡谷景观，如白杨河大峡谷、独山子大峡谷；有"沙地风景"古尔班通古特沙漠，还有泥火山、彩石滩等。

地质矿脉资源有黑油山、油砂山、沥青矿、泥火山等；纪念地有"新中国石油第一井"、白碱滩"英雄193井"和独山子"新疆第一口油井遗址""第一套蒸馏釜遗址"等；现代化的石化工业采炼基地有独石化、克石化、百里油区和石西油田等；博物馆类有石油地质陈列馆、矿史陈列馆等。

构建克拉玛依极具张力的艺术之美，将克拉玛依打造为与迪拜、拉斯维加斯齐名的"世界三大荒漠城市"之一。迪拜是以"奢华"为文化特色，拉斯维加斯是以"赌博"为文化特色，克拉玛依则以"艺术"为文化特色。

以"艺术"作为文化IP，构建荒野之旅美学体系，以时尚的方式表现出"荒野之美"，打造第三种旅游方式——灵魂旅游。

克拉玛依河、彩石滩、金丝玉、滑雪主要表达了城市的艺术时尚。世界魔鬼城、独山子大峡谷、胡杨林等则是荒野的极致体现。

荒野的苍茫与城市的繁华相碰撞，强烈的反差形成了克拉玛依独特的美学文化。并结合相关文学与艺术作品将品味荒野风情上升到洗涤心灵的灵魂之旅，丰富旅游的审美体验。

荒野之美的特征：荒野是纯粹的自然，是孕育生命最本真的"自然的自然"，它作为一个复杂的多样性自然生态系统和生物共同体，其丰富的内部要素让多样性生命进化变成蔚为壮观的生命画卷。荒野不仅是科学的源泉，也是哲学、美学、艺术的源泉，是人类诗意的远方和心灵的港湾。

荒野审美的价值：荒野之美把传统旅游一种形式上、外在风光的快感体验变成俯仰天地间生命大美的敬畏、感悟，荒野之美的旅游不再是对风景的一种简单的欣赏，而是对人类自身参与其中的生命共同体的深刻理解。从而在荒野之美的体验中产生包括同情之心、保护之心在内的心灵感应。

荒野之美的时代趋势：在人工化的自然和智能化的人类愈益深化之时，哲学走向荒野、艺术走向荒野、美学走向荒野，正成为一个日渐趋热的崭新潮流。

创建荒野之美学术体系——荒野之美非一般的风景欣赏，是对生命的深刻理解，和对天地及一切生物共同体的心灵感应。荒野美学理论的提出与创立，不仅是对当代人的救赎，而且是对当代美学、艺术及文学伦理的拓展并为之注入新的源泉。这是一个有全球意义和影响力的品牌。

荒野之美表达方式：以诗歌、散文、童话、音乐、美术、影视、舞蹈的艺术表达方式，延伸发展相关艺术产品，创造大量艺术产品，吸引自然主义创作群体、荒野艺术家、荒野文学家等，这既是游人，也是一道风景，以此提升克拉玛依的文化氛围，使空气中弥漫着具有荒野美学基因的艺术细胞。

人们在回归自然的潮流中开始思考人类的出发点，在文化反思中，我们需要回到祖先出发的状态中去探索人类发展的奥秘。这是另一类的更加宏大视野中的"不管走了多远，我们都不能忘了出发的地点，我们为什么要出发"。纯粹从自然状态或是社会状态下解释也许都是不够的，我们只有接通全部人类历史乃至宇宙的产生，对地球的发展才可能有一个全面而深刻的理解。

当今世界，人类共同的难题越来越多，当"人类历史终结论"在伟大的中国人民的实践中宣告破产以后，人类向何处去再次引发自诩为文明世界的人们的思索。抛开党派的倾轧、文明的冲突、东西的竞争以及意识形态的偏见，回到人类出发时的状态去体验、洞察和思考，也许是现代文明中人们无穷无尽烦恼的一种解脱渠道和转换思维的方式。当人们寻找荒野，走向荒野的时候，没准会获得自古希腊以来就困惑人们的问题"你是谁，从何而来，到哪儿去"的答案。这是超越探险之旅的价值旅行与哲思旅行，这荒野之旅根源于文明路径探索。

因而，我们可以大胆地预测，喜欢荒野的人绝非终年与荒野为伴或是刚刚摆脱温饱之虞的人们，而是衣食无忧，"吃饱了饭没事干"的一群杞人忧天者，这个群体在西方早已存在，在中国也越来越多。荒野之旅的魅力正在于此，其持续的吸引力只会随着人们生活的改善与认识的提升越来越大。从这个意义上讲，凡是相信明天会更好的人们就是我们项目的未来的目标群体。

在荒野旅游总体布局上，将荒野旅游总体分为四大区：乌尔禾游览区、克拉玛依游览区、荒野度假体验区、独山子游览区。

（一）乌尔禾游览区——世界魔鬼城

主要景点项目有世界魔鬼城、油砂山、白杨河大峡谷、艾里克湖、胡杨林、沥青矿、彩石滩、乌尔禾乡民俗村、奇石一条街、土尔扈特那达慕大会（民俗竞技活动）等等。

（二）克拉玛依游览区——荒漠中的时尚之城

主要景点项目有黑油山、西部戈壁地质公园、一号井、大农业园区、克拉玛依河艺术走廊、侏罗纪冰雪世界、克拉玛依展览馆、克拉玛依音乐小镇、国际文化艺术街区、哈萨克风情园、石油化工工业园区。

（三）荒野度假体验区——荒野之旅的极致体验

建造各种荒野体验场所，配套相关设施，荒野摩托车、荒野求生体验营地、自驾车营地、大型游乐设施、游客休憩服务区……让游客体验到荒野的真正魅力。

（四）独山子游览区——莫斯科之恋风情小镇

主要景点项目有独山子大峡谷、泥火山、文化中心、独山子冰峰滑雪场、天山滑雪场、阿拉山温泉、烃花苑、石油公司炼油厂、乙烯厂、朱德同志视察下榻处、矿物局党委办公旧址、中苏石油公司办公旧址、独山子第一所学校旧址、石油工人俱乐部旧址、第一套蒸馏釜遗址、职工疗养院旧址、第一口油井遗址、独山子油田遗址、王继谔烈士事迹陈列馆等。

四大区域内的项目众多，按其文化属性与表现形式可以分为荒野旅游体系、石油文化体系和大漠风情体系三大体系类别。

一是荒野旅游体系。以世界魔鬼城、独山子大峡谷为核心景点，采用自驾游、自行车骑行、非动力车等多种方式进行荒野景观游览，提供各种荒野旅游、荒野体育项目，让游客感受荒野的独特魅力。主要项目有乌尔禾魔鬼城，白杨河大峡谷，独山子大峡谷，泥火山，沥青矿，黑油山，艾里克湖，胡杨林马拉松赛道，侏罗纪冰雪世界（滑雪），独山子滑雪场，217、独库公路自驾车营地，荒野求生体验营地。

二是石油文化体系。以黑油山为核心景区，开发黑油山温泉度假区，以此为龙头对石油文化旅游进行发散游览。主要项目有黑油山温泉度假区、一号井景区、百里油田、独山子文化中心、石油工人俱乐部旧址。

三是大漠风情体系。以克拉玛依市的各个城区作为主要旅游地点，整合城市休闲旅游资源，美化城市环境，让游客领略荒漠中是"时尚之城"，体验独特的大漠风情。主要项目包括克拉玛依区的克拉玛依河城市文化旅游生态走廊、世界玫瑰谷及城郊民宿风情康养区、克拉玛依文化商业街、克拉玛依音乐小镇、克拉玛依环城市生态五彩林、黑油山石油温泉疗养度假区；独山子区的莫斯科之恋风情小镇、独山子温泉度假中心；乌尔禾区的奇石一条街、乌尔禾乡民俗村。

我率团队以"旅游+"的产业融合模式大力发展克拉玛依的文化、体育、农业、康养、教育产业。

旅游是经济性的文化消费，旅游业是文化性的经济产业。把文化产业发展与旅游产业发展结合起来，聚集产业活力；把文化建设的内容、文化品牌的打造与旅游建设的项目、旅游品牌的打造结合起来，提升城市竞争力；把城市开展的文化活动和旅游活动结合起来，扩大城市影响力。针对中亚游客，强化中华文化以及少数民族文化，如节庆活动增加中国元素、在各功能区建设少数民族风情园等。

无边的荒漠原野，使克拉玛依成为一个绝佳的"露天运动场"。围绕"荒野之旅"主题，举办野外生存体验，组织沙漠探险活动"美丽中国行"越野跑、中国量产车性能大赛（CCPC）、中国全地形车锦标赛（CATV）等"大活动"；合理规划片区进行滑雪、滑冰等休闲运动，在旅游中健身，在旅游中体育。

打造戈壁农业示范地，构筑世界玫瑰谷等戈壁田园牧歌产业园区，形成龙头企业、龙头产品为引领的现代农业综合体。策划"农业"体验相关游线，配合现有的大农业园区，让游客品尝荒漠农产品，提供农产品采摘、种植等体验活动，让游客感受荒野农业与大山农业的不同。不只是农业，更与林业串联起来，每位游客都能在戈壁滩上种树，在旅游中也能保护环境。

克拉玛依独山子区的温泉远近驰名，更可利用火山岩、戈壁沙漠进行沐浴等康养体验，游客在游玩了一天后能全身心放松。

开发生存教育旅游项目。在荒野中行走最重要的是学会如何生存，提供各种荒野求生课程，让游客们遇险的时候不再慌张，在荒野中也能自由行走。二是生活教育。兴办和接待青少年地质、石油、艺术等夏令营，通过自己亲力亲为，提升生活自理能力。三是观察教育。克拉玛依的夜空干净美丽，宇宙是人人心中的向往，观星、认星等天文体验，各种科普体验让游客探寻生命的奥秘。四是人文教育。通过装置艺术、雕塑、壁画等艺术形式，展现中国传统文化中的生命、自然观，如儒家把人与自然视为一个有机整体的天人合一观，佛教万事万物相互依存、共生共存的理念，道家的道法自然和"天地与我并生，而万物与我为一"哲学思想。

我率团队通过精心策划，全面创新和包装"荒野之旅·时尚之都"的魔幻张力，利用互联网时代的传播优势，面向全球，全面宣传推介克拉玛依之美。采用全域智慧旅游顶层设计，全面统一信息化+智慧化应用的数据接口，促进整体品牌运营过程中的大数据化形成与应用，运用数据驱动"荒野之旅·时尚之都"在循环往复的经营活动中裂变增长。建立可持续生态增长的国际旅游品牌。

在市场定位方面，克拉玛依应以国际市场带动国内中高端人群市场定位：围绕探险游、修学游、创业游三大主题，以邻近中亚国家为突破，充分利用克拉玛依与中亚国家的石油商务联系，主打石油商务、旅游购物和城市度假。市场区域包括中亚、西亚和俄罗斯等，依托北疆区域交通枢纽的发展，通过石油产业的纽带深化发展为旅游市场的纽带，形成西北扇面的入境旅游覆盖。结合国家向西开放战略，利用与中亚国家在地理、文化上的接近性，力争国家政策支持，发展免税购物旅游。认真研究中亚国家消费特征、需求特征和节假日分布，开展针对性营销。首先提升克拉玛依在国际上的知名度，从而影响国内市场。

参照拉斯维加斯以"赌博"为时尚、迪拜以"奢华"为时尚，克拉玛依以"艺术"为时尚，构建各具魅力的世界三大戈壁时尚城市。克拉玛依在影视、戏剧、音乐、书画等多种艺术中培植、培育扎根本土的艺术街区、艺术公园、艺术社区、艺术组织，推进"丝路"国内国际艺术交流，形成艺术提升城市、艺术美化生活的国际国内艺术创新模范城市。通过新媒体技术的营销、知名旅游杂志推广、各种国内外文化体育赛事的承办，例如国际马拉松、国际汽车拉力赛等，提升知名度。

邀请国内自然学、美学、文学大家，主办"荒野之美"学术研究讨论专题会。编撰"荒野美学"学术专著，在2019年中在四川大学召开新书首发仪式。我提出由四川省艺术研究院牵头，通过学术研讨，深入研究荒野美学之魅力、价值、理论和发展潜力，形成"荒野和度假"的魔性冲突感与感召力，创建"极具张力的"全新旅游品类，塑造"荒野之旅·时尚之都"的克拉玛依。

邀请世界级摄影大师以及广大摄影爱好者齐聚克拉玛依，组办"中国·克拉玛依·荒野之旅"国际摄影大赛。通过赛事，发现和创作克拉玛依"荒野时尚"的魔幻之美，形成海量传播物料。通过专业团队，全程营销"荒野之旅·时尚之都"的克拉玛依，运用事件、新媒体等形式，充分发挥赛事作品的美学价值，全面颠覆、植入、形成世界对于克拉玛依荒野之美的全新认识。

为了达到宣传的具象化，我率团队创作"克拉玛依恋歌"旅游主题歌曲，创建"沙漠美人"女子乐队，作为克拉玛依旅游永久性品牌剧目，形成具象的，可萦绕耳边、植入脑海的传播力量。

并通过创新设计旅游 VI（视觉识别设计）体系，统一全域的旅游标识系统，建立可长期执行的旅游整体宣传与营销的标准。通过周期性地开展"荒野之旅·时尚之都"克拉玛依艺术品展销会、农特产品、旅游商品展销会，将金丝玉、紫砂等艺术品结合旅游展开推广，通过线下线上活动融合，围绕"荒野之旅·时尚之都"的旅游形象中心，加强城市魅力的形象。

第三节 "你好林芝"生态公园

林芝位于西藏自治区东南部，坐落于雅鲁藏布江中下游，其西部和西南部分别与拉萨市、山南市相连，西北连那曲市嘉黎县，东接昌都市，南部与印缅两国接壤，被称为西藏的江南。

当地政府邀请我团队为拉动林芝农业产业、文化产业、旅游产业快速发展作相关策划规划，目的在于让林芝为更多人所熟知，为林芝带来更多的生机，让它焕发新的活力。

经过了解分析，我认为林芝拥有丰富的自然资源，交通便利，利用这些得天独厚的条件，我们可以打造集农业、旅游、文化、康养于一体的"你好林芝"农业旅游示范区。

该示范区占地面积 2000 亩，配合约相距 1 千米有"绿色的水"美称的 AAAA 级景区巴松措，可形成度假休闲旅游区。

全面整合林芝旅游资源，根据林芝旅游资源特征和聚合规律，积极打造"你好林芝"旅游示范区，实现林芝旅游产业升级。

林芝市，这个处于"太阳宝座"上的城市，因充沛的太阳光源，成为西藏农牧业发展辐射地。我们提出了"一环两带六区"功能规划。

一环：外围环形走道。

两带：旅游体验带，农业产业带。

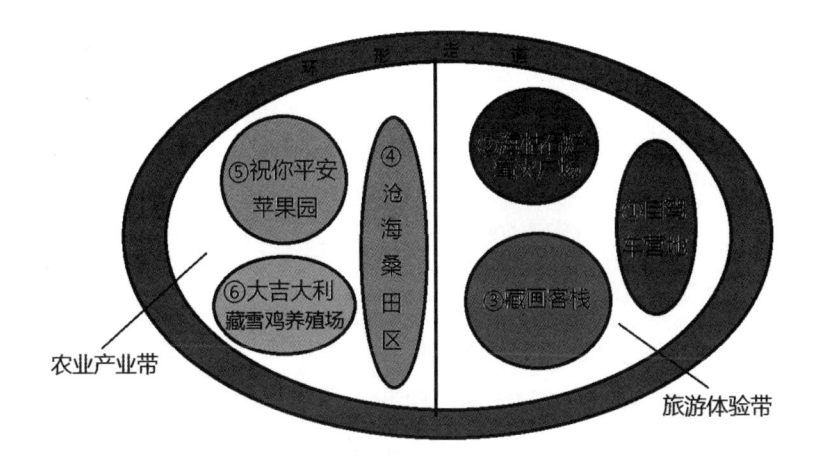

图 10-17 一环两带六区示意图

六区：自驾车营地，海枯石烂篝火广场，藏画客栈，沧海桑田区，祝你平安苹果园，大吉大利藏雪鸡养殖场。

总的来讲，"你好林芝"旅游示范区是以果桑产业为主、休闲观光为辅的复合型产业园区。功能定位体现了农旅结合、产农相融的项目性质。

围绕蚕桑资源抓产业，切实做好资源多级开发综合利用这篇大文章，努力推进产业向多元化发展。在桑产品的研究开发上，以桑果干、果酱、果酒、果醋、桑叶茶等多种产品并举，实现桑产品综合利用的规模化和产业化。

林芝苹果为农产品地理标志产品，林芝优良的种植环境非常适合苹果的生长。果园内以苹果采摘为主，采用天然有机肥种植的苹果能给人体补充营养，好吃又健康。

从现代旅游需求来讲，这里空气清新，是远离尘嚣、逃离烦恼、带着家人孩子游玩的好地方。

藏雪鸡一般栖息在海拔3000米至6000米左右的森林上线至雪线之间的高山灌丛、苔原和裸岩地带，靠近分布区边缘的种群冬季可以下降到2000米，甚至1200—1500米处越冬，有季节性垂直迁移性，常在裸露岩石的稀疏灌丛和高山苔原草甸等处活动，也常在雪线附近觅食，从不进入森林和厚密的大片灌丛地区。藏雪鸡属于高山种类，在人迹罕见的高山裸岩地带，与雪莲相伴，是高山动物的代表种类。

1. 露营住宿

为自驾游游客提供充分的停车场和露营住宿场所。规划一片停车场用于露营游客停车，与日常的停车区域区分开。露营住所区域分为帐篷露宿区和房车露宿区。

为游客提供烧烤器具租赁、食物贩售服务，让游客体验自己动手的乐趣。

2. 海枯石烂篝火晚会

打造集民俗演艺、篝火晚会、焰火表演等于一体的展示浓郁地域文化的篝火广场。

3. 藏画客栈

配置具有藏族风情的藏画客栈，让游客体验有特色风情的住宿风格。突出地域环境特色和文化特色，合理配置高、中、低档相结合的风情客栈，满足游客的住宿需求。

考虑到产品定位和客源市场分析，住宿设施将以中低档为主，高档为辅，满足不同层次游客的需求。

客栈应做到干净整洁，水电气等条件齐全，装修大气，有藏族特色。

邀请一批藏画画家，为客栈绘制有着神秘色彩的藏画，吸引游客驻足。

1. "你好林芝"农业产业园

以种植和养殖安全优质的绿色食品为主，形成旅游食品的原料基地，打造优质农产品名片。将农业产品打造成绿色产品，与旅游业相结合进行推广，有效提升农业产品的附加值。

2. "你好林芝"旅游产业园

发展旅游基础设施，重点打造以文化体验为主的旅游景点。提高服务水平，依托自然资源、人文资源打造旅游产业园。

3. "你好林芝"礼物平台

建立集旅游商品设计、研制、生产、销售于一体的旅游商品公司，向集团化、规模化发展；还可采取"旅游商品开发公司订货——农户、手工作坊加工——公司收购——批发商——零售商"的产销供一条龙联营模式，帮助农户"旅游致富"，打造具有林芝特色的旅游礼物。

林芝坐落于世界屋脊的青藏高原，具有极其优异的生态资源，可以打造生态国家公园，可以吟唱生态的田园牧歌。

第十一章

艺术振兴乡村

清江一曲抱村流,
长夏江村事事幽。
自去自来堂上燕,
相亲相近水中鸥。

[唐]杜甫《江村》

历史文化体现了一个国家民族的厚度。我国有 5000 多年的历史文化，表现在每个地域，表现为个性的特点。在乡村的建设开发中，历史文化元素是其中最具有典型性和独特个性的资源。

中国拥有"上下五千年"的历史，并且是唯一不曾断代的文明古国，相较于短短的工业文明，我们的乡土社会所孕育出来的农耕文明更为厚重，更为丰富。我们的乡村是优秀传统文化的发源地，是礼仪文化、农耕文化、民俗文化等的重要载体，可以说我们中华民族传统文化的根基就在乡村。这些丰富的文化亟待我们唤醒。

图 11-1 攀枝花市文联组织盐边乡村美术写生基地调研

第一节 非遗培育新的文化传承

在中华2000多年的农耕史上,有一群人,他们用自己的手和手艺,默默地为农耕文明打造一切基础和生产生活条件,从碾米、榨油、打造农具、家具到修建农舍,建桥铺路,乃至修建巍峨的皇室宫殿,他们的名字叫匠人,他们提供了社会各阶层的衣食住行及各种基础设施。他们是木匠、石匠、泥匠、铁匠、篾匠……他们绝大多数默默无闻,每天劳作,仅为养家糊口,他们也有的在历史上赫赫有名,如鲁班、蔡伦、李春、商高等等,他们创造和发明了中国全部文明产品,他们奠筑和发展了中华的文明,使中华民族长时间屹立于世界文明之巅。

在中国历史上,我们对人类作出巨大贡献的四大发明,以及远销世界的丝绸瓷器、传承中华文化的纸笔墨砚、至今依然矗立的长城、依然受世界敬仰的故宫,都是中国匠人的杰作,他们用巧手服务社会,用匠心传承文明。到现代,工业革命、大机器和流水线,造成了社会分工的巨大变革,导致许多传统的工艺没落了,匠人们传承了祖祖辈辈的手艺失传了。依然存在的许多传统技艺,也被称为非遗被保护。

在不同的地方都有很多历史文化深厚、传承多年的手艺人,他们坚守着祖上传下来的手艺,逸世而居,一辈子坚守一件事,用技艺、时间和情怀,将手中的物品变成有历史、有涵养、有温度、有匠心、有独特美学底蕴的艺术品。在每个地方都有随处可见浓香扑鼻的小吃、各种琳琅满目的地方特产、各种巧夺天工的手工艺品。

笔者曾在合江尧坝古镇参与古镇的研讨会时游历古镇。在大鸿米店旁,古朴的油纸伞店,摆放着大大小小琳琅满目的油纸伞。五颜六色的油纸、技艺精湛的工艺,这些仍生存于人们生活中的"非物质文化遗产",每道工艺,都在诉说着千年的记忆和最美的情怀。非遗传人张其秀告诉笔者,做一把好的油纸伞,必须要挑选上等的材质,而且需要108道工序,每一道工序都需要严格的把关,不能有一丝马虎。

在尧坝古镇四处能闻到一股浓郁的清香,这是属于尧坝最有名的小吃"黄粑"特有的味道。走进尧坝老街,我们看到有很多家大大小小的黄粑店,每家店铺的前面都围着很多顾客。

"周姚黄粑"是尧坝老街上面比较出名的老店之一,它的手艺已经传承了三代人,他们将传统的工艺流程牢记在心,将黄粑的美味原滋原味传承下来,今人同尝古人味。其次还有铁匠铺、篾匠竹编铺、木匠铺、石匠铺、棕编铺,街上的菜刀、背篓、草鞋、木雕、石刻随处可见,除黄粑外,豆花、红苕粉、红汤羊肉、老蒸菜琳琅满目。

这些民间工艺,就地取材,就地生产,就地销售,记载着当地人的生活习俗、精神追求和审美特征。一代美学奠基人、著名雕塑家王朝闻先生或许正是受了故乡古镇这手工美的启蒙,才有了后来的成就——巨匠起于民间匠人之中,齐白石从木匠到中国画泰斗也与此同。

在讨论中,尧坝在全面保护与传承创新中如何突出自身特色呢？如何在中国古镇中脱颖而出呢？如何成为长江流域古镇的一张名片？如何更好地将文化保护、文化民生、文明乡尚、文创产业有机融合，让尧坝既成为传统文化空间，更成为具有国内国际知名度的时代文化空间？

笔者认为，尧坝古镇汇集保存了川、黔两省具有浓厚历史文化的传统手工艺和古风民俗，形成独具特色的中国西部川黔古镇，是享誉长江流域的旅游热土、影视基地和佛教圣地。尧字是中国远古帝王的名字，更让尧坝有了顶层中国文化元素。尧坝有条件打造世界手工艺美学小镇。通过规划设计及文化培植，举办世界手工艺美学双年展，举办传统手艺与现代设计美学论坛，设立王朝闻美学奖。推出系列不同季节的尧坝乡村美学生活体验，培养更多本土人才和新乡贤，引入更多外来人才，在尧坝种植出手工艺文化的"庄稼"。这样既可提升尧坝国际知名品牌，又可以形成影响广泛的国际节庆活动、文化产业链条和多业融合的产业集群。

在乡村振兴中，农副产品的加工、销售、服务以及由此开发的农业农村为核心的旅游，成为农村的二三产业。特别是将传统手工艺融入历史文化等因素形成的非遗，是其中的重要部分。现代田园牧歌提出乡村振兴要弘扬农民的工匠精神，弘扬保护传统的文化精髓。

第一，用匠心精神种田。笔者认为匠心精神正是以精细化为重要要求。因此，现代农业匠心种田的思路、核心就是精细化。包括大地艺术上的工匠精神种植粮食、蔬菜、水果、花

图 11-2 笔者考察乡村手工作坊

卉、湿地，形成农业景观，形成大地艺术。

第二，打造传统生活。如房屋艺术，泥匠、木匠、瓦匠等房屋传统建筑的工匠建设精神；一砖一瓦一墙的建筑景观，都是大美术工匠精神的体现；为提升生活质量的各种手工艺品，铁匠、伞匠、石匠等，既要保护传统的技艺工艺，又要有创造创新。

第三，匠心体现在传统美食。美食工匠就是用匠心做美食，包括：各地都有自己的传统美食，如面做的各种糕点、各色米粉、各种传统秘制的肉食，还有菊花茶、盐蛋、豆豉、凉粉、凉面、红苕粉、红豆腐等，以及地方的传统佳肴，如四川的八大碗美食等。美食的工匠精神，既有传统的饮食习惯，这是以厨艺为主体的工匠精神，保护了历史传承，又可以以此吸引八方饕餮，助推乡村振兴。

第四，匠心就是乡村手工艺术，包括织染、绣品、陶艺、

图 11-3　笔者考察峨眉山乡村旅游剧

木版石版秸秆画、雕刻、竹艺、草编等，形成自己独有的地方特色，形成手工艺术产业，和民宿、美食结合，既解决了吃、住，又解决了礼品问题；同时结合自然教育，娃娃剪纸也好，做陶版画也好，麦秸画也好，做竹编竹艺、刻雕等形成的工艺品，那么，青少年教育体验场也有了。

笔者认为，乡村振兴的工匠精神就是既要保护传统工艺，又要创造创新，培养和造就一大批传统文化的继承人。

第二节　根石人家艺术村的雕琢

根书是在掌握传统根艺的基础上，利用具有一定天然美的根材，将传统笔墨书法融为一体，创作出各种书体、风格、姿态各异的艺术作品。根书艺术巧借天然，与天同创，是天然美与创作美的完美结合，是大自然和人类智慧的结晶。它颠覆性地使扁平的笔墨书法立体升腾、可触可摸，是一门代表中国特色的创新型艺术门类，是雅俗共赏、人见人爱的艺术品。

20世纪80年代初，杨玉冰先生将我国"农耕文化""民俗风情""传统吉祥物"等大众喜闻乐见的题材融入根艺中，创作出别具风格的根艺作品，经过十多年潜心研究，确立了根书画的创作思路，决定另辟蹊径，以艺术的手法将传统根艺与书法融为一体，从而在根艺界逐渐形成根书新门类。

根石人家艺术馆坐落于乐山鞍山村。这是根石家又一精心设计、倾力打造的艺术胜景。在青山环抱中，屋舍俨然，错落有致。在掩映下，溪桥流水，通幽曲径。在村里，有杜鹃争艳，竞芳桃李；有小荷初绽，蜻蜓飞舞；有金桂飘香，幽幽流萤；有松声晚雷，百乐齐鸣。在村里，餐饮、茶座、客栈自以根书艺术、雅石为主题，集摄影采风、书画笔会、文学创作、古琴演艺等交流活动于一体。置身其中，犹如身在桃花源里。

根书博物馆建于2014年，坐落于省级风景名胜区四川省乐山市五通桥菩提山，建筑面积2485平方米，三层设计，一层根书发展历程展厅，二层根书精画展厅，三层根书艺术培训交流。馆内收藏了中国根书创始人杨玉冰先生几十年创作的近千幅根书精画，记录了杨玉冰先生的艺术历程。根书博物馆设计颇具东方文化特色，融入当地门楼、院落等建筑形态，一步一景，错落有致，令人仿佛置身于古典静谧的诗意之中。一根一世界，一念一天堂。韵味独特，奇石精美，各家书画更扩展博物馆的博大内涵。

乐山根书博物馆是国内唯一以根书法艺术为主题的博物馆，填补了国内根书博物馆的空白，是推进当代艺术发展、探求文化创新、用文化艺术振兴乡村的具体实践，也是文化艺术领域的新亮点。

受乐山市政府和根书博物馆邀请，我率团队根据现状发展条件，结合发展构思及战略重点，合理统筹空间布局，将其总体空间结构划分为"一乡一区两基地"，即：

一乡是中国民间文化艺术之乡，积极打造乐山市中区九峰镇。深度挖掘杨玉冰先生的故事，传承根石人家的故事。

一区是国家级文创示范区。积极打造火柴厂的场地，约30亩。从根书文创延伸到汉字，除原方案中的汉字童话乐园打造外，引入国际品牌。

两基地是国家级非遗传承基地和世界研学旅游基地。积极打造铁厂的场地，约在20亩，改建原建筑，打造根书博物馆，设立根书研学研究院，研发研学相关课程、汉字相关课

图 11-4　学生研学根书制作之一

程、非遗课程。

一、中国根书博物馆——根书体验。展示销售根书、书法、字画文创产品，以工艺品、文字雕塑、根书动漫、3D影像等表现形式进行创作，并提供游客自己动手创作体验，感受最具特色、最别致的文创氛围。

二、中国根书博物馆——非遗工坊。搜集展示乐山的、全省的传统民间艺术、民间工艺和非物质文化遗产。

三、汉字文创中心。以童话园的形式表现，设置八个童话人物，分别代表点、横、竖、撇、捺、钩、提、短撇八种写法，分别编写每个人物的故事，将汉字的起源、汉字的演变、汉字的美、汉字的哲学进行表现；以中国古代的神话故事、传说等进行演绎，形成自己的音乐、连环画、舞蹈、情景剧等，构筑汉字园的叙事环境。让汉字能走路、汉字能跳舞、汉字化身为各种人物动物。

四、汉字艺术街区。将汉字、书法、汉字艺术作为汉字街

图 11-5 学生研学根书制作之二

区的主要符号，打造以汉字文化为主题的商业街区、乐山老味道美食街、根书文创一条街（文房四宝、汉字根书文创工艺品）、儿童汉字游乐一条街。

五、根书农耕园。种上杜鹃花，既美化了环境又提供了根书的生产材料。

根据根书艺术的特点，设计其产业为国际研学。2016年11月，教育部联合国家发改委、旅游局等11部门发布了《关于推进中小学生研学旅行的意见》（以下简称《意见》），《意见》明确指出，要将研学旅行纳入中小学教育教学计划，加强研学旅行基地建设，并对组织管理、安全责任体系和经费筹措机制进行了详细阐述。

用根书作为核心符号，与农田建设相结合，开发学生农耕游学基地，并提供中华汉字文化科普、根书艺术讲解等体验。

我们提出了一系列落地的项目策划：

一、整合资源，拓展研学活动内容

启动为期一周的"根书游学"中华经典文化寻根之旅，与国内外基金会、企业机构联合举办大型中国根书公益文化活动。各国中小学生将会学习中国非遗等文化，接受经典国学基本研习，体验中国根书、书法、武术、陶艺等文化项目，寓教于游，通过"根书"游、学、演、艺精品课程，感知中华文化的博大精深与民俗的丰富多彩，扩大中华传统文化在青少年中的影响力，增强中华民族的凝聚力。

二、与学校合作，编辑根书校本教材，共建根书艺术工作坊，将根书文化深入校园文化建设，让更多中小学生在学习文化课程的同时，丰富研学课程，激发艺术创作灵感，奠定艺术创新传承基础。

三、开展中国根书青少年大赛

通过根书研学旅行基地活动的开展，在广大青少年中征集根书、根艺、书法、绘画等艺术作品，进行评比。提高青少年学习创作热情，明确艺术创作的发展方向。

积极开发根书文创。以"公司+村级组织+农户"的形式，农户全面参与根书文化、设置根书作坊、开发以"根""书"为核心的文创产品；联合企业、政府、人民的力量使根书文化彻底在规划区域得到体现，着力建设"中国根书第一村"。吸引各地游客来此感受最正宗的根书文化，欣赏最有韵味的根书作品，购买最精美的根书文创产品。

"中国根书第一村"产业体系包括：

1. 佛手种植

观赏。佛手的观赏价值不同于一般的盆景花卉。洁白、香气扑鼻，并且一簇一簇开放，十分惹人喜爱。到了果实成熟期，它的形状犹如伸指形、握拳形、拳指形、手中套手形，状如人手，惟妙惟肖。

成熟的金佛手颜色金黄，并能时时溢出芳香，消除异味，净化室内空气，抑制细菌。挂果时间长，有3—4个月之久，甚至更长，佛手花朵可供长期观赏。

药用。根、茎、叶、花、果均可入药，辛、苦、甘、温、无毒；入肝、脾、胃三经，有理气化痰、止呕消胀、疏肝健脾、和胃等多种药用功能。对老年人的气管炎、哮喘病有明显的缓解作用；对一般人的消化不良、胸腹胀闷，有更为显著的疗效。佛手可制成多种中药材，久服有保健益寿的作用。

种植规模在 3000 亩以上，可辐射到乐山市中区、五通桥区两个乡镇 4 个村。

2. 杜鹃花种植

杜鹃花，中国十大名花之一。在所有观赏花木之中，称得上花、叶兼美，地栽、盆栽皆宜，用途最为广泛。白居易赞曰："闲折二枝持在手，细看不似人间有。花中此物是西施，芙蓉芍药皆嫫母。"在世界杜鹃花的自然分布中，种类之多、数量之巨，没有一个能与中国杜鹃花匹敌，中国，乃世界杜鹃花资源的宝库！除作观赏，杜鹃花性甘微苦、平、清香，在医学上有一定的药用价值，祛风湿、调经和血，安神去燥；有的叶、花可提取芳香油，有的花可食用，树皮和叶可提制栲胶，木材可做工艺品等。

根书的主要材料来自杜鹃花的根，在鞍山村已大量种植，当地农民不仅可在花期开展赏花游玩活动，同时也可对杜鹃花的根进行初加工，获得较为可观的经济效益。

3. 汉字礼品农业

使用根书包装农产品，并融入历史元素，在不同包装盒上印上不同朝代的书法大家，突出汉字文化主题，打造精品礼品农业产品。

第三节　状元故里的现代牧歌

滚滚长江东逝水,浪花淘尽英雄。

是非成败转头空。

青山依旧在,几度夕阳红。

白发渔樵江渚上,惯看秋月春风。

一壶浊酒喜相逢。

古今多少事,都付笑谈中。

这首《临江仙》是明代状元杨慎的一首词,用在了《三国演义》的开篇,一首词写尽了中国的历史变迁。

在我国漫长的农耕社会形态中,绝大多数时间是平静和安定的,绝大多数时间国家处于大一统时期,极少时间国家分裂,其根本原因之一,就是中国延续了1300多年的科举制度。在中华文化的灿烂星河中,科举制度无疑是中国人最重要的发明之一,有人甚至认为是第五大发明。科举制度就是通过科举考试选拔人才,最大限度摒除权力的干扰,保证官吏选拔的公正公平,提高官吏的素质,加强了中央政府的集权统治。更重要的是,科举制度促进了社会阶层的流动,创造了公平、稳定的社会环境。科举考试的第一名就成为状元,古人把他当作"天上的文曲星"下凡到人间,状元成为社会各阶层最为艳羡的头衔。

杨升庵(1488—1559)原名杨慎,字用修,号升庵,明代四川唯一的一名状元，四川新都人，24岁中状元，官翰林院修撰，经筵讲官，因议大礼，流放云南，72岁死于云南戍所。杨升庵是著名的学者、诗人和文学家，对哲学、史学、天文、地理、医学、生物、金石、书画、音乐、戏剧、宗教、语言、民俗、民族等学科都有极深的造诣。他一生博学多闻，著作达四百余种。《明史·杨慎传》称："明世记诵之博，著作之富，推慎为第一。"后史学家称"明朝三才子以升庵为第一"。

杨升庵一生，因才得名，因大礼议而放逐云南，颠沛流离。虽然遭遇迫害，但一生正气凛然，处逆境而不坠其志，其著作范围广泛，著作之丰富，历史上至今鲜有人超越。同时，其与妻子明代女诗人黄峨的爱情故事，更是为人津津乐道。

2017年杨升庵被评为四川首届十大历史人物之一。对于杨升庵故里，省市区均有意精心打造，作为文化振兴乡村的一个典范。

杨升庵故里，成都市新都区斑竹园街道升庵村，目前总共有1125户，常住人口超4300人。面积约4.25平方千米，其中耕地面积约3700亩，集体建设用地约1700亩。

以"种植业"为主，其经营形式包括土地流转承包形式，主要流转达率85%以上。核心种植蓝莓、猕猴桃、苗木、柚子、草莓等。升庵村内部主要道路有卷董路、普东路、普白路、天枣路，南部路网结构较为完善，以新新路与天枣路形成交叉十字骨架，但北部区域缺少东西向联系道路，不能很好地满足村民出行的要求。大部分路面质量较好，村支路等低等级路路面较差。规划区西北部有一条快速路成德大道穿过，南部有新新路和锦枣路两条主要对外联系道路。升庵村内部水资源丰富，水质较好，主要由自然河流与灌溉沟渠组成。整体水系结构形成三横多支，以锦水河与两条自然河流形成三横，灌溉沟渠形成多支。

升庵故里具有丰富的文化资源。

1. 升庵——状元文化

杨升庵为四川明代唯一的状元，后世有"相如赋、太白诗、东坡文、升庵科第"的赞誉。杨升庵是明代第一才子、明代四川地区唯一的状元，著作达四百余种，被后人辑为《升庵集》。其妻黄峨为著名女才子，夫妻之间的爱情故事广为流传。

其父杨廷和，十二岁时乡试中举，十九岁时中进士，历仕宪宗、孝宗、武宗、世宗四朝。明孝宗时为皇太子朱厚照讲读。正德二年（1507年）入阁，拜东阁大学士，专典诰敕。刘瑾诛后拜少傅兼太子太傅、谨身殿大学士。正德七年（1512年）出任首辅，革除武宗朝弊政，受朝廷内外称赞，加左柱国。嘉靖三年（1524年），因"大礼议"事件与世宗意见不合，罢归故里，嘉靖八年（1529年）卒于新都，年七十一。明穆宗隆庆初复官，赠太保，谥号文忠。

其祖父杨春，明代成化十七年（1481年）进士及第，官至湖广提学佥事；其曾祖父杨玫，开创了杨家杰出的"家教"。

2. 战国古墓——战国蜀王开明墓

1980年2月，人们在马家镇升庵村三组的坡地上，发现了战国时期的蜀王开明氏墓，现在可以初步确定为蜀王开明九世至十一世之间一蜀王的墓葬。蜀王开明墓的发现，为研究古代巴蜀史提供了宝贵的实物资料，出土的二百多件铜兵器，经过两千多年仍闪耀夺目、锋利如新、毫无锈点，为研究古代先进冶炼技术提供新的课题。蜀王开明氏墓的发现对四川考古事业产生深远的影响。

一、规划思路

根据了解和研究，我们认为在中国社会"状元"具有无可比拟的鲜艳光环，升庵故里打造要以升庵状元文化作为文化核心，紧抓新都区政府大力支持"构建升庵文化城市名片"的发展机遇，积极研究文化产业与其他产业相融合，完善服务设施，创新产业品牌，以"文化+产业+旅游"的发展模式，打造国家级教育研学营地、廉政教育基地，中国文化创意示范村。

二、总体定位

中国·升庵故里教育旅游目的地。

三、目标定位

国家级教育研学营地、中国廉政教育基地、中国文化创意示范村。

四、产业定位

教育：青少年研学、农耕教育、艺术体验。

康养：田园康养、文化康养、艺术康养。

农业：标准化种植、特色水果种植、创意农产品研发。

旅游：特色旅游、生态旅游、文化旅游。

五、文化定位

家国·状元文化传承基地。

状元文化以创建"青少年研学基地"为载体，传达"追求完美，追求极致，人人争第一"的思想理念。

1. 通过了解杨升庵的基本情况，开阔视野，提升文化品位，增强荣誉感；

2. 通过阅读杨升庵优秀作品，陶冶性情，了解他在文化史上的贡献，理解其境遇、经历，认同他，以之为荣，以之为范；

3. 通过走进新都，走进生活，直接感受状元文化的本土特色，接受状元文化的熏陶，产生认同感，形成人人自觉、自发理解杨升庵文化，自觉传承，自觉转化状元文化的氛围。

家国文化体现在"修齐治平，厚德载物"，提高自身修为，管理好家庭，治理好国家，安抚天下百姓苍生的抱负。

杨家优秀的家风家训，杨升庵的政治理想，在不同专业方面的卓越成就，都是"修齐治平"的极致体现。

1. 农耕：大地艺术、标准化种植、智能化农业。

2. 哲学教育：教育研学、廉政培训。

3. 医学药理：医疗康养、药膳研发、中药种植。

4. 艺术表达：风景绘画、歌剧表演、文艺创作。

借助与成都大熊猫基地、广汉三星堆博物馆相距半个小时路程的地理优势，将升庵文化、三星堆文化和大熊猫相融合，以"中国·升庵故里教育旅游目的地"为总体定位，全力打造两区两基地。

两区：文化展示区、田园体验区。

两基地：家国·状元文化传承基地、中国廉政教育基地。

文化展示区是对"升庵状元文化"进行展示讲解，宣传弘扬状元文化，积极科普杨升庵的生平、作品、作风，开展各种文化课堂、论坛、户外体验活动、廉政教育等。主要项目有：

1. 杨氏宗祠

杨氏宗祠为木结构单檐歇山式房顶，抬梁式梁架。左右各有厢房六间。建筑高大，结构对称。

每年清明节，杨氏族人聚会宗祠，祭祀杨升庵等先祖，共商家事等活动。

2. 状元文化户外活动基地

户外体验基地是宣传状元文化的重要载体，可定期在户外举行与状元文化相关的小品、歌剧演出，文化艺术品展示等活动，吸引到此观光的游客参与到其中，让人切实感受到状元文化的魅力。

3. 巴蜀优秀家风园

在此宣传弘扬杨家优秀的家风家训，开展廉政教育，设立各种论坛会议，吸引全中国乃至全世界的人来此学习。

田园体验区包括：

1. 农舍改造。打造节气主题大院；分版块进行不同农作物种植，除了传统的种植农田，还将进行大地艺术的装饰。

2. 二十四节气院落

将田园体验区内传统农舍进行扩建改造，修建成24个特色院落，并赋予24节气的名字与意义，每一个院落发展一种独特的产品，让每一个院落都成为一个独立的"总部经济"。

3. 特色种植区

该区分为传统农业和特色农业区。传统农业主要进行绿色、有机农作物的种植。特色农业主要是进行蓝莓、猕猴桃等特色水果，各色鲜花，景观草木的种植，以及家禽、水产的养殖。重点是打造品牌高端农产品，直供成都大市场。

4. 景观水渠水塘湿地

利用现有的两条河流，打造两个50亩的水面，形成较有规模的湿地；恢复改造现有的河流水渠，改变河道流向，将渠道围绕院落、农田等景点，再进行景观打造，形成景观水渠。

六、品牌营销规划

烘托一大品牌，两大重点活动造势，旅游商品创意工程。

1. 烘托一大品牌：中国升庵故里

（1）"升庵故里"形象标识系列

主打"文化、历史"等主题，举办 Logo 设计、吉祥物设计、"三行情书"广告宣传、创意农产品包装设计和景区路线设计等设计创意竞赛活动,吸引全国创意设计界和民众关注。

(2)定向媒体广告推广

运用多种途径和媒介发布硬广告,如机场高铁、高速公路路牌、飞机座位靠垫、门户网站、电视和旅游报纸杂志等,密集宣传乐山根书文化的品牌形象。

2. 两大造势活动

(1)举办升庵文化论坛

联合云南、贵州以及省内泸州、遂宁等举办不同类别、跨地域的升庵文化论坛,挖掘升庵故事,开展升庵学术交流等。

(2)举办廉政教育培训

借助国家、省级廉政教育平台,举办机关、学校、企事业单位不同层级的廉政教育培训,编撰升庵家风家训教材。

3. 旅游商品创意工程

(1)精致化路线,打造中国高品质的旅游创意商品

我们提出以精致创意为特色,以"状元文化+廉政教育"为核心价值点,以打造"让人感动"的旅游产品为目标,将农产品、文创等结合打造成为时尚而富有文化的创意旅游产品,最终走出创意引导产品,文化兑现价值,全面营销推广,合力成就品牌的发展模式。

(2)品牌化打造,形成一系列具有特色农产品品牌

挖掘农产品的附加产值,通过农业产业初加工,筛选品相较好的农产品,发展礼品农业、商务农业等,打响升庵村作物的农产品品牌,实现区内礼品农业率达50%。

（3）四大维度，构筑新都创意旅游商品创意发展模式

从市场维度讲，紧盯目标客群、客群喜好和生活偏好，面对研学度假人群、宗教文化旅游人群以及城市休闲人群，使旅游购物成为一种高品质的休闲。

从创意维度讲，以"状元文化"为核心价值撬动点，结合旅游休闲体验活动，推出文化旅游商品，在全国树立起状元文化品牌，将状元文化推向各地。

从文化维度讲，整体从状元文化出发，深度挖掘廉政教育、家风家训和乡土文化。

从产品维度讲，着力打造研学旅游、状元文创、状元水果、新都农产品四大系列产品。

七、效益分析

1. 文化效益

（1）特色文化得到保护与延续

项目的开发使区域历史建筑和风貌得到重视和保护，并通过旅游收入获得持续的资金支持；唤醒和强化居民自豪感，促进对村落和文化的自觉保护；特色文化的展示及游客体验等，提高了跨文化的理解和宽容；随着旅游发展的需要，特色饮食、习俗、生活方式、手工艺等传统民俗风情和特色得以确认、突出和延续。

（2）构筑文化经济产业链

将特色文化和旅游有机地融合，以当地的历史文化、民俗文化、村落文化等为依托，以文化创意基地、文化演艺剧场等

为载体,发展文化创意产业,提升文化品位,塑造文化品牌。

2. 生态效益

在生态系统承载能力范围内,运用生态经济学原理和系统工程方法改变生产和消费方式,挖掘旅游区一切可以利用的资源潜力。生态经济是实现经济腾飞与环境保护、物质文明与精神文明、自然生态与人类生态的高度统一和可持续发展的经济。

基础设施的完善,使得生态环境得到明显改善;旅游的开发,乡镇、街区等景观质量得到明显的提升;生物多样性和生物种质资源得到有效的保护;社区参与,全民受益,提高居民生态保护意识,促进资源的可持续利用;在保护的前提下利用旅游资源与环境,促进旅游经济和旅游目的地的可持续发展。

3. 社会效益

(1)创造就业机会,拓展农民就业渠道

根据世界旅游组织测算,旅游业每增加1个直接就业机会,社会就能增加3—7个间接就业岗位。旅游区的开发建设,将为当地农民提供大量的就业机会,农民不再只是从事农事工作,农民转变为产业工人。

(2)改善基础设施,优化经济社会发展环境

项目的开发将加快交通、电力、水利、能源、通信等基础设施建设步伐,有利于促进幸福美丽新村建设,提高农村生产生活水平,促进农村经济的快速发展。

（3）调整产业结构，促进经济与社会转型

促使传统农业开始走向集约化、规模化发展，促进产业融合发展，带动当地第三产业的更快发展，改善区域经济结构和产业结构，带动相关产业发展，提高旅游业在第三产业中的比重以及第三产业在整个国民经济中的比例。

4.经济效益

根据分期建设规划及投资估算，旅游区建设总共约需要投入 400 万元。根据目标定位、产业收益等，景区年产值预计达到 10 个亿。

第十二章 悄然兴起的农村康养

老子云"道生一，一生二，二生三，三生万物"，然而何者为"道"，老子又说"道可道，非常道"。这说不清、道不明的"道"就是那么玄妙，以至于有人认为其虚无缥缈近乎于"无"。然而道之存，万物生焉。

乡村的开发利用就需要有这种"道"的"万物生焉"。在我的经历中常常"无中生有"。从大英死海、遂宁观音故里文化，到绵阳中国香草园，从内江大千文化美食到乐山大佛嘉州长卷，从龙泉汽车城的桃花微笑到三台二十四节气农庄，从泸州纳溪情歌水城到成都新津古藤堡葡萄庄园，我认为"无中生有"就是提醒我们要有独到的"资源观"，要善于看见别人看不见、发现不了的资源。练就这样一双火眼金睛，是渊博的知识与行走的经验，使得我总能遵循自然规律和市场规律，遵守伦理规则和党政规矩，顺应历史前进潮流，把握社会发展趋

图 12-1　川红故里——宜宾筠连县的康养建设

势，先知先觉，借势借力，变废为宝，点石成金。

大英死海和遂宁观音故里文化，是我早年"无中生有"的创意之作，给当地留下一笔宝贵的文化财富。当年是如何操作出这两个项目的？2011年，我与四川大学曾玉成教授一起做了一个关于"死海"盐文化的创意方案，在成都假日酒店进行了为期一周的招商。一开始是想搞一个爱国旅游教育的项目。学地质出身的我开始从地质资源的角度思考这个项目，后来真搞成了，而且影响很大。

遂宁的资源其实是比较贫乏的，观音是文化资源，将其放在世界美学、世界文化中来审视，就很有价值。西方有断臂的维纳斯，东方也有美神，那就是观音，她集善良、慈爱、美丽于一身。当时，我研究遂宁的旅游资源数据库时，提出一个观点：一个地方，一定要有狮子，不要只是羊群；一头狮子带领的一群羊，可以打败一头羊带领的一群狮子。因而，一个地方领头人的思维和决策特别重要。

在遂宁观音文化规划中，通过具体的山水、寺庙、古镇等空间载体与遂宁养心文化互动，以传说中姊妹观音的老家——龙凤古镇、世界荷花博览园——圣莲岛、城市内湖——观音湖等"五个二"为载体，与观音民俗文化相互融合，彰显遂宁观音文化的独特魅力。

如果说大英是"点水成金"，死海就是液体黄金，而观音故里的创意则是"点土成金"。

很多"点石成金"的妙招，都与独到地观察分析"乡村资源"密切相关。曾经有记者问到我是如何发掘那些他人看不见的资源的,我作了如下的回答:县域经济要有突破性的发展,需要树立科学的'资源观'。县域有各种各样的资源,我们不能矮化资源,而要有独到的再发现。一座山,它不仅仅只是山,我们要从历史中来,从人文中来,结合民俗等。我认为,资源不能单独地认识,而要联系地认识,不能静态地认识,而要具备历史穿越的眼光,上下五千年来看待它,要从未来发展的趋势上发现资源的珍贵性和独特性。因而,要正确地认识到资源,的确很难。我们往往能以独特的眼光从现象中看到本质,从普通中发现独特,从平常中洞察到非凡。

几年前我应邀去云南老山前线,当地打算在麻栗坡建一座英雄之城。这是明面上大家都能看到的资源,可那里仅只这一个资源吗?我去后看到了不一样的东西:约300千米的边防线。于是,我提出了一个建议意见:打造最美的边防农庄,边防线就是一个独特的卖点,这是别的地方很难与之匹敌的,根本无法复制,无法模仿,这是独特,仅此一家,这种稀缺性可以说天下少找。一个农庄,同时可以享受两国的文化和美食,曾经两国交兵的战场变成贸易与文化交流的场所,曾经人们避之不及的战场变成热闹交谊的会所,这既是和平带来的幸福,也是思维转换发现的财富机遇,这就是中国古老辩证法影响的资源观。有道是古有战场变榷场,今有前线变农庄,这成为军民融合的一个例子。

在北川,我去了禹里镇,看到百姓们住在半山腰的蓝天白云间，农户养猪，产出的土特产是北川老腊肉。味道很好，可肉价也差不多。可是，我们认为他们做得还不够味。农户们应该"卖云朵"，在白云间生活的猪，是康养、生态的猪，肉价应该更高。我提出，卖老腊肉的时候，顺带也要把云朵卖掉，于是，当地规划起了一个"云朵产业园"。无独有偶，贵州前些年因持续的大力生态保护，其优良的环境、清新的空气受到广泛称赞。说者无心，听者有意。不久，贵州果然大张旗鼓地兜售起"空气罐头"来。原来他们经过总书记提醒，认识到整个贵州高原就是当下难得的空气罐头，欢迎全国全世界的旅客前往享用。我认为，这就是对自己独特的优势资源的一次绝佳的开发和运用。如果我们不能很好地认识和开发自己的资源，那么再好的资源也难以创造满意的财富。比如在巴中南江，每年有"红叶节"，最红的那一周，车水马龙拥挤不堪，可那段时间过去，又门可罗雀。为什么会这样？当地人对光雾山的资源认识不够，那里还有美味的养生食物，可以用"勾魂夺魄"来形容，历史中，还有米仓古道、背二哥，过多地强调红叶，反而把其他的资源掩盖了。也就是说对资源的整合利用是不够的。因而，地方官员认识资源太重要了，要看出"是什么"，不能被"无相外在"蒙住了眼睛，要发现"无相外在"外表下的金子。而专家，就要有发现金子的眼睛。没有发现，怎么"点土成金"？没有科学的资源观，就没有科学的产业观。我认为空气、气候、水、山川林木都是资源，在现代兴盛的康养业，更是需要极为优越的资源。

第一节　唱歌乡吟唱生态康养情歌

通江县唱歌乡石林景区位于四川省通江县城东北部，大巴山南麓，诺水洞天之南，海拔1200米，居东经107°26′，北纬31°55′，距县城29千米，面积14平方千米。景区气候宜人，地貌结构复杂，自然景观丰富，历史文化深厚，是长寿颐年之宝地，是华夏养生之腹地，是川陕渝旅游金三角上一颗璀璨的明珠。我在承接将其打造为国家AAAA景区的规划任务后，带领团队对其资源进行了全面细致的勘察和分析，从自然到人文，从历史到现实，从气候到特产，从村落到民俗，几乎无所不包。正是建立在周全深刻的认识基础上，方有针对性地提出了可靠的升级改造方案。

一、天然禀赋的川东北最佳避暑胜地

唱歌石林景区风景秀丽，千嶂叠翠，四季气候特征明显，既有亚热带季风气候，也有高原气候特征，雨量充沛，森林覆盖率89.6%，森林的主要作用有制造氧气、阻隔杂音、净化空气、杀灭毒菌、调节气温等。年降雨量1800毫米。景区昼夜温差大，常年平均气温16.7℃，夏季平均温度20℃—26℃，最高气温31℃，湿度40%—60%；冬季下雪（2个月），最低气温零下10℃，无霜期180天。特别是在炎热的夏季也凉风习习，比周边城市气温低14℃左右。

景区空气中含负氧离子较高，空气洁净度为一级，山泉水为弱碱性富硒水（pH7.2）。硒是人体微量元素中的"抗癌之

王"。

目前唱歌境内新建康养旅居房约1700余套，暑假高峰时期有近3000人在唱歌驻扎进行候鸟式避暑养老。

二、鬼斧神工的喀斯特地貌风光

景区内陡峭突兀的青石山岗绵延十余里，构成一座神秘莫测的石头城，城上怪石嶙峋，参差有致，高低错落，形态万千，神形逼肖，气韵生动，妙趣横生。石林自然生成5道石城墙，城内大小山包120余个，被四寨二山拱卫，素有城中城、寨上寨之美誉，集雄奇险秀于一体。石林前方群石相依，天生城墙一座，墙高16.5米，长100米。城墙两端，怪石圈围，成东西两寨。东寨有15亩，西寨8余亩，各分上中下三层，上层为哨所，中层为宿营，下层是暗室地道，曾为白莲教义军的住所。石林内著名景点有"药王问寿""一柱擎天""猛狮下山"等50余处，各种奇形怪石100余个。石林内有地下河洞口3处和地下迷宫2处。

著名的麻坝寨顶有宽约3米深约500米的"万人坑"，另有地处两道峡谷之间的沼泽地（落人田）3.5亩。麻坝寨后面的寨壁，有一千多米长的悬崖陡壁，岩石耸翠，巨石丛生，峭壁嶙峋，如一幅天然画屏呈现在世人眼前。寨壁上并排耸立着近十个或大或小、高低起伏的山峰，大雨初晴，七八条溪水飞泻而下，喷雪抛珠，飞花碎玉。山光水色，雄奇险秀，仿佛无处不是诗，无处不是画，人在诗中走，诗在画中吟。民国《续修通县志》载，麻坝寨"为门镇寺东支，寨下有石桩，高六丈，面积丈余，又一大石，其三足卓立，其上小树丛生，略如香炉，附近怪石甚多，若笔，若轿，若旌旗，若戈矛，森然罗列，视之逼肖"。

三、可歌可泣的军事斗争遗迹

1796年2月，王聪儿姚之富发动白莲教起义，很快川、陕、甘、豫等邻省纷纷响应。以冉文俦为首的通江蓝号将义军大本营设于唱歌石林境内，屯粮麻坝寨，分筑寨门，凭险拒敌。因绝壁陡立，麻坝坪位居其下，视野开阔。义军除在东、南、西三门垒建石门外，并各建木城一座。东、南两门更是层层设防，直上寨口。而今遗迹尚存，有保存完好的石寨3处，寨门5道，石刻门联2副，碑记1座。更有文字可证，东寨楹联：寨上存纳三千将，朝内争先百万兵。西寨楹联：烟户几千寓寨内，甲兵数万藏胸中。至今有人说，凡是风雨交加，石林内就有千军万马厮杀的喊叫声，如泣如诉的歌声，那是白莲教义军烈士们的英灵再现。

20世纪30年代，中国工农红军第四方面军建立川陕革命根据地。麻坝坪、方山坪一带留下了徐向前等人闪光的足迹。当地人民积极参军参战，不少英雄儿女血染疆场，为国捐躯。红军修筑的战壕、炮台、营地、石刻标语20多处至今保存完好。红军在这里留下了珍贵的革命遗址和感人的红军故事。

四、保存完好的传统村寨

石板溪境内有两条秦巴古道，呈三角形交汇于蛮桥河，一座建造年代久远的石拱桥和石板桥显现出道路的重要。村内现有至今保存完好明清建筑的四合院、三合院，住着60多户人家。其中，靳家大院有徽派衙门，石磴石柱，雕花门窗，十分壮观，靳氏祠堂遗址和川内仅存的石牌坊，其记载着靳氏家族的族谱族规和封建时期的官阶等级的礼仪和孝道文化。陈氏祠堂建筑精美，工艺独特，雕梁画栋，石狮威武。康家坡断桅杆和康家梁民居真实地反映了康氏家族的发达和兴盛。另外，石板溪境内有多达五处的白莲教遗址。整个村落内秦墓、牙墓、石窟、碑陵随处可见，大多从南向北，选用风水学中的大富大贵向丁山癸，雕刻精美，设计合理。方山坪村境内有巴人古墓群和多处崖墓、十余处进士碑记、白莲教遗迹，有红军战斗遗迹十余处，还有方山寺、门阵寺、火焰山寺、晒经石等佛教文化遗迹及红花山、龙池寨、犀牛望月、二十四亮晃晃、猛虎下山、马家堡、哭神洞、橡子石、椅子石、青蛙石、靴子石、张口石、印把田等自然景观，古人赞曰："红花龙池相辉映，群山古寺锁方山。张口青蛙印把田，奇树怪石相依恋。"现有明清建筑和遗址多处。白莲教抗清驻扎之处龙池寨、狮子寨至今保存完好。时至今日，全村古老建筑保存较为完好的共有14套，包括靳家院子、靳家庄园、吴家大院、赵家大院等。

五、传承有序的乡风民俗

唱歌的民俗文化丰富多彩，民风纯朴，民俗独特，神奇的民间传说、当地流传的山歌、唢呐等民间艺术具有独特的魅力，至今仍保留着古老的婚丧习俗。生活习俗中沿袭着古代传承的订婚、做对周、拜老继爷、摇会、庙会、祭冬、谢年等传统习俗。礼仪习俗有结婚的团圆饭、双回门、望月里、送端午、拜寿、送终守夜、送葬哭灵等。岁时习俗有年尽拜坟、正月初一请天地、盘龙闹元宵、清明祭祖、端午驱邪、七月半祭灵、重阳敬老、冬至祭冬等。生产习俗有开秧门、四月八日牛生日、请田头神、做保稻、大旱取水等，表达对神的敬畏，祈求五谷丰登。还有古老的歌谣，草编、木雕、剪纸等民间工艺美术。每样习俗都反映了生活中对美的文明追求，寄寓着深远严谨的天人合一的古老文化，解读后使人感味隽永。

六、丰富多样的土特产资源

独具特色的土特产品是乡村旅游的重要资源，是吸引游客的重要因素，对于食品安全成为其担忧的话题的城里人更是具有特殊的吸引力。因而土特产品的丰富性、知名度和美誉度往往成为城市人选择前往的重要因素。唱歌石林景区地方土特产资源十分丰富，为开展休闲度假和完善旅游休闲业态提供了重要的支撑。石林黑木耳、野生核桃、石林老鹰茶、野生天麻、通江火羊等地方土特产，品质优良，口碑突出。

七、集中而典型的地质科考价值

景区地处扬子准地台的四川台坳与龙门山—大巴山台缘坳陷的结合部位，发育1045—3231米厚的石灰岩地层，为岩溶地貌的形成提供了物质基础。景区新构造活动表现强烈，古近纪以来曾有过大幅度上升，其间也有过相当稳定的间歇过程。发育四级剥夷面，以第二级剥夷面上升幅度大；与邻近地区相比，第一级、第二级剥夷面属同一侵蚀旋回中两亚期的产物，属鄂西期（白垩纪至古近纪）；第三级、第四级剥夷面也应属同一个侵蚀旋回的两个亚期产物，属山原期（新近纪）。新构造运动，使区内地形出现明显的"层状结构"，由北向南层层降低，由河谷至分水岭层层升高，并且产生大量水平裂隙和纵张裂隙，为岩溶作用提供了良好的通道，因而石林、溶洞、暗河等发育。

石林内著名景点有"药王问寿""一柱擎天""魏徵面君""仙女思凡""壮士出征""群马奔腾""天兵神将""官靴倒插""猛狮下山""空山鸟语""石鸟归林""定海神针""天罗地网""寨中寨""城中城""一百零八罗汉包""二十四个亮晃晃"等50余处，各种奇形怪石100余个。石林内有地下河洞口3处和地下迷宫2处，距云坛古佛洞步程8千米。麻坝寨顶著名的"万丈沟"内的"万人坑"宽约3米，深约500米，有地处两道峡谷之间的沼泽地3.5亩，有二郎庙旁的牛屎嵌，门镇寺内和寨中寨内各有地下迷宫1处。

景区奇石林立，风景秀丽，春天百花争艳，夏季绿树成荫，秋天红叶似火，冬季银装素裹。境内嶂峦叠翠，森林茂密，林业用地35000亩，自然生态林23000亩，其中原始森林1800余亩，人工林8500亩，疏林地8000亩，宜林荒山6500亩，森林蓄积30万立方米。银杏面积2900亩，14.5万株，野生剑竹林3000余亩，森林覆盖率达89.6%，常年平均气温16.7℃，最高温度31℃，最低温度-10℃，年日照1100—2400小时，堪称"天然氧吧"。这里民风淳朴,山清水秀,人杰地灵,是休闲养生、宜居避暑的世外桃源。

米仓道是巴蜀、汉中间的一条要道、捷径,因中途翻越巴中米仓山而得名,是古蜀道的重要组成部分。荔枝古道和米仓古道均为我省乃至我国著名的历史古道,二者均从景区穿过,并遗留有一定数量的遗迹,是研究巴蜀古道的重要历史见证。

景区集中反映了白莲教四大义军之———通江蓝号义军的发起、发展和消亡的光辉战斗历史,是了解白莲教起义的重要载体,目前尚存有大量白莲教起义遗迹,甚至景区所在的唱歌乡名称也来源于此。

景区还是红四方面军当年的重要战斗场所,是收藏川陕苏区革命文物,研究、宣传川陕苏区革命历史的重要场所,具有重要的爱国主义教育价值。

石林景区内部道路不畅,石林等自然景观丰富,开发难度大,尤其是山地景观平台的施工与建设会对生态环境有所影响。

景区内部多季节性山泉,水景塑造难度有所增加。消落区景观塑造难度较大,且洪水期水流急湍,亲水活动体验困难。

古人云"知己知彼,百战不殆"。现代区域经济发展过程中既有合作,又有竞争,既会形成产业集群或产业带,可以相互促进,相互借势,在目标市场大致相当的情况下,当然也免不了存在一定程度的相互竞争。在现代项目唱歌石林周边有大量成熟的生态旅游产品,诺水河、两河口、光雾山、沙溪、麻石等。

我们发现唱歌地区的人均寿命比其他地区有较为明显的优势，这里从不缺乏百岁老人，历来被称为长寿之乡。长寿的背后是哪些科学的因素在起作用？我率团队进行了全面认真的研究，得出如下结论：

高而不寒的自然哲学：黄金海拔高度：1200米。最适宜的湿度：55%。常年平均气温：16.7℃。川东北部，南北分水岭（既具有北方的秋高气爽，又有南方的温湿空气）；亚热带季风气候区；气候温和，环境宜人。

景区地方旅游资源十分丰富，其中景区内部重要资源13处，核心资源9处，包括回音石壁、三生石湖、峡谷栈道、山石湖泊、药王问寿、石寨山门、城墙石壁、白莲教遗址、二郎庙。

其基本现状如下表：

表12-1　唱歌乡旅游资源表

序号	名称	概况
1	二郎庙	位于规划范围东侧，由一座供奉二郎神的简单庙宇及屋前石梯组成
2	石柱湖泊	位于药王问寿自然雕塑西侧，由800平方米池塘及周边硬化池岸组成
3	百亩草坪	位于石林艺术区南侧，面积约为20000平方米
4	巨石长城	地形高差和喀斯特地貌自然风化双重作用下，石林内自然生成5道石城墙
5	巨石湖泊	因湖泊旁边有两块巨大落石而得名，位于回音石壁的正对面

续表

序号	名称	概况
6	古井	位于五音湿地公园内部,由一口古井和保护古井的石块组成,现已用砖砌围墙加以保护
7	药王问寿	由喀斯特地貌自然风化而形成的奇特自然景观,由于形状神似两人,取名药王问寿
8	白莲教遗址	白莲教除在东、南、西三门垒建石门外,并各建木城一座。东、南两门更是层层设防,直上寨口。而今遗迹尚存
9	景区树林	位于三生石湖和石林艺术区之间,由松树、柳树等成片树木构成,其间有两潭水潭。林内野生动植物资源丰富
10	古音峡谷	位于回音石壁与三生石湖之间,峡谷长约130米,宽处约70米,狭窄处约20米
11	一柱擎天	由喀斯特地貌自然风化而形成的奇特自然景观
12	回音石壁	地处峡谷之间,在石壁对岸呼喊会有回声反射回来

基于对唱歌石林地区资源的认识、梳理、整合、提升,特别是对长寿因子进行了科学的探究,我们发现了唱歌长寿的秘密。结合当地政府的期望与要求,积极响应四川省乃至国家对于发展乡村休闲产业、文化创意产业、旅游康养产业等相关政策制度,兼顾旅游开发与社会、经济、环境效益的协调,我拿出自己的规划思路:将旅游区打造为以石林为背景,以全域康养旅游理念为指引,长寿文化为灵魂,依托孙思邈长寿中医文化,大力发展长寿经济,形成食疗养生、山林养生、气候养生、音乐养生为核心的四大养生体系,建成健康休闲为主题的

中国·音乐康养度假区。具体讲就是打造川陕老区康养示范小镇、巴山森林康养示范镇、中国长寿资源养生最佳目的地。

将整个规划区的布局归纳为"一心、一带串六区"。

一心：旅客集散中心。

一带：石林音乐休闲景观带。

六大主题功能分区：古音文化区、福寿台观光区、石林艺术区、音疗禅修区、音乐峡谷区、二郎庙佛音区。

旅客集散中心这一片区主要由五音湿地公园、五音文化广场、民宿度假酒店、山石小丘、入口石笋雕塑、旅客中心和生态停车场七个项目组成。

1. 五音湿地公园

五音湿地公园是这一区域最重要的景点，它以中国古乐五声音阶为源，按照五度的相生顺序，依次排列为宫、商、角、徵、羽，在保留原有四个湖泊的基础上增加一个羽湖，湖泊之间用石道、木栈道连接。

湖边修建五音文化广场，作为演出和集会场所。五音广场东侧建设民宿度假酒店，依据现有建造的房屋进行房屋改造，结合川东民居特色，实现与石林自然景观有机地融合，达到昼为景观、夜为栖居的目的。五音广场南部山石小丘利用现有山丘地形进行改造，中部铺装原石石板路，制造人工雾，与南侧五音湿地公园有机融合。

入口石笋雕塑是依据大门现有样式进行改造，与石林主题契合，改造为石笋大门。在景区入口的三合院老房子处设置游客中心，占地约 2000 平方米。外观维持原貌，内部加固，完善功能。

2. 古音文化区

古音文化区主要由古音走廊、石林音乐舞台、白莲悠歌、妙笔笙花、药王巴药园和观音庙遗迹组成。这一区域以音乐为主旋律，把传统文化资源、宗教民俗资源、历史文化遗迹、自然生态资源有机融合，结合实地地势地形和原有基础，加以巧妙利用和合理改造，使这一区域的景观得到创新升级，焕发出高雅的独特魅力。

古音走廊位于景区正门入口，项目采用木制廊架与石雕艺术相结合的方式展现中国古典乐器的魅力。我国古代制造乐器的材料，通常为金、石、丝、竹、匏、土、革、木八种。石林景区内石材众多，形态各异，是石刻、石雕艺术的天然原材产地，就地取材与古代八音乐器相结合，创造出巧夺天工的音乐石林之美。石雕、石刻艺术创造出具有一定空间的可视、可触的艺术形象，借以反映社会生活，表达艺术家的审美感受、审美情感、审美理想。古音走廊的廊架方案，运用石景、古树和花木来创造素雅而富于野趣的意境，突出石林之美。廊架采用中式风格和新中式风格两类，与周围环境相映成趣。

石林音乐舞台位于古音文化区西南侧，依据现有白莲广场、音乐文化舞台进行现场改造，以种植绿植和花卉改造为主。以石林音乐舞台为演出平台，以白莲文化、红军文化、石林自然文化为内容，以舞台剧形式展现唱歌石林的音乐之美、历史之美、人文情怀之美。依据古音文化还可打造石林仙子组合，每一位仙子代表一种音调，定期展演与石林音乐相关的节目。

3. 福寿台观光区

福寿台观光区由福寿台、栖山居、福寿梯、山寨石门、药王问寿、望寿亭与望福亭、花廊乐池组成。项目虽多，但将中国人传统的福寿文化与福寿理念贯穿始终，而福寿是千百年来中国人无论阶层与地域，普遍的追求与愿望。现代的人们重视康养与传统文化中的福寿理念是相融相通的。自然资源赋予文化的内涵方显灵气与活力。人们对自然的向往与赞赏往往是带有感情的，是将自身的希望与人格特征对象化与自然一体，从而生发出无数的感慨与情愫，找到慰藉与寄托，或是得到释放与启示。

山门石寨是白莲教文化的重要组成部分，包括石门和木栈道，这里原址保留作为登高祈福的入口，栈道石壁增添福寿文化石刻艺术。以音符作为栈道形态，以五线谱悬挂在木栈道之间，作为音符栈道，形成福寿梯。

在景区西门入口处利用相对高差较大的优势，设立福寿台景观平台，平台寓意享福长寿。在福寿台设立登高望寿亭，在福寿台下设立步行望福亭，望福亭与望寿亭形成相互呼应之势。亭内作药王行医彩绘，普及长寿医药知识。山顶设置小木屋两栋，每栋木屋约35平方米作为景区景观客房，作为景区长期收入来源。

问寿石位于景区西门出入口处，由喀斯特地貌自然风化形成,形似两个老者相互探讨养生秘诀,取名药王问寿。游客要想拜药王问寿,听长寿秘诀,必须经过一湖,曰"乐池"。乐池就近采用山地原石,种植绿植形成池岸森林幽池景观,在池岸铺设沿池栈道,方便游人观赏。沿途采用木制廊架与花卉艺术相结合的方式多设花廊,展现漫步森林的花丛乐趣,故又名"花廊乐池"。

4. 石林艺术区

石林艺术区主要由巨石长城、魅力石林和柳林小憩组成,这一区域以纯天然的石林景观为主,旅客可领略大自然的鬼斧神工和神奇艺术。巨石长城位于景区南侧,一共有五道石壁,与五音湿地公园内五音相互呼应,形成五音巨石长城。魅力石林即景区内陡峭突兀的青石山岗绵延十余里,构成一座座神秘莫测的石头城,城上怪石嶙峋。巨石长城和魅力石林的石头城都气势磅礴,规模宏大。当人们游历累了时,可以到柳林小憩。柳林内设置3处森林休憩平台、木屋。游人可在其间野营、野餐、休息、观景、游乐。

5. 音疗禅修区

在古代,一些好的中医不用针灸或中药治疗,而是用音乐。一曲终了,病退人安。中医的经典著作《黄帝内经》两千多年前就提出了"五音疗疾"的理论,《左传》中更说,音乐像药物一样有味道,可以使人百病不生,健康长寿。古代贵族宫廷配备乐队歌者,不纯为了娱乐,还有一项重要作用是用音乐舒神静性、颐养身心。我以深厚的传统文化功底和对现代都市生活的反思，发现了音疗的秘密。而唱歌石林的天然禀赋与环境构建是音疗与禅修的最佳选择，构成一个石林—音乐—禅修—养生—长寿的天人合一的世外桃源般的人间天堂。

（1）森林木屋

项目位置：音乐峡谷西侧。

规划思路：方案一：原木塑造与自然融为一体，造型简洁大方，色调偏暗更显格调高雅。方案二：狭长的外形有利于建筑物在搭建时穿插在树木之间，从而减少对周围树木的砍伐，而偏暗的外部色调和大玻璃门窗则有利于整个建筑物融入到自然中去。

（2）花海漫步

项目位置：景区正门入口。

规划思路：游人漫步花海，与摩围林海交融为一体，很有感觉。听着蝉鸣鸟叫，呼吸了新鲜的空气，享受人间仙境。

（3）音疗养生堂

项目位置：音疗禅修区。

规划思路：音乐治疗是新兴的交叉学科。它以心理治疗的理论和方法为基础，运用音乐特有的生理、心理效应，使求治者在音乐治疗师的共同参与下，通过各种专门设计的音乐行为，进行音乐体验，达到消除心理障碍，恢复或增进心身健康的目的。

（4）石林温泉酒店

项目位置：音疗禅修区。

规划思路：在音疗禅修区内预留40亩土地作为二期温泉酒店建设用地。

（5）帐篷营地

项目位置：景区正门入口。

规划思路：森林、草地垂直分布，牛和马儿在这里悠然吃草，这里冬无严寒，夏无酷暑。森林、河滩、草地、云雾……宛如仙境，在这里搭建帐篷恰好享受这无边美景。

（6）禅修步道

项目位置：景区正门入口。

规划思路：缓步行走在禅修步道间，藏于尘，隐于市，放下城市的喧嚣，静享心灵的自由时光，开启一段禅修隐居的幸福时光。沿途设置香炉体现禅修静谧的氛围。

（7）生态农庄

项目位置：景区正门入口。

规划思路：生态农庄是以绿色、生态、环保为目标，以资源有效利用为载体，以科技创新为支撑，以市场化运作为手段，集农业生产深加工与观光旅游于一体。

6.音乐峡游览区

音乐峡游览区由音乐峡、琴键栈道、三生石湖、石海花廊、石林景观组合而成，在这里，自然的急切舒缓与音乐的高低起伏相互映衬，相互注释，互通文理，这是自然与人文的统一，现实与感悟的融合。

（1）音乐峡

项目位置：景区正门入口。

规划思路：音乐峡谷，宽的地方约80米，狭窄处约20米，在其间布置石刻弹唱俑，人们行走其间仿佛聆听来自古国的音乐。

（2）琴键栈道

项目位置：景区正门入口。

规划思路：以琴键为设计理念，将其赋予到木头栈道之上。游人踩踏上去还会发出相应的音乐。

（3）三生石湖

项目位置：景区正门入口。

规划思路：三生石湖中有三块巨大的落石，依据现有落石分布规律，用栈道木质平台连接其中较大的三块石头，形成石头之间的平台，供人游览、行走、拍照。

（4）石海花廊

项目位置：景区正门入口。

规划思路：音乐峡游览区内有一片空地，在其间种植一片山花形成走在石林、行在花海的奇特景象。

（5）石林景观

项目位置：景区正门入口。

规划思路：景区内陡峭突兀的青石山岗绵延十余里，构成一座座神秘莫测的石头城，城上怪石嶙峋。

7. 二郎庙朝觐区

二郎庙朝觐区以二郎庙为核心，考虑人们入庙进香的方便性，设计生态停车场，结合沿途的景致，梳理旅客的心情；设置荷塘月色，加以音乐调理；设计回音石壁，让二郎庙道家音乐洗涤心境。

（1）二郎庙

项目位置：景区西门入口。

规划思路：依托现有二郎庙，就近开发二郎庙会、灯会及康养诵经会，是二郎庙朝觐区的核心。

（2）荷塘月色

项目位置：景区正门入口。

规划思路：《荷塘月色》是中国文学家朱自清任教清华大学时所写的一篇散文，是现代抒情散文的名篇。这里将其搬到现实中来，让游人身临其境感受其间的美景。

（3）回音石壁

项目位置：景区正门入口。

规划思路：因地处峡谷之间，由于大自然的鬼斧神工而形成这一奇观。在其间加入二郎庙的道家音乐，游客的口哨声、乐器声、回声交织在石林山间。

（4）生态停车场

项目位置：回音石壁东部。

规划思路：以高绿化、高承载、透水性能好、草的成活率高、提高绿地面积为目的。保持地面干燥，最终保持石林景区生态可持续发展。

通江县唱歌乡拥有得天独厚的自然资源，通过对生态资源及其他资源的梳理、开发建设，已形成了具有避暑、康养、旅游等功能的知名景区，在保护开发乡村资源上吟唱出了一曲田园牧歌的生态康养情歌。

第二节　十里荷画的外婆湾

实施乡村振兴战略，要坚持农业农村优先发展，按照产业兴旺、生态宜居、乡风文明、治理有效、生活富裕的总要求，建立健全城乡融合发展体制机制和政策体系，加快推进农业农村现代化。实施乡村振兴战略重要在推进融生产、生活、生态、文化等多要素于一体的系统工程。文化是农村几千年发展历史的沉淀，是农村人与物两大载体的外在体现，也是乡村振兴战略的灵魂所在。乡风文明涵盖丰富的内涵：一是对中华优秀传统文化的传承与创新；二是物质文化和非物质文化的保护；三是优良传统的继承与发扬光大，特别是传承了几千年的道德伦理，这是"不忘初心"的体现；四是新时代意识的培养。外婆湾规划区有着悠久的川中民居建筑遗产和丰富的观音文化，由此提炼出的外婆文化为其本土康养产业发展带来了极大的机遇。

为把发展农业作为实施乡村振兴战略的重点，我率团队对《中国观音故里外婆湾景区总体规划》方案进行调整和提升，基于上轮规划的成果，综合规划思路，立足乡村振兴，整合区域资源，从发展战略与定位、空间总体布局、新增特色亮点项目、旅游营销、旅游资源与环境保护、支撑与保障系统等方面进行了系统规划和安排。

规划总体思路是以老年人为主要客源市场，带动各年龄层来进行康养、旅游、学习、居住，提供健康饮食、医疗保障、康养课程、度假游乐等特色服务，配合精致农业、文化融合及青山绿水的天然环境优势，打造国际顶级的康养度假场所。其总体定位于"外婆湾国际康养度假小镇"，形象定位于"老人的童话世界，儿童的音乐乐园"，致力于把外婆湾建设成为"外婆湾康养大学、中国老年养生示范基地、外婆湾童谣基地、外婆湾田园综合体"。

本次提升规划总结了项目地发展优势，围绕"文化品牌的提升、三大产业提升、田园风光和生态山水、民俗文化与古民居特色"五个方面提升，以外婆文化为区块发展的文化之核，紧密结合原有十里荷花仙境、十里荷画景区，融合观音文化和荷花文化，以康养产业为主打，对目标、形象、产业、市场进行了重新定位，对区域内特色卖点进行了详细梳理，致力打造外婆湾观鸟基地和儿童童谣基地，形成旅游产业互动、配套联合的完整旅游线路，创建特色景区，从而带动一三产业互动和跨越式增长，以及在提升内需、增加就业等方面发挥重要带动作用。

项目位于遂宁市船山区河沙镇至梓桐水库（灵泉海子），

地处联盟河畔，涪江上游，东与蓬溪县任隆镇接壤，西与船山区永兴镇毗邻，南邻船山区仁里镇，北抵船山区高升镇，距离城区18千米，区位优势明显。外婆湾国际康养度假小镇位于四川盆地中部，属于中国地形阶梯中第二级的唯一丘陵——川中丘陵，是盆地和丘陵地形地貌的综合典型。

项目规划范围为梓桐水库至河沙镇，含梓桐村、板桥村、栖凤村、玉瓶村、凤凰村5个村，涵盖钟家湾、关刀湾、太阳湾等13个湾。区域内共有1486户，5281口人，土地4900亩，水田2581亩，林地2942.35亩，退耕还林1913.75亩。

项目距离遂宁市区约半小时车程，处于成都和重庆之间，通过G42、G93与其相连，距离双方约150千米，车程约2小时。遂宁有"成渝之心"之称，是中国优秀旅游城市、中国观音文化之乡、曲艺之乡、诗酒之乡、书法之乡。近年来旅游产业队伍迅速壮大，旅游产业体系日趋完善，已经驶入全省旅游发展的快车道，正逐步成为成渝经济圈新兴热点旅游城市和四川第二代新兴旅游目的地。

项目区域内建筑分布分散，有部分风貌已经整治，但是整体还不统一，与周边的良好的自然景观不够协调。项目区域现有部分6米宽的沥青路，3—3.5米宽的水泥路、土路，以及一些人行路、木栈游道等，现已修建部分主干路。项目区域内干流全长约7千米，现已整治区段河道长约1.3千米，河道宽约16—21米；待整治区段河道长约3千米，现河道宽约1.5—10米，整体需进一步扩宽。

遂宁属亚热带常绿阔叶林区，森林覆盖面39.01%，是全省第一个绿化达标市。而项目所在地森林覆盖率更超过60%。林木品种437种，其中有不少是国家保护植物和珍稀树木，如有"活化石"之称的水杉、银杏，名贵的苏铁、红豆杉、马褂木和独具特色的古柏、榕树等。经济林主要有油桐、油橄榄、乌桕、核桃、蓖麻、棕榈等树种。境内盛产柑橘、橙、柚、梨、桃、李、苹果，其中以沙田柚、青苹、红橘、贡橙等品种质量最为优良，享誉省内外。

外婆湾所在的船山区，因盛产菊花芯白芷而成为全国有名的"白芷之乡"。遂宁川白芷是全国著名地理标志保护产品以及地理标志证明商标。

全球候鸟迁徙一共有8条路线，第3、第4、第5条路线经过我国。而在中国也大致可分为三条线：西部迁徙路线、中部迁徙路线、东部迁徙路线。其中，中部迁徙路线指包括在内蒙古东部、中部草原，华北西部和陕西地区繁殖的候鸟，冬季进入四川盆地以及经大巴山东部到达华中或更南的地区越冬。每年冬季，都会有大量的水鸟飞抵遂宁过冬，成为遂宁冬季一道亮丽的风景线，其中就包括外婆湾项目区，这是鸟儿用翅膀选择的神奇之地。

外婆湾与喜马拉雅山、马里亚纳海沟、古埃及金字塔群、狮身人面像、耶路撒冷、黄山、庐山、峨眉山、青城山等等世界奇观均位于同一神奇纬度之上。外婆湾区域内，以海拔503米的雷洞山、青龙嘴为顶，南北走向，是我国九大丘陵之川中丘陵最典型的地形地貌。龙脊、平顶、方山、悬崖、沟溪、水塘、梯田、弯湾，层次分明又隐约绵延，融合了平坝、山坡、高地三种地形地貌特征。外婆湾一条环山十八峰，一条大沟十八弯，充分体现了其风水宝地的特征。

俯瞰外婆湾规划区，这里被一片翠绿包裹，群山环抱，川中民居和林盘散落其间，山水格局一目了然。这里的房屋建筑以青砖、灰瓦、白墙、木窗为主，规模可观，保存相对完好，属于典型的川中民居风格，是名副其实的实体编年川中民居博览园。可以1200栋传统川中民居石板房为依托发展景区特色民宿产业，带动当地村民致富。1200栋传统川中民居石板房，历史最悠久的长达500年，属于世界非物质文化遗产建筑群，可申请设立世界非物质文化遗产建筑保护基地。

总之，项目地环山十八峰，大沟十八弯，山水资源丰富，气候环境宜人舒适，植被茂盛。项目地盛产白芷，土地肥沃，保水力强，种植农作物优产度高，丰硕度好。林盘古居错落有致，观音文化灿烂久远，民风淳朴，是川中居家的典范。

我率团队提出要充分利用现代科技，加强与农业科研院所的联系，提升传统中药材的种植品质，同时进行以中药材为主的规模种植，引进台湾特色中药——牛樟，将农业上升至国际水平。通过种植牛樟树培养牛樟芝。牛樟芝在台湾民间被称为"森林中的红宝石"，是珍贵药用真菌，具有极高的研究和商业价值。三萜类和多糖体是牛樟芝中最重要的化学成分。多糖体的功效主要为降血压、降血糖、提高人体免疫力。三萜类则具有修复肝脏和抑制癌细胞繁殖等功效。

除牛樟外,同时种植白芷、石斛、芍药、佛手、菊花、连翘、玉兰等,均兼具药、花特性,打造以牛樟为特色的、食药融合、花果药融合、草本木本融合、养生观赏融合的中药材种植区。

要以此为依托,带动当地农民就业致富。与农业科研院所联系,提升种养殖业技术,同时为农村劳动力提供就业技能培训。中药材种植产业管理标准化,优化生产体系。产业面积标准化,优化经营体系。优势利用,招商引资扩岗位,不断壮大参与人群。

要挖掘并放大"外婆"文化。将外婆形象当作为观音在人间慈祥的化身,提炼观音文化,形成以"外婆"作为符号的特色文化,深度挖掘并放大"外婆"文化,创作以"外婆"为主题的故事、神话、诗词、歌曲、舞蹈、影视,形成独特的文化IP。以外婆不同样貌、老人与小孩一起玩耍等形象为模型打造雕像、景观小品,营造安详平和的氛围。

1. 培育童谣文化

外婆与孩童密不可分,每一个人在孩童时期都由外婆照料过。从外婆文化引申至童谣文化,挖掘童谣、儿歌、音乐等,配合各种游乐设施,形成特色童谣基地,开发童谣文化产品。以摇篮为原型设置各种手工文创产品来体现外婆湾的童谣感,开发外婆湾系列旅游纪念品。将外婆湾打造为"生命的摇篮"。组织当地农民手工制作童谣文化产品,开发外婆湾旅游系列纪念品，带动致富。

2. 老年教育旅游

为老年人提供各种教育课程：营养与保健、音乐与舞蹈、手工与园艺、文化知识、职业训练，以及对退休生活的适应等。以学习、毕业、拿文凭的形式，让"外婆湾"成为一所专业的、国际化的老年大学，所有来这里的老人都能有所收获，体验生活的乐趣，最大程度地展现"乐活"的理念。

3. 美食旅游

以外婆菜为主体，打造以乡村菜为主体的"好外婆"食品品牌，研发以观音文化为背景的外婆素食，开发外婆乡村菜、外婆田间菜等不同产品，形成像"老干妈"一样的知名品牌。

4. 康养服务产业

为不同年龄段的游客提供适合的康养服务：药浴，按摩，森林养生，健康餐饮，健身，以及瑜伽、太极等康养课程教学等。不只是老人，青年、儿童都能得到高品质、高规格的康养服务。

5. 专项地产产业

对现有房屋进行风貌改造，以石板房、川东民居等建筑形式体现，绘制外婆、童谣等形象的壁画，在建筑内进行怀旧又现代的精致装修，让居住的人都能产生一种亲切感。配合隔热材料、玻璃窗墙等高科技建造材料，让"外婆家"成为一种住得舒心、冬暖夏凉的房产品牌。"外婆家"房产品牌采用石板房、川东民居建筑形式，融合台湾特色，采用通风保暖的材料，打造"夏天低十度，冬天高十度"的舒适住宅。

认真探究外婆湾原规划后，我们发现原规划项目过多，特色不够突出，基于外婆湾的资源环境特色和文化底蕴，我率团队综合规划思路，对其进行整理提升和新增特色亮点项目。

根据上位规划、综合规划思路，我们确定外婆湾的旅游战略重点，与空间结构相结合，形成入口服务区、河沙小镇区、休闲农业区、儿童游乐区、康养度假区五个功能区：

1. 荷画人家

项目定位：荷花文化主题村。

策划思路：位于景区北入口，以荷文化为主题，打造一处全方位主题体验村落。

项目内容：荷画广场、醉荷客栈、香荷画馆等。

建设规模：占地面积 92000 平方米。

提升思路：主题村内增加外婆湾系列旅游纪念品售卖点；建筑壁画以慈爱和孝文化为主题，绘制外婆故事壁画。

2. 外婆家（提升）

项目定位：乡村精品度假酒店（原乡村酒店）。

策划思路：村落式民居酒店，对现状居民房在基本保持原风格的基础上，统一完善改造。

项目内容：乡村酒店、乡村广场、乡村美食坊等。

建设规模：占地面积 37700 平方米。

提升思路：酒店美食引进外婆菜系列，广场增设外婆文化景观小品。

3. 外婆菜餐饮区（新增替换）

项目定位：以当地特色菜肴为依托，建设好外婆菜馆，还原小时候外婆的味道，将外婆菜作为项目区特色品牌推广（原乡村餐饮区）。

策划思路：开发以外婆为前缀的鸡鸭鱼火锅、汤锅、干锅以及配料品牌，注册"好外婆"商标，打开更大的消费市场；开发外婆私房菜，为游客提供更加高端小众的服务；建立外婆菜美食品牌认证体系，聘请外婆菜专业厨师，从餐厅的食物、用餐环境、服务以及文化主题的搭配四个方面来对"好外婆"品牌进行认证评级，以吸纳更多美食加入这个品牌。

项目内容：好外婆菜馆、好外婆品牌系列食品售卖、好外婆坝坝宴、外婆私房菜。

建设规模：占地面积 53000 平方米。

4. 外婆湾音乐小街（提升）

项目定位：外婆湾音乐酒吧观景区（原荷塘月色）。

策划思路：荷塘之上装置人造"月亮"，以音乐文创为主题，打造夜晚水畔音乐主题创意小街。

项目内容：音乐文创小街、酒吧、水畔烛光晚餐音乐灯光秀等。

建设规模：占地面积 17400 平方米。

提升思路：引进台湾流行特色音乐，打造音乐主题创意街；结合音乐打造创意灯光秀。

5. 童谣文创中心（新增替换）

项目定位：童谣文创基地（原文青部落）。

策划思路：外婆湾童谣文创聚集区；同时打造童谣广场，利用地面铺装、钢琴雕塑、音符形象雕塑等不同形式表现童谣文化；建设文创园地，引入台湾文创团队，成立文创工作室；广场定期举办童谣大赛，与电视网络媒体合作，推出外婆湾童谣文化，提高来往游客的参与度。

项目内容：手工文创纪念品售卖街、童谣文创园地、童谣广场。

建设规模：占地面积59100平方米。

6. 四季滑雪场（提升）

项目定位：户外运动。

策划思路：为遂宁及西南地区民众打造一个具有全面健身功能、可供专业滑雪人员练习滑雪技巧、喜爱滑雪运动者学习滑雪的理想运动场地，为普及滑雪运动而努力。

项目内容：滑雪场、服务中心及其他基础设施。

提升思路：完善滑雪场基础服务设施，增加滑雪场周边绿化面积。

7. 紫薇谷花海

项目定位：以紫薇为主题的观光花海。

策划思路：面向所有年龄阶段的人群，以紫薇为主，其它四季花卉为辅，通过可视化、可触摸、可体验的项目，提供一处自然、静谧和淡然的休闲环境。

建设规模：占地面积 204000 平方米。

提升思路：增设基础服务设施，如休息长凳、垃圾桶等；增设区域内自助骑行设备，加强游客的体验感。

8. 外婆湾童话农庄（新增替换）

项目定位：通过建筑外观、童话景观小品等途径打造外婆的童话世界农庄（原田园欢乐谷）。

策划思路：让游客在农庄里就可以品尝各色无污染纯天然瓜果蔬菜，回忆童年外婆的勤劳与慈爱；在农庄内立起几个弹簧，托起一只小船，上面立一根桅杆，人站船上，能够体验地震的摇晃感觉，并将小船取名为"摇晃的记忆"；让游客享受土窑烤地瓜、烤土窑鸡的乐趣；不定期举办与农业有关的教育活动、趣味比赛，以及提供与场内动物接触的机会，游客可以借喂养小牛、挤牛奶、喝生奶的过程，体会牧场农家的生活。

项目内容：烤肉区、采果区、儿童游戏区、农耕体验区等。

建设规模：占地面积 94600 平方米。

9. 康养别墅群（新增替换）

项目定位：以现有川中古民居群落为依托，进行风貌改造，以石板房、川东民居等建筑形式体现，绘制有外婆、儿童等形象的壁画（原天府田园）。

策划思路：建筑外墙绘制有外婆、儿童等形象的壁画，在建筑内进行怀旧又现代的精致装修，让居住的人都能产生一种亲切感；配合隔热材料、玻璃窗墙等高科技建造材料，采用通风保暖的材料，打造"夏天低十度，冬天高十度"的舒适住宅；打造"外婆家"房产品牌，同时建立外婆湾特色民宿品牌，使得整个康养别墅区有家的港湾的感觉；依托保存完好的川中民居群落，争取世界非物质文化遗产项目。

项目内容："外婆家"房产示范基地、康养生活中心。

建设规模：占地面积 300000 平方米。

10. 外婆湾水上休闲大坝（新增替换）

项目定位：景区大型实景表演娱乐休闲场地（原露天实景演出）。

策划思路：利用大坝水幕，作为景区实景演出的背景，在大坝前设置大型演出广场，可设置成阶梯状，挖掘当地文化，不定期举行大型演出，演出如《印象观音三姐妹》《乡愁遂宁》《寨王传奇》等；坝体采用空心设计，内部作为大坝休闲茶馆主体，装修多采用竹、木、石、布、草等，提供特色养生茶，提供养生禅茶表演欣赏和体验项目；美化附近水域景观，打造外婆湾小型沙滩儿童娱乐区。

项目内容：康养茶馆、水幕表演、儿童沙滩等。

建设规模：占地面积约 20000 平方米（含水面）。

11. 外婆湾康养大学（新增替换）

项目定位：以川东民居的形式建造古色古香的康养老年大学，提供各种老年教育课程和绝对安静的学习环境（原禅境小镇和菩提精舍）。

策划思路：重点打造运动康养、生态颐养、老年文养三个方面，把老人的身心健康作为重要内容，创新理念，创新模式，把培养老年人群情趣爱好、提升文化修养作为重要内容，帮助老年人群开启第二人生；开展茶艺、手工课堂、手机摄影、书法（硬笔、毛笔）、老年服饰、舞蹈、老电影欣赏和创作等课程，完善老年大学会员制，建成四川省内一线康养教育品牌。

项目内容：教学区、活动区、生态游憩区、行政办公区、生活区。

建设规模：占地面积150400平方米。

12. 老年休闲中心（新增替换）

项目定位：打造外婆湾老年休闲中心，让所有步入外婆湾的老年人，不再为鸡毛蒜皮而斤斤计较，也不再为柴米油盐酱醋茶而奋斗，只为共同构筑一个童话世界般的家的港湾。

策划思路：外婆湾的气候温度适合老年人，扩大绿植面积，增加负氧离子含量，使其对气管炎、老慢支、哮喘有良好的理疗作用；依托项目地中药生产基地，打造老年休闲中心食疗体系，为老年人提供更完善服务。

项目内容：活动区、阅览区、老年健身器材区、餐饮区、健康医疗服务区。

建设规模：占地面积78800平方米。

13. 观鸟湖景观打造（新增替换）

项目定位：依托外婆湾内丰富的水资源和鸟类动物，打造观鸟湖景观，修观鸟长廊（原莲花观音）。

策划思路：建设国家鸟类观测站，和儿童爱鸟护鸟教育基地，举办观鸟节庆活动吸引游客。

项目内容：观鸟景观湖。

建设规模：占地面积7000平方米。

14. 观鸟平台（新增替换）

项目定位：紧靠观鸟景观湖，结合水岸打造景观台。

策划思路：依托丰富的鸟类资源，针对观鸟科考、生态旅游、摄影绘画等专项市场，打造特色观鸟节庆活动、鸟类摄影大赛等特色观鸟旅游产品；针对不同年龄层次游客，开发适合年轻人的户外远足观鸟、适合父母照顾孩子的亲子观鸟活动以及适合老年人的观鸟产品。

项目内容：观鸟景观平台。

建设规模：占地面积7000平方米。

15. 人造避暑洞穴栈道（提升）

项目概述：利用自然形成的地底的空间，可进入其中，形成方式可能是水的侵蚀作用，或是风与微生物等其他外力的作用，经过人工开凿后，作为茶室避暑乘凉。

提升思路：将玻璃栈道与洞穴相结合，打造避暑探险体验。

16. 儿童嘉年华（新增替换）

项目定位：利用雷洞山地势特点，建造儿童游玩的童话世界（原爱国主义教育基地）。

策划思路：在雷洞山半山坡选择视野开阔、地势平坦的区域修建独栋木屋，房屋格局效仿原始人类"聚居"的生活方式、随山就势、因地制宜布局，方便家庭出游，建筑材料可选用山石、木材、茅草等原生自然材料，突出自然古朴，弱化人工修饰痕迹；打造儿童素质拓展训练营，以及游乐场所，提高游客的参与度。

项目内容：素质拓展营、童话木屋、丛林探险、吊桥等。

建设规模：占地面积21000平方米。

17. 凤凰咀服务区（提升）

项目定位：景区服务区。

策划思路：广场部分北侧为园区游览车停车区，南侧为结合游客中心形成的休闲区，整体布置与建筑风格相统一，增加以外婆文化为主题的铺装及景观小品设计，打造精致的游客活动、休闲区域。

项目内容：服务区、公厕、停车场。

建设规模：占地面积62540平方米。

提升思路：停车场内小品和铺装以外婆形象雕塑图案为主，完善基础服务设施。

18."一带一路"儿童艺术长廊（红色教育基地）（新增）

项目定位："一带一路"儿童艺术体验基地（红色教育基地）。

策划思路：在"一带一路"的大背景下，将外婆湾景区道路打造为"一带一路"儿童艺术长廊，同时增设红军长征元素，以此为依托建设"一带一路"儿童艺术体验基地和红色教育基地。

项目内容：打造景区内特色交通廊道，山上人行主干道采用各类石头堆砌成"一带一路"上的著名景点的特色标志，以景区内主要道路串联；坡下人行主干道按长征路线顺序设置红色科普点，如血战湘江、飞夺泸定桥、遵义会议、四渡赤水、过雪山草地、陕北胜利会师等，表现方式包括石头雕塑、文字等；依托于此建设"一带一路"儿童艺术体验基地和红色教育基地，吸引有孩子的家庭寒暑假参观学习，重走长征路，充分发挥其寓教于乐的意义。

建设规模：八千米景区内主要步行道路。

国际老年大学、高品质康养服务等针对老年人设计的项目场所能很好地吸引老年人，对部分区域的景观打造、游乐设施的建立是吸引儿童的一大亮点。通过吸引老年人、孩童顺势吸引年轻人加入，"外婆湾"成为一个老少皆宜、健康乐活的国际性场所。因而直接受众就是婆婆爷爷及孙辈群体，间接受众是孩童父母与年轻人。

童谣与广场舞相结合，融合养生保健的动作，创作独特的"外婆广场舞"，通过网络、电视等途径推广宣传，营造"全民来跳舞"的浓厚氛围。

第三节　苏马荡半山药园康养村

利川市位于鄂西之北隅，东接恩施市，南接咸丰县，西南与重庆市黔江、彭水相邻，由西至北与重庆市石柱、万州、云阳、奉节交界。

谋道镇地处利川西北，是鄂西渝东的咽喉，318国道穿镇而过。该镇历史文化悠久，是晋代古南浦县遗址；旅游资源也非常丰富，有保存完好的国家级文物保护单位——被称为"土家第一山寨"的鱼木寨；有"南方第二大草原"之称的齐岳山；有黄中土司遗址——船头寨；有白莲教遗址——女儿寨。

项目周边道路有：318国道，西接万州，东接利川；谋鱼路，东接新老G318分岔路口，至鱼木寨方向；杉王大道，店子坪水库至新老G318分岔路口；009县道，西接新老G318分岔口，至船头寨方向；谋兴路，西接新老G318分岔路口，至苏马荡风景区；南浦路，东接G318，至建南。项目所在地南距利川42千米，北距万州64千米。

项目区域总面积约8500亩，现用地类型以农林用地为主，主要种植农作物、果树及林木；其他还有村庄建设用地、设施农用地及水域。

一、资源分类

笔者根据国家旅游局《旅游资源分类、调查和评价》（GB/T 18972-2003），对苏马荡景区旅游资源进行调查和分类，主要旅游资源涵盖5个主类、9个亚类、21个基本类型、包括多个旅游资源点，具体分类情况详见下表：

表 12-2　苏马荡景区旅游资源表

主类	亚类	基本类型	主要旅游资源	个数
A 地文景观	AA 综合自然旅游地	AAA 山丘型旅游地	凤凰山、甘坝子、新店子、鲜鱼塘、大山坪、坳山、乌龟山	7
	AC 地质地貌过程形迹	ACA 凸峰	麒麟峰	1
		ACC 峰丛	罗汉山、老虎山	2
		ACE 奇特与象形山石	将军岩、乌龟岩、罗汉石、夫妻岩、蛇山、心形石、轿顶石、石神、八斗台、香炉石、人头石、龙头石、鱼头石、峰子凳、棋盘石、三子抱母、玉兔岩、出人头地	18
		ACF 岩壁与岩缝	亮梯子、吊吊岩、手爬岩	3
		ACG 峡谷段落	情人谷、三岔沟、磁洞沟	3
		ACL 岩石洞与岩穴	岩洞、兵洞	2
B 水域风光	BC 瀑布	BCA 悬瀑	山涧瀑布	1
	BD 泉	BDA 冷泉	状元泉、长寿泉、好运泉	3
C 生物景观	CA 树木	CAA 林地	杉树林、松树林	2
		CAB 丛树	水杉原生群落、古银花杜鹃群落	2
		CAC 独树	水杉王、千年银杏、伞形古松、古黄杉、金银松、二号水杉、白树、刺树、红豆杉、古松三结义、相思树、米花树、水红树、鹅掌楸	14
	CB 草原与草地	CBA 草地	原生态森林内部分布有众多草甸	1
	CC 花卉地	CCB 林间花卉地	红杜鹃、紫杜鹃、银花杜鹃、金银花、向日葵、桔梗花	6

续表

主类	亚类	基本类型	主要旅游资源	个数
D 天象与气候景观	DA 光现象	DAA 日月星辰观察地	将军岩看齐岳山日出	1
	DB 天气与气候现象	DBA 云雾多发区	磁洞沟悬崖	1
		DBB 避暑气候地	苏马荡度假区	1
		DBE 物候景观	云海杜鹃、冰雪梯田、秋高红叶	3
E 遗址遗迹	EB 社会经济文化活动遗址遗迹	EBA 历史事件发生地	黄泥坳、关口古盐道、老店子	3
		EBB 军事遗址与古战场	石门坝	1
		EBC 废弃寺庙	文庙、关庙	2

1. 远近驰名的富硒之地

恩施市是迄今为止"全球唯一探明独立硒矿床"所在地，境内硒矿蕴藏量居世界第一，还是世界天然生物硒资源最富集的地区，被誉为"世界第一天然富硒生物圈"，是全球唯一获得"世界硒都"称号的城市。所产出的各种农作物和中草药里含有大量的硒元素，经常食用可以保护视力，提高免疫力，防癌抗衰老。

2. 极负盛名的药材村落

谋道镇药材社区特殊的地理气候，为众多中药材的生长提供了有利条件。

药材社区全村600余人以药材种植为主要经济来源，同时努力发展乡村旅游业。全村以苏马荡旅游风景区为依托，充分利用当地旅游资源，不断加大基础设施建设力度。药材社区秀丽的风光、珍稀的野生药材，还有山羊、山鸡等特产，都对远方的游客产生着越来越大的吸引力。

3. 底蕴深厚的土家族文化

恩施土家族苗族自治州的土家族文化可以追溯到春秋时期，这里是全国最大的土家族聚居区，走进现在的恩施土司城，更是能感受到土家族的热情。

在恩施州拥有的6个"特色文化村"中，利川市就占了2个，直至2017年，利川市户籍人口94万人，少数民族55.65万人，占利川总人口的59.2%，其中，土家族49.28万人，占52.43%，足见其土家文化的历史悠久。

4. 源远流长的民歌文化

利川传统灯歌仍保留下近百首，世界优秀民歌《龙船调》由利川灯歌《种瓜调》整理改编而成，据悉发源于柏杨坝一带，荣获湖北传世金曲之首，是湖北"十大区域特色文化品牌"。

不仅如此，相关单位还编辑出版了《利川戏剧曲艺》《利川民间歌曲集》《利川遗风》3部非遗系列丛书，举办过多次歌谣、戏曲活动，文化氛围浓厚。

二、发展战略

1.思路

经深入的调研讨论过后,我率团队确定了具体规划打造思路,即:以苏马荡景区现有资源为依托,以中药材种植、产品研发为主导产业,以全域旅游理念为指引,有机融合当地土家族等民俗文化、民歌文化,打造半坡田园·中药康养村,最终在此建立中国一流的中药科研繁育基地。

2.定位

我们认为苏马荡应该以中药种植、富硒农产品种植等农业为产业支撑,开发打造中药康养产品,以民歌文化为项目的文化底蕴,打造集农业、旅游、康养于一体的中国顶级全方面综合体,最终成为中国·苏马荡中医药康养旅游度假目的地。

3.产业

我们提出苏马荡应积极响应国家对于发展中医药产业、乡村休闲产业、文化创意产业、旅游康养产业等的相关政策制度,兼顾旅游开发与社会、经济、环境效益的协调,将旅游区打造为以苏马荡为背景,以中医药康养为主题,以中医药种植、中医药研究、富硒农产品种植为产业支柱的湖北苏马荡农业医养旅游综合体、中国中药科研繁育基地、国际生态康养度假区、苏马荡国家农业公园、国家中药文化体验基地。

4.布局

根据现今发展条件,结合发展构思及战略重点,合理统筹空间布局,我率团队将核心区总体空间结构划分为一园——中药产业园，两区——商业服务区、康养度假区。

5. 中药产业园——中药材科研繁育基地目标

（1）种植中国一流中药产品。

（2）打造中国一流中药品牌。

（3）培育中国一流富硒农产品品牌。

具体来讲，要发展以农业为主导的第一产业，实现农业与二三产业的互动发展，增加就业机会，促进农民增收。通过旅游发展，弘扬中药文化、民歌文化，实现历史文化的传承和苏马荡独特文化气质的打造。

6. 打造一园两区

一园：中药产业园。

两区：商业服务区、康养度假区。

（1）中药产业园

通过与中国中医科学院中药研究所合作，打造中药材科研繁育基地，以打造中国顶尖的中药产品为目标，进行各种中药材种子、种苗品种选育研究，建立濒危、紧缺、道地中药材数据库；建立濒危、紧缺、道地中药材种子及种苗的繁育技术、繁育体系和无公害栽培体系；建立中药材 DNA 条形码基原鉴定和品质评价体系；研究开发中药深加工技术，研究开发保健食品等。

（2）商业服务区

①文化商业街

打造思路：以土家族特色建筑打造文化风情街区，开发售卖土家族文化、楚文化、蜀文化的文创商品，提供各种湖北特色小吃，打造"苏马荡第一文化街区"。

②游客接待中心

打造思路：将现有办公区域打造为游客接待广场，设置景区大门，广场部分北侧为景区游览车停车区，南侧为结合游客中心形成的休闲区，整体布置与建筑风格相统一，以及以土家文化为主题的铺装及景观小品设计，打造精致的游客活动、休闲区域。

在特色文化小镇区域边缘处设置观景平台，为"小镇居民"、游客提供茶余饭后的散步休憩之所，在这里更可看见特色文化小镇和苏马荡的全景。

（3）康养度假区——田园民宿

打造思路：通过恢复、建造土家族建筑，以"微田园"景观模式打造寨形式的土家田园民宿区，完善室内设施装修，让游客近距离体验土家族生活。

①文化社区：远亲不如近邻，融合土家族文化打造特色文化社区集群，定期举行各种特色文体娱乐活动，让邻居成为朋友、成为家人，邻居之间不再有距离。

②特色文体娱乐：运动养生（太极拳、乒乓球、台球等）、娱乐交谊（麻将、棋类、卡拉OK、电影欣赏等）、艺文技艺（书法、绘画、音乐、戏曲等）、民俗活动（春节、元宵、端午、中秋等节庆活动）。

③康养医院：通过设立康养医院，提供居民特约门诊、康

复及照顾护理等医疗服务；定期健康检查、防疫注射与体能检测；配备专业人员，提供周详用药管理服务；规划居民个人健康计划，并提供养生处方；建立个人健康资料库；设置全天候监控中心并结合中华孝贤园医疗体系，确保高效率的紧急医疗救护功能；定期举办健康讲座、养生咨询等。

④森林栈道：打造思路是沿山修建森林游步道，以木栈道、青石板栈道为主，供游客散步、健身、游览风光。

⑤森林运动基地：打造思路是独特的地势地貌，是进行户外运动的绝佳之所。建立露营公园和立体户外运动中心，提供丰富多样的户外运动服务，让此地成为户外运动爱好者的天堂，更成为所有游客与户外运动爱好者的结缘地。

露营者所追求的"以天为庐、以地为席"的野趣将在这里实现，山顶良好的生态、优美的风景和开阔的视野，天然适宜开展露营活动。每年定时举办"国际露营节"，让各国露营爱好者齐聚一堂。

辐射区：作为远期项目，作为后期扩大发展中医药产业的区域，扩大中药材种植面积，与现存大花谷景区形成联动，发展中药和文化相融合的旅游项目。

三、项目构想

1. 中药产业

以中医药产业作为项目的产业核心，进行中医药种植、中医药产品研究，形成中医药产业链，打造中医药大数据库。

打造中药种植基地、中药养生体验馆，依托中医药材种植和优越的乡村自然环境，针对不同类型的旅客提供多种丰富的中药养生体验。

中药种植：黄连、五倍子、杜鹃、桔梗等。

中医药养生：食药同源、中医针灸、药浴汤池、药园漫步。

中医药旅游：采摘体验、中医药论坛、中药体验、中药科普。

2. 农业产业

立体种养，循环发展，构建可复制的有机生态系统。立足本土"富硒"优势农产品，全面关注食品安全及农产品消费市场动向，以道法自然、种养平衡的思路为指引，充分发挥"农业+"的叠加优势，进一步提升农产品价值，形成整个基地大循环，实现有机废弃物不外排，构建可复制的有机生态系统样板。

智慧农业监管，搭建"公司+农户"发展平台。对农业生产和开发进行实时监控，并搭建云共享平台对生产加工的数据进行收集和分析，为产业实时提供相应策略，同时以生态、健康、有机为主题，每一块农田，就是一户对应社区居民的后院，充满了泥土的气息。园区内利用地形条件，分别设计不同类型的农产品种植区域，搭建"公司+农户"的发展平台，保障农民利益，带动农民致富。

精选品种，林下种养。对现有的品种进行筛选，同时引进热销品种进行改良，同时依托区内林地资源生态环境，开发林下空间，发展林下种植、养殖、采集和旅游业，实现农林业资源共享、优势互补、循环相生、协调发展。

旅游商品：实现区内礼品农业率达50%。

挖掘富硒产品的附加产值，通过中药、农业产业初加工，筛选品相较好的农产品，发展礼品农业、商务农业等，打响苏马荡富硒产品品牌。

中药材种植选择价值高、食药同源、传统品种，绿色生态农产品种植选择大白菜、土豆等传统蔬菜。

中药材产业链延伸：研究机构、研究基地、高端前沿技术运用、论坛等。

3. 旅游度假

（1）大众项目，针对避暑人群，包括：核心区旅游景观打造花海花园标志性建筑、普通民宿、大众酒店、老年大学、文化演艺、观景台地、大众美食。

（2）中高端项目主要针对都市高端人群，包括：高端运动休闲、药疗药浴药食、温泉开发四季观景，游乐：春天、秋天、冬天项目开发，体现唯一性、特色性。

4. 文化、教育项目

巴文化、楚文化、蜀文化、土家族文化符号的提炼打造，民俗文化的提炼开发，文化产品的创作、创意。

六个一：一个文化小镇、一首歌、一部舞台剧、一部影视作品、一款动漫游戏、一个有影响力的节庆活动。

5. 美食：以生态、绿色有机农产品为基础，融合四川、重庆、湖北的传统美食、小吃。延伸至食品产业全链条，推出一两个有影响力的美食、小吃品牌。

以"农业+旅游、农业+科技、农业+文化、农业+工业、农业+康养"为抓手，充分发挥产业无边界的特性，大力推进产业融合与资源整合，不断拓展新领域，发挥乘数效应，做大做强以农业为引领的复合式产业经济，用产业融合发展思想把农业建设成该项目范围内的战略性支柱产业。

四、产业保障

1. 健全各专合组织，如桔梗合作社、柴胡合作社、土豆合作社等。

2. 培育各产业种植带头人。

3. 建立产业股份合作公司。

4. 建立定期技术培训机制。

五、效益

1. 社会效益

（1）创造就业机会，拓展农民就业渠道

根据世界旅游组织测算，旅游业每增加1个直接就业机会，社会就能增加3—7个间接就业岗位。旅游区的开发建设，将为当地农民提供大量的就业机会，农民不再只是从事农事工作，能够转变为产业工人。

（2）改善基础设施，优化经济社会发展环境

项目的开发将加快交通、电力、水利、能源、通信等基础设施建设步伐，有利于促进幸福美丽新村建设，提高农村生产生活水平，促进农村经济的快速发展。

（3）调整产业结构，促进经济与社会转型

促使传统农业开始向集约化、规模化发展，促进产业融合发展，带动当地第三产业的更快发展，改善区域经济结构和产业结构，带动相关产业发展，提高旅游业在第三产业中的比重以及第三产业在整个国民经济中的比例。

2. 文化效益

（1）特色文化得到保护与延续

项目的开发使区域历史建筑和风貌得到重视和保护，并通过旅游收入获得持续的资金支持；唤醒和强化居民自豪感，促进对村落和文化的自觉保护；特色文化的展示及游客体验等，提高了跨文化的理解度和宽容度；随着旅游发展的需要，特色饮食、习俗、生活方式、手工艺等传统民俗风情和特色得以确认、突出和延续。

（2）构筑文化经济产业链

将特色文化和旅游有机地融合，以当地的历史文化、民俗文化、村落文化等为依托，以文化创意基地、文化演艺剧场等为载体，发展文化创意产业，提升文化品位、塑造文化品牌。

3. 生态效益

在生态系统承载能力范围内，运用生态经济学原理和系统工程方法改变生产和消费方式，挖掘旅游区一切可以利用的资源潜力，发展一些经济发达、生态高效的产业，建设体制合理、社会和谐的文化以及生态健康、景观适宜的环境。生态经济是实现经济腾飞与环境保护、物质文明与精神文明、自然生态与人类生态的高度统一和可持续发展的经济。

基础设施的完善，使得生态环境得到明显改善；旅游开发使乡镇、街区等景观质量得到明显的提升；生物多样性和生物种质资源得到有力的保护；社区参与，全民受益，提高居民生态保育意识，促进资源的可持续利用；在保护的前提下利用旅游资源与环境，促进旅游经济和旅游目的地的可持续发展。

苏马荡中医药康养旅游度假目的地规划已经落地，为更多的人带去中医养生康养的休闲体验，并为当地带来综合效益的持续增加，这是资源、理论与运营的有机结合的又一成功案例。

第十三章 乡村治理与乡村振兴

微雨众卉新,
一雷惊蛰始。
田家几日闲,
耕种从此起。

[唐]韦应物《观田家》

"三农"问题一直是中央高度关注的问题。"三农"问题是指农村、农业、农民这三大问题。其独立的描述是指在广大乡村区域，以种植业（养殖业）为主，身份为农民的生存状态的改善、产业发展以及社会进步问题。系统的描述是指21世纪的中国，在历史形成的二元社会中，城市不断现代化，二、三产业不断发展，城市居民不断殷实，而农村的进步、农业的发展、农民的小康相对滞后的问题。"三农"问题是农业文明向工业文明过渡的必然产物。它不是中国所特有，无论是发达国家还是发展中国家都有过类似的经历，只不过发达国家较好地解决了"三农"问题。

　　党的十九大报告指出，农业农村农民问题是关系国计民生的根本性问题，必须始终把解决好"三农"问题作为全党工作重中之重。进入新时代，要如期完成全面建成小康社会的宏伟目标，我们必须要切实贯彻创新、协调、绿色、开放、共享的新发展理念，加快推进农业农村现代化。

　　多年前，我曾到过陕西礼泉县一个叫袁家村的小村庄。是时，这个小村庄户籍人口62户，268人，常住人口130人。多年过去，袁家村现在成为全国闻名的乡村振兴样板村。我参与见证了袁家村的蝶变。

　　袁家村地处陕西关中平原腹地礼泉县，处在西咸半小时经济圈内，312国道、福银高速、陇海铁路、107省道、关中大环线、礼泉旅游大道、唐昭陵旅游专线均在此附近，交通十分便利。该村依托颇为丰富的旅游资源，主要打造关中风情游、当地特色小吃、绿色农产品采摘、会议住宿接待、艺术文化传播、户外体验活动等特色项目，袁家村从2007年开始花了十年的时间，就成为陕西省乃至全国最受欢迎的乡村旅游胜地，被誉为"关中第一村"。袁家村以展现关中风情为主，全方位完善创意产业，大力发展乡村旅游，同时不断强化品牌特色，扩建关中民俗街，打造时尚和现代元素相结合的康庄文化娱乐街，总建筑面积2.3万平方米，涵盖了阿兰德国际会馆、关中客栈、各式酒吧、咖啡馆、书屋、书画院、国际小商品超市、多功能广场、养生堂和游戏拓展中心等30多家店铺。游客不但能够感受到农家氛围，品尝关中小吃，观赏关中小镇之景，还能够体验民俗文化元素与现代设施相结合的独特的生活情调，极大地满足了游客对于乡村旅游的观赏、休闲、娱乐的需求。

目前，袁家村的年客流量300万，营业额超10亿，其中有年利润300万元的粉汤羊血，有单日营业额高达29万元的酸奶铺。从客流统计数据来看，袁家村的人流在平日里达到4—5万，周末达到6—7万，国庆及春节等特殊节假日，最高客流可达20万人次/天。这样的经营客流数字已超过西安人气火爆的兵马俑和回民街，跃升为陕西排名第一的旅游项目。从经营收益来看，袁家村的餐饮业日营业额已经达到200万元，一年加上其他收入，可超10亿元，已经达到一个大中型城市中大型购物中心的营业水准了。

对于袁家村的发展模式不同的专家分析得很多，但我认为其成功主要抓住了核心的三点：

一是有一个坚强的领导集体。袁家村党支部书记郭占武是一个返乡的商人，他带领党支部村委会一班人，坚持全民参与、共同致富的发展理念，及时发现了市场的新需求，敏锐地捕捉到了旅游产业转型的新动态与趋势，从旅游消费转变为休闲消费，从门票经济转变为消费经济，通过自立项目、自筹资金、自组团队、自己策划、自己规划、自己设计，把这种新动态与趋势转化为实实在在的产品。袁家村坚持村集体所有土地，所有权和决策权自始至终都掌握在全体村民手上。股权平分给每家每户，清晰可量化，让整个袁家村的村民形成利益共同体。通过村党支部、村委会、村集体经济组织，形成党建团队、管理团队、经营团队，进而形成"传帮带"和集体分工协作机制，使袁家村整个项目的建设和发展，有了制度化的保障和团队性的支撑。在整个发展中，党支部、村委会一班人，既是发展的领导核心，又是游客服务中心，党支部村委会成员人人都是管理员、监督员、保洁员。

二是坚持不断创新。袁家村的成功就是一个村庄从自身实际出发，面向市场需求，不断让创新驱动发展的结果。袁家村坚持一产为二产提供优质原料，二产为三产提供名特产品，三产为一产二产开拓广阔市场，使农产品生产、加工制造和销售联为一体，改变了三个产业相互脱节，农产品生产者、加工制作者和销售者苦乐不均的状况，实现了由三产带二产促一产，三产融合发展的良好格局。

袁家村通过打造以关中民俗文化为核心的关中印象体验景区，从品牌、主题、创意、风格到业态、招商、运营、管理、制度等反复试验，不断探索，形成一个相容共生、互补兼顾、层次递进、环环相扣的村集体经济可持续发展闭环和成熟商业模式。袁家村从仅靠观光，逐步发展到今天，就是不断地创造新的话题，不断地创造新的产品。

三是坚持以农民为主体，共同富裕。袁家村坚持以农民为主体，倡导自力更生，核心是倡导诚实为本，在积极引进和吸纳外来资本和资源的同时，创建农民创业平台，让农户低成本或无成本进入袁家村经营，再将农户组织起来成立农民合作社，所有合作社股份对全体村民开放，相互持股，然后通过"作坊—加工厂—连锁企业"的形式，发展种养殖基地+订单农业，实现优势项目产业化。在休闲农业和乡村旅游产业的发展中，袁家村以关中传统老建筑、老作坊、老物件、农家乐、小吃街为吸引，引导当地农民参与经营，以充分满足人们对高品质旅游和休闲度假生活的向往和追求为重点，不断完善基础设施和服务功能，吸引各类人才聚集，全面扩大、充实和提升袁家村景区，解决全面提升的问题。现袁家村成为全国唯一一个村景一体、全民参与的AAAA级景区。村民"户户有资本、家家成股东、年年有分红"，还汇集了来自全国各地1000多名创客、一万多名从业者成为"新袁家村人"。

在现代田园牧歌理论影响下，袁家村把自己的生活做成旅游，做成了人人羡慕的诚实社会、人人向往的现代田园乐园。

图 13-1　袁家村

袁家村的蝶变印证了现代田园牧歌理论关于多元主体共唱乡村协奏曲的理念，为其他地区乡村积累了可借鉴的成功因素：

第一节　建设一支强有力的基层干部队伍

习总书记讲："致富不致富，关键看干部。"我们在调研中也常提"一看房二看路，三看环境四看树，看看地看看家，更要看看村干部"。也就是说，发展好的乡村总是会呈现出一些共性特征的：房好路好，水清树茂，耕地保护好，庄稼好，农家好。而这些都很大程度上归功于乡村工作中的带动人。在几十年的乡村工作经历中，笔者对此深有感触。基层干部队伍对乡村发展的影响十分巨大。只有建立起科学高效的基层干部队伍，乡村才能踏上全面振兴的快车道。

我们认为高效科学的基层干部队伍应该满足两个条件：一是懂乡村，乡村的发展要以落地生根为前提，发展要素要适合乡村的土壤，因此，需要有懂乡村、爱乡村的人；二是有活力，有活力是指领导干部具有创新意识，能理解并将现代化的新要素、新产业、新形态引入到乡村的发展中。

中国的农村并不缺懂农村、爱农民的人，许多基层干部对乡村的一草一木如数家珍，对农民家里的情况了然于心，这些干部植根于乡村，对乡村怀有厚重的深情。许多基层干部为了乡村的发展殚精竭虑。现在我们缺的是有活力、有创造力，能够灵活运用新理念、新技术、新业态的思维。

中国的农村由于长久的不充分发展，在逐渐衰落的过程中直接导致了农村内生发展动力的缺乏，有思维有能力的人走了出去，留守农村的人因为信息、眼界与资源，往往滋生了小富即安的心理状态，他们思想不解放、不敢闯、不会闯、不想闯市场，创新创业氛围不浓，面对新的形势甚至不知所措，甚至因为自身利益对新产业新业态保有消极的观望态度。这样的状态就像性喜密集群栖、不爱动的"沙丁鱼"，急需要一条"鲶鱼"去搅动，激起其发展的活力。

以成都市新都区三河村为例。四五年前，村子主干道是一条坑坑洼洼的泥巴路，沟渠破烂。2013年，"足球迷"谭杰当选为村支书，谭杰发现村子和周边喜欢踢足球的人很多。于是在2013年，在谭杰的倡议下三河村成立了成都市首个正式注册的农民足球俱乐部。2016年，村里建了第二个塑胶草坪足球场。球场建好后，村里人气旺了。村里又相继建起了足球餐厅、农产品超市、垂钓场、农家乐、休闲农场、现代民宿，村民的就业机会和收入不断增长。

顺着"文体与乡村联姻"的道路，在新都区发展文创产业的规划引领下，三河村还与位于区内的四川音乐学院合作，引进优秀乐队入驻村里的咖啡吧，并请来团队总体设计"音乐文创村"，打造了三河村的又一张名片。此外，今年底，一个由废弃工厂打造的音乐公社将正式对外开放，届时将有3—5家音乐工作室入驻，将成为一个集音乐教育、培训、表演和孵化为一体的文创产业聚集地。

由以上案例可以说明对于沉寂的乡村来说，现在缺乏的或许并不是资金或其他发展要素，缺乏的就是一条能够搅动，带来氧气与活力的"鲶鱼"，乡村要发展必须要有一个充满现代化活力的带头人，充当这个带头人角色的一定是村镇两级党政领导干部。当下，乡村振兴作为国家战略被摆上了时代使命的高度，党中央国务院为乡村振兴制定了深谋远虑的顶层设计，安排了一系列切实可行的优惠政策和财政支持，为乡村的振兴提供了制度与要素支持。然而，使乡村振兴战略落地生根，利用好这次时代机遇盘活乡村发展要素、激活乡村发展动力，这一切都需要基层党员领导干部来实现。

乡村振兴的关键是人才队伍建设，建立一支有活力有创造力的基层领导队伍是关键中的关键。十九大报告中提出培养造就一支懂农业、爱农村、爱农民的"三农"工作队伍，"懂农业、爱农村、爱农民"九个字完整地构成了新时代"三农"工作队伍的基本能力素养。以此为目标加强农村基层干部队伍建设。从队伍结构上，要把人才资源向农村向基层倾斜，通过录用、调任、选派等一系列方式，将有活力、有理想、有创造力并且有专业素质的年轻干部、后备干部引入乡村，从而优化村干部队伍结构；从业务能力上，要加大干部教育培训力度，提高基层干部队伍素质，特别注意培养基层的创新意识技能；从制度设计上，要为基本基层干部工作留有更多的空间和耐心，要让他们在红线上有宽广的舞台，并从制度设计上给予其一定的保障及激励措施，同时要从制度上严格规范农村干部施政行为，预防与管控基层"微腐败"与"非农化"。

村镇基层干部是老中青年龄结构、流动性外乡人与留守性本乡人的合理结构，要出台科学创新的乡村干部人才体系，避免一刀切。

第二节　健全农村基层组织，强化德治法治

袁家村的成功告诉我们，乡村振兴成功与否，就是看乡村的基层组织健不健全、民风正不正、各种利益分配合不合理；建立健全农村党支部、村委会、监事会等基层组织，这是农村基层治理的基础。同时，大力支持农业经济组织参与基层治理，如互助社、专合组织、中介组织。农村经济合作组织既是农村经济活动的组织者、参与者，也是基层治理的主要参与者

和重要途径，它关系到农村各种利益的分配形式。

用大力弘扬社会主义核心价值观，弘扬中华传统美德，培育社会公德、职业道德、家庭美德、个人品德等强化德育教育；用持续"普法"提高执法守法意识，用村规民约规范群众的行为，就是要塑造良好的乡风、村风。

完善乡村治理的监督机制。要按照自治、法治、德治相结合的思路统合以村民委员会、村民议事会、村民理事会、村民监事会、村民等为主体的内部监督主体，内外合力实行乡村治理事务的监督。

第三节　重塑乡贤文化，用好新乡贤

古之乡贤，是指在乡村社会中德才兼备，被乡人所推崇敬重的人，凭借自身的感召力和人望，他们在乡里教化风气，传承文脉，成为稳定乡村秩序，推进乡村建设的重要力量。中国传统乡村社会一直有着浓厚的重贤、尚贤的良好风尚，并由此构成了独具中国特色的乡贤文化。

唐朝《史通·杂述》记载："郡书者，矜其乡贤，美其邦族。"明朝，朱元璋第16子朱栴曾撰《宁夏志》列举"乡贤"人物，开始建乡贤祠，凡进入乡贤祠的人既要有"惠政"，又要体现地方民众的意志。清代，不但建有乡贤祠，还把乡贤列入当地志书。

我们说乡贤文化是凝聚中国海内外人士的文化纽带。乡贤文化是一个地域的精神文化标记，是连接故土、维系乡情的精神纽带，是探寻文化血脉、张扬固有文化传统的精神原动力。在过去城乡关系失衡、乡村发展不充分的时代背景，中国的农村精英为了自我理想的实现，为了家庭生活条件的改善，或被动或主动地离开了农村转而大量涌向城市，富有活力的血液在生存的压力中抽离了乡村，造成了乡村发展的"贫血"，更加速了乡村的衰落。城市的突飞猛进与乡村的衰落，断裂了传统的乡贤文化，其根本原因在于城乡在生存环境、基础设施以及发展前景中的巨大差距使得能人"有乡愁"却感叹"回不去"。

"报效乡梓""落叶归根""光宗耀祖"是传统普通大众内心深处的文化基因，乡村精英进入城市，拥有仍处乡村的人不可企及的优势，但在传统浸染的血液里，他们的根在乡村，与乡村有割不断的血缘关系和乡土情结。如今，乡村振兴作为国家战略为乡村未来的发展带来了新的曙光与希望，城乡关系从失衡将走向融合，乡村将是与城市并行而存在的生活空间，在这样的背景下，新乡贤文化也因之有了重塑的可能。

传统乡贤的主要作用在于教化一方百姓，维护乡土人伦与秩序，主要发挥了基层社会治理的作用。而今，在市场经济下，我们需要扩充乡贤文化内涵，重塑与时代相适应的新乡贤文化，新乡贤应该是乡村产业发展的推动者或新动能，是实现乡村振兴不可或缺的力量。

在乡村振兴中，新乡贤是一种重要的战略资源，充分利用新乡贤的力量，将大大推进乡村振兴的速度。然而，要引凤凰来，需种梧桐树。哪些人有潜力成为新乡贤，如何唤醒他们的乡愁，感召其投入到乡村的振兴中，就是我们需要继续思考的问题。

从主体上来看，有威望的退休公职人员、有影响力的成功经商人士、学有所成的专家学者、积累了丰富经验的返乡务工人员，其共同点是：对家乡充满感情，见过世面，有一定的经济实力，有公益心，也有奉献精神。这四类人将是具有开创能力的新乡贤。如何让新乡贤投入到乡村振兴的过程中，并且发挥引领和示范作用？笔者认为，需要做好以下几点：首先，要在全社会培育新乡贤文化，营造反哺桑梓的社会文化导向；其次，在制度层面消除阻碍乡贤参与乡村发展的体制机制障碍，推动新乡贤的资金、技术、文化等现代要素向农村顺畅流动；最后，在实践层面，当地的党委政府要注重与新乡贤的联络。党委政府可利用重大节假日回乡恳亲的机会，主动与他们取得联系，利用座谈会等形式加深各方的交流，并主动为其回乡介绍项目、创造条件，从而实现人才回乡、信息回馈、企业回迁、资金回流的"新乡贤经济"。"告老还乡""解甲归田"是新乡贤的重大人力资源，我们要大力宣扬并加以鼓励。

第四节　充分发挥农民的主体作用

第六次全国人口普查结果显示，我国 31 个省、自治区、直辖市和现役军人的人口中，居住在城镇的人口为 6.65 亿人，占49.6%；居住在乡村的人口为6.74亿人，占50.3%。不难看出，即使经历了过热的城镇化运动，居住在乡村的人口也超过城镇。长期以来，由于城乡发展不平衡，乡村出现明显衰败现象，大量空心村出现。乡村由于其居住人口分散，生态环境相对好，适宜从事食物生产、加工与销售以及文化旅游方面的产业，因此乡村振兴对于中华民族伟大复兴具有重大的战略意义。

农民是主要劳动力，是发展农业、建设农村的主力军。农民的脱贫致富是三农问题中最重要环节，是发展农业、建设农村的基础。农村的经济社会发展，说到底，关键在人，关键还是在于农民自身。解决好"谁来种地"的问题，就需要培养造就新型的职业型农民队伍，确保农业后继有人，"三农"问题才能够得到真正解决。

我们提出现代田园牧歌理论认为，要把加快培育新型农业经营主体作为一项重大战略，以吸引年轻人务农、培育职业农民为重点，建立专门政策机制，构建职业农民队伍，为农业现代化建设和农业持续健康发展提供坚实人力基础和保障。

尤其要解决好"谁来种地"这个问题，这对我国农业农村发展和整个经济社会发展影响深远。解决"谁来种地"核心是要解决好人的问题，通过富裕农民、提高农民、扶持农民，让农业经营有效益，让农业成为有奔头的产业，让农民成为体面的职业，让农村成为安居乐业的美丽家园。

现代田园牧歌理论提示我们，农民是现代田园牧歌的主体，让农民愿唱、能唱、唱好田园牧歌，形成脱贫致富的现代田园牧歌的合唱队，是现代田园牧歌的核心和终极目标。坚持农民的主体地位是乡村发展的基本要义，为乡民营造良好的生活环境，帮助农民实现对美好生活的向往是乡村发展的最高追求。乡村建设要始终把基础设施和公共服务设施建设作为重中之重，建设优美适宜的生态居住环境，要优先将学校、医院、图书馆、广场、公园等公共基础服务设施纳入规划建设，不断改善交通设施、通信设施及能源供给设施，以满足当地村民的生活与工作要求。

我们看到长期以来由于城乡差距，农业不挣钱，农民纷纷撂荒进城去打工。目前的严峻形势是，年轻人根本就没有将农业作为一种能够养家糊口的职业。"70后不愿意种地，80后不会种地，90后不考虑种地"，从事农业的农民平均年龄57岁以上，农业变得后继无人；乡村留不住年轻人，更吸引不到青年人才，是乡村缺乏动力的根源所在。目前，各个城市为了吸引年轻人展开了城市间的"抢人大战"，吸引了社会各界的关注。与此同时，乡村面临着更为严峻的人才断代。这种断代是情感、技能与动能的全方位断代。笔者曾在一所大学进行过调研，发现95%的农村生源学生选择了留在城市，另外，涉农专业的学生也有超过70%从事非农职业。农村走出去的年轻人不回来，学农的年轻人不愿去农村，正是当前人才流动的真实写照。当前对农村有情怀有乡愁的人主要集中在50后、60后、70后，80后、90后、00后对乡土的情感脐带如何维系，乡愁如何植根于他们心中，在生产劳动及自然教育因注重升学的教育观而严重缺失的当下，不但是城市孩子，连农村孩子对乡村的根脉情怀也正出现断层。他们的记忆里没有乡村，他们怎么会有乡愁呢？

如何吸引年轻人、如何留住年轻人，成为乡村振兴亟待解决的问题。笔者认为要解决这个问题，要从以下几方面着手：

一、树立"农村同样大有可为"的就业观

要将年轻人引入乡村、留在乡村，一是要扭转青年人才片面的就业观。人才资源本就是流动的，年轻人向往更好的职业前景、更大的发展平台，是值得尊重且鼓励的。不过，一味认为农村不如城市的就业观念就是片面的。随着乡村振兴战略的推进，农村将会获得更多的社会支持、政策支持，现代化农业体系建设将会加快，农村将会产生大量的创业机会，青年人同样大有可为。基于乡村战略背景，投入乡村的发展与个人职业发展不再是"硬币的两面"。随着高校的扩招，大学生队伍规模宏大，大学生面临前所未有的就业压力，我们应该抓住机遇，合理引导青年人投入农业、返乡创业，不仅解决了学生的就业问题，而且能够促进"三农"问题得到解决。

二、在乡村创造更广泛的就业机会

笔者在调研中发现，在一些西部小城市中一个小饭店都能以一两千块钱雇用到年轻服务员，但一些涉农企业即使用五六千的工资也请不到一个现代农机操作员。究其原因现在的年轻人普遍不愿意"种田"。不仅如此，很多农学专业的大学

毕业生也不愿到农业领域就业，而是选择从事电商、旅游、餐饮等行业。因此，农村单纯的一产或者二产已经难以留住年轻人，只有三产或者以三产为引领的融合产业才能留住他们。

因此，对乡村振兴作产业规划时要尽量走产业融合发展之路，一是可以留住年轻人，二是能够提升产业发展质量和利润。不仅如此，在产业融合中还可以逐步引导年轻人由服务业向农业、加工业下沉，解决农业人才缺乏的问题。而出台与城市一致的人才政策是留住乡村人才的根本保证。

三、为年轻人营造更好的乡村生活环境

体面的工作环境是当今年轻人择业考虑的一个重要指标。笔者在基层调研时看到，凡是能留住年轻人的乡村，环境大都优美，比如旅游景区和田园综合体。因此，乡村振兴一定要生态优先，把环境建设好，把基础设施建设好，让年轻人待得住。近两年来，随着特色小镇和美丽乡村的建设，一些城市年轻人开始到环境优美、设施齐全的乡村去创业，他们或是发展家庭农场，或者搞文化创意，或者搞民宿旅游，成为乡村振兴的重要力量。

从农村现实来看，农业现代化，不仅需要年轻人的回归，更需要各种适应现代农业的懂科学、懂管理、懂经营的新型农民。笔者在现代田园牧歌理论中提出培养中国新型农民八大路径：

一是提升农民文化素质。提升文化素质，培育有知识、有能力、有理想的新农人。振兴乡村的历史使命需要有知识、有

能力、有理想的新农人来担当。只有农民的文化素质强起来，农业才会强起来，农村才能富起来，农民才能够真正获得成就感和幸福感。教育扶贫比经济扶贫更重要，因此，乡村振兴战略的重中之重是优质教育资源向农村转移，使更多的农民能够享受到中高等教育，使农村的孩子能够享受到相对优质的基础教育。

二是提升农民现代技术能力。提升现代技术培训，培育懂农业、懂技术、懂管理、具有现代技术能力的职业农民，这是振兴乡村的生力军。当前，农村青壮年劳动力大部分流向了城市，农业劳动力以留守中老年人为主力，这种现状妨碍了乡村振兴战略的实施。因此，引导农民返乡，并全面提升农民的现代技术能力和素质，培养一大批懂农业、懂技术、懂管理的新型职业农民，这将是乡村振兴成功的重要保证。要整合各种培训教育资源，加大政策扶持力度，强化新型农民的教育培训，使之尽快适应现代农业的需要；要继续依托农业技术推广服务体系、新经济组织、农业示范基地和龙头企业，开展岗位培训、技术指导、技术交流、科技示范和成果展示，逐步完善配套各种政策措施，将传统农民向职业农民转变。

三是提升农民经营能力。一要让农民认识和了解市场，树立强烈的市场意识。二要有强烈标准意识。要学习和掌握农产品质量标准体系、质量安全检验检测体系、质量安全认证体系、信息服务体系，从而将农业生产的全过程纳入标准化的管理系统。三要提升品牌意识。要充分认识和了解有品牌才有市场竞争力，才有信誉。要把已有的农产品品牌保护好、发挥好，并高度重视新品牌的培育。

四是提升农民家庭财产收入，搭建农村房产证、宅基地证、土地经营权的交易流转平台。

五是通过农家乐、家庭农庄、农场等方式提高农民经营性收入。

六是提高农业政府性补贴和完善农业金融服务产品。

七是培养一定规模的现代农民领头人，逐步将农民一词，从身份变为职业，壮大现代职业农民大军，改变全社会几千年来对农民的文化认知。

八是要创新农村新经济组织形式，坚持"民办、民管、民受益"的原则，大力发展以"专业协会、专业合作社、专业市场、专业场园、专业大户"为特色的"五专"组织。采取"企业＋协会＋基地＋农户"等模式，通过合同订单方式，建立企业与农民合作组织、基地、农户的合作关系，实现企业、协会、农户三方共赢，带动农民持续增收。

同时，我们更要注重乡村内部人的价值实现。

我们发现在当前乡村振兴规划中，有的乡村在一定程度上忽略了对当地人力资源结构的调查研究，项目推动中还依靠"赶走农民圈地"的开发建设模式，损害了当地农民权益。我们强调在乡村项目的规划中，要率先考虑人的规划，考虑到乡村中人的价值实现，如产业企业带头人、农场新型农民、农村生产能手、乡村旅游人才、农业电商人才，甚至老人、妇女、儿童等，都要纳入统一发展的规划之中，要根据乡村人力资源的不同特点及优势，形成科学合理的人才规划，让乡村振兴中的每一位农民找到实现自己价值的生产场和生活场。

第十四章 疫情严控阶段对乡村建设的影响和思考

2020年，突如其来的新冠肺炎疫情深刻地影响了全球的发展形势和进程。许多人会问，疫情对我们社会经济带来的影响如何正确评估？2020年经济发展态势如何准确把握？笔者认为我们要从多维度多层面全局认识，要正确认识到疫情后，我们国家社会经济所面临的形势。

笔者认为对疫情影响的评估，我们要坚持科学的态度，坚持"不高估，不盲目；不低估，不悲观；不等待，不错过；克时艰，促转化"的原则。估低了疫情的影响，盲目地乐观，会对后期的发展困难估计不足；过高地放大了疫情的影响，让我们对发展产生悲观情绪，失去发展的信心，沉湎于疫情的悲痛之中，失去了发展的机会，更是不可取的。我们已经尝到了在疫情战中错失战机的苦头，不能再错过发展的战机。面对眼前的困难，更要坚定信心，发扬疫情防控阻击战精神，防止疫情的次生危害，变危机为转机。

据我们的调研，疫情对以下四个方面将产生深远的影响。

第一，对社会文化的影响。这次疫情从广度、深度及时间的长度，都是我们在经济社会发展中遇到的一次大考、一面镜子，将对社会心理、社会公德、社会风尚带来重大的影响，对国家的精神面貌带来重大影响，我们怎样应对、怎样消化吸收，从而变成每个公民、每个组织的精神力量和文化素养，来凝聚力量、增强信心信念，这是一个需要用新的方法来转化的系统社会工程。

第二，对社会治理的影响。抓紧健全更科学的国家治理、行业治理、基层治理，将地方政府的积极性和社区的主动性、积极性几股力量汇聚起来，减少行政管理成本，提高社会运行效率。

第三，对经济发展的影响。在这次疫情中，不同的行业受到的冲击各自不同。疫情给旅游、餐饮、娱乐等行业，带来了灾难性的短期的打击，对一二产业影响也不容忽视，对人们的消费习惯、对企业的经营模式、对新兴行业的催生，都将产生长远的影响。要坚持根据轻重缓急，在发展中找到解决问题的方法，具体应对。

第四，对国际竞争力的影响。这次疫情牵动了世界的目光，让全世界通过这次疫情进一步了解中国的定力、组织力，认识中国的国情、中国经济的韧性。将进一步促进与中国的文化交流、经济合作，重新评价中国的国际形象和国际竞争力。

结合上述影响分析，要统筹经济社会发展和疫情防控两个大局，需要的是全局的、系统的应对。从某种意义上说，最大的决定性不是疫情本身，不是疫情40多天的时间，给我们经济带来的损失，在乎我们如何面对它，我们是否有能力转化它，从而激活中国社会经济从复苏到持续发展的新动力。笔者认为，我们可以从以下方面来认识和把握中国发展新动能：

一、公共服务振兴计划带来的新动力

公共服务振兴计划是针对我们国家在这波疫情大考中发现的我们公共服务中的短板、社会治理中存在的问题，制定的一系列振兴计划。纵观世界发达国家，良好的公共服务设施，是国家富强、人民富裕、经济持续发展的保障，也是刺激经济发展重要的手段。疫情之后，我们不是零散的，不是局部的公共服务设施的建设，而是站到国家战略的层面，推出公共服务设施振兴计划。在振兴计划的背景下，凝聚各种社会要素和经济要素，在全国形成巨大的产业需求和产业推动力。

二、科技振兴计划带来的新动力

疫情对全国人民是一次全社会科技文化素养的教育。在重大灾难面前，我们对科技的呼唤、对科技人才的呼唤，形成了非常的认识，科技兴邦再一次被提到从未有的高度，我们必须顺民心，聚民意，在现有科技发展、科技兴国的基础上，提出更高的，调动全民从教育、社会生活、企业生产方方面面参与的科技战略，形成国家层面、社会层面的科技振兴计划，激活更多的要素，形成更强大更具竞争力的科技体系和经济组织。

三、文化振兴计划带来的新动力

文化振兴计划是源于我们国家文化自信的深入实践，必须大力推动的文化事业和产业两个方面的建设，目前我国文化软实力还有待进一步发展。产业层面，在国内国际两个市场占比很小，有极大的发展空间。根据世界经济规律看，每当灾后刺激经济的时候，都会出现文化的"口红效应"，人们对文化的需求更加迫切。日本在灾后兴起的动漫、数字经济，韩国大萧条后兴起的以影视为主的文创产业，都是借口红现象及时实施文化振兴计划的结果。推动文创产业、文化娱乐业的发展，增强文化创意产业在国际的竞争力，时不我待。文化振兴计划的推出，既能振奋人心，激发社会活力，又能极大地促进就业和拉动社会需求。

四、以脱贫攻坚推动乡村社会经济转型发展的新动力

今年是脱贫攻坚的收官之年、逆水行舟，不可懈怠。以脱贫攻坚为抓手，壮大村集体经济，激活农村的房屋产权、集体土地产权、集体资产产权，让大量的城市人才、资本能够下农村，既巩固了脱贫攻坚工作，又激发壮大以集体经济为主的乡村社会经济。以粮食安全为抓手，启动全国丢荒地工作，让大规模荒地利用拉动经济内需。

五、以中医药为核心竞争力的大健康产业的新动力

这次疫情，中医药让其产学研部门以及广大社会乃至国际社会，重新认识了中医，将对中医药形成很大的需求。中医药在国内市场以及国外市场还有很大的发展空间。现行康养产业、中医药产业面临两个巨大的市场需求。然而，我们当下的康养产业，更多的是休闲度假、房地产产业，将康养产业，将中医药产业作为核心竞争力，形成一二三产业融合的大健康产业，将真正让中国的康养产业成为全球康养产业中最有竞争力的产业，占领行业制高点，拓展国内国际两个巨大的市场。

六、健全完善全社会社工组织带来的新动力

结合疫情后的社会治理，尤其是基层社会治理，发展完善社工组织，要加快在社会服务、社会管理领域帮助有需要的个人、家庭、群体、组织和社区。鼓励社会组织、社工企业整合社会资源，协调社会关系，预防和解决社会问题。对疫情后各

种社会问题和各类处于困境的社会成员进行专业化"诊疗"，弥补了政府公共服务的不足，激发社区活力。推进社会企业、社工组织与国际接轨，提升服务水平、服务能力。

七、生物技术产业带来的新动力

疫情让我们对生命科学、生物技术有了更紧迫全新的认识。我国生物技术产业起步晚，产业小、散、弱。以生命科学为核心的生物产业，必然会出现像芯片一样的国际竞争。目前，美国在生物技术领域处于全球领先地位，无论是在研究水平和投资强度上，还是在产业规模和所占市场份额上都是如此。我们在生物技术产业中要抓紧布局，高水平布局，全面发展生物医药（服务产业）、生物农业（资源产业）、生物能源、生物环保等，以及生物工业（生物制造产业）、微生物工业，孵化如华为一样伟大的企业。要以龙头企业带动全产业链、知识链、人才链，形成生物技术产业的国家优势。

八、外贸和"一带一路"企业带来的新动力

在人类命运共同体意识下，实施经济共同体战略。在新形势下，要根据市场变化，创新外贸新业态、新模式，加强出口信用支持，推进友好城市合作交流，深化服务贸易创新发展，鼓励企业用好自贸协定优惠政策。各地要根据地方实际，千方百计保障外资企业减小疫情影响，做好外资大项目跟踪服务，打造最佳政策环境及市场环境、人文环境。要紧跟"一带一路"倡议步伐，构建应对国际贸易局势的多重保险机制。

九、军民融合企业带来的新动力

通过这次疫情阻击战,我们可以深刻感受到军队技术、人才、设施设备进入了疫情主战场,为赢得疫情阻击战立下大功。军民融合战略在疫情后要更深入研判和完善,进一步形成一个统一的国家科技创新体系。通过对军工企业等部门进行一系列改革创新,促进国际前沿高新技术的快速发展,加快军用技术与民用技术的融合。完善"以军带民,以民促军"政策,将我国国防与国家经济带入更高更优的发展阶段。

十、盘活存量经济带来的新动力

不少省市县、不少地区存量企业、存量经济规模巨大,很大程度上是与我们的行政领导能力有关,与新官不理旧事的政绩观有关。清理全国具有市场潜力不属于"僵尸企业"的存量项目,出台新政策激活存量项目,帮助地方政府按规定时间支付企业欠债,增大企业现金流,从而盘活历史遗留项目,提高地方政府执政能力和行政效率,根本改变个别政府赖账形象,以诚信政府推动诚信社会秩序建设。

根据笔者多年致力于三农研究的经验来看,疫情对乡村经济社会既有影响又是机遇,更多的是乡村社会经济将面临多方面的变化。正确地评估疫情带来的影响,认识疫情对推动乡村社会经济的变化,对完成全面建设小康社会和完成脱贫攻坚收官年的战略任务至关重要,同时也对在现实国际国内环境下保增长、取发展、抓好乡村工作具有重大的意义。

第一,疫情对乡村社会经济的主要影响,特别是对农民工就业的影响。这一次全国上下的第三产业,直接受着疫情的影响,不少餐厅、旅行社等关门,直接造成农民工失去工作岗位,各省交通的封闭,制造业开工的推迟,为农民工的收益直接带来了短期的影响。各城市交通人流、物流的减弱或停止,给大量基层的从事物流、人流工作的就业人员造成了明显的影响。

第二,给乡村养殖业带来的影响。疫情给不同地方的乡村的养殖业带来的影响不同,个别地方较大,由于交通道路的封堵,食品进不去,饲料进不去,产品出不来,直接造成很多地方养殖业的损失。

第三,对乡村旅游农庄、农家乐的影响。春节期间是乡村旅游、城市出游的高峰高潮期,乡村旅游、乡村农业几乎没有开门,颗粒无收。一些备货的家庭,农场、农庄大量存货积压。

第四,对种植业的影响。由于物流等影响,不少农产品卖不出去,发不出去货,造成了种植业农产品的积压。

同时,笔者认为相对于现在的损失和苦难,这次疫情给未来我国乡村社会经济如何变化带来的影响更大。对"三农"来说,后疫情时代面临八大变化。

第一是推动城乡融合步伐加快。这次疫情造成持续在城市社区的封闭,让人们更加向往田园生活,将形成田园生活回归的热潮,从城市让生活更美好,到乡村让生活更美好,双轮驱动,社区支持农户的合作模式将广泛得到推行。

第二是村级社会组织力将更加有力。这次疫情充分体现了村级组织在社会应急中的重要作用，村委会、村级支部、村级自组织在这次疫情的网格化管理中发挥了重要的作用，在村级的熟人社会，人们彼此知晓相对封闭相对安全，对疫情的扩散起到了很好的隔绝作用，而疫情期间大家的生活相对平稳。

第三是乡村旅游经济的转型更为迫切。疫情之后乡村旅游经济将会逐渐出现复苏，从活下来导致热起来，同时乡村旅游将对环境卫生、食品健康提出更高的要求，对会员制模式、会员制消费，将提出更高的要求。

第四是乡村公共卫生体系会更加健全。疫情之后，乡村的公共卫生体系将补齐短板，从各个方面将更强更完善。

第五是乡村人才就业、乡村人才的素质将面临提升。疫情之后，将打破传统的就业区域、就业行业，一些行业将出现失业潮，乡村富裕人才、城市农民工将面临新的转型，因此对乡村人才的培养、乡村人才素质的提升将提出新的课题。

第六是乡村产业性基础设施将加强。加强乡村产业性基础设施的建设，既是巩固脱贫攻坚的成果，又是确保社会经济增长、扩大内需的重要抓手，夯实农村作为压舱石的发展基础。

第七是乡村数字化农业将进一步地升级。疫情之后大数据农业、区块的农业、定制农业都将推动农业、农产品的生产、管理到销售的数据化、网络化。

第八是社会对农产品品质的要求提升。疫情之后，随着人们对健康要求的提高，对农业从产量的要求转变为对质量的要求，农业消费将面对产品品质、产品品牌的更高要求。生态农业、有机农业、定制农业将作为优质农产品受到社会的青睐。

疫情之后，各相关部门要围绕全面建设小康和脱贫攻坚两大战略目标，积极应对8个方面的变化，化危为机，加快推进城乡融合，加快促进农业转型升级，加快乡村振兴的步伐，让农业农村从恢复中获得更快速优质的发展，离农业农村现代化的目标更近一步。

后 记

  《中国田园牧歌》这本书从动笔到出版面世先后历经了十多年，从田园到书斋，又从书斋到田园，其间得到不少师长、朋友、乡村干部、父老乡亲的帮助，得到中国文联出版社及责任编辑张凯默老师的热心支持，在此，掬一捧感恩，致十分谢意！我的文化偶像晏阳初先生说："欲化农民，必先农民化。"时逢中国式现代化、乡村振兴、农业强国伟大战略的施行，我将一如既往行走田园，潜心做一介农夫，更加深情而执着地吟唱现代田园牧歌，把文字写在田野上，像老农播种粮食一样在田野上去播种自己的文字。"民为邦本，本固邦宁"。现代田园牧歌既是一曲心灵的吟唱，又是你我他乃至全社会参与的大合唱。在繁华匆忙的时代，田园牧歌是我灵魂深处的诗意源泉，我以拙作，邀读者们一起吟唱并守望田园——田园是文化的根基，田园是人性的根基，田园是社会的根基，田园是从农村走进城市的现代中国伟大复兴的根基。

卢加强
2023 年 3 月于新疆伊犁河谷